기독교문서선교회 (Christian Literature Center: 약칭 CLC)는 1941년 영국 콜체스터에서 켄 아담스에 의해 시작되었으며 국제 본부는 미국 필라델피아에 있습니다. 국제 CLC는 59개 나라에서 180개의 본부를 두고, 약 650여 명의 선교사들이 이동 도서차량 40대를 이용하여 문서 보급에 힘쓰고 있으며 이메일 주문을 통해 130여 국으로 책을 공급하고 있습니다. 한국 CLC는 청교도적 복음주의 신학과 신앙 서적을 출판하는 문서선교기관으로서, 한 영혼이라도 구원되길 소망하면서 주님이 오시는 그날까지 최선을 다할 것입니다.

진화론의 허구 12가지

Twelve Fakes of Evolution
Written by Taewook Lee
All rights reserved.
Korean Edition Copyright ⓒ 2021 by Christian Literature Center, Seoul, Korea.

진화론의 허구 12가지

2021년 9월 5일 초판 발행

지 은 이　|　이태욱

편　　집　|　황평화
디 자 인　|　이지언
펴 낸 곳　|　(사)기독교문서선교회
등　　록　|　제16-25호(1980.1.18.)
주　　소　|　서울특별시 서초구 방배로 68
전　　화　|　02-586-8761~3(본사) 031-942-8761(영업부)
팩　　스　|　02-523-0131(본사) 031-942-8763(영업부)
이 메 일　|　clckor@gmail.com
홈페이지　|　www.clcbook.com
송금계좌　|　기업은행 073-000308-04-020 (사)기독교문서선교회
일련번호　|　2021-89

ISBN 978-89-341-2335-4 (93230)

이 책의 저작권은 저자와 (사)기독교문서선교회가 소유합니다. 신저작권법에 의하여 한국 내에서 보호받는 저작물이므로 무단 전재와 무단 복제를 금합니다.

진화론의 허구 12가지

이태욱 지음

CLC

목차

머리말   7
들어가는 말   9

제1장 물질과 우주   14
  1. 빅뱅과 우주 탄생   14
  2. 물질과 삼자   23
  3. 시공물법   30
  4. 물질과 자연 법칙   35
  5. 과학과 반과학   43
  6. 무한한 능력과 유한한 우주   46

제2장 우연과 진화   50
  1. 우연(偶然)과 필연(必然)   50
  2. 불변의 법칙   53
  3. 주사위와 확률   55
  4. 무지한 사람들   61
  5. 쌍둥이 지구   63
  6. 낮은 확률과 높은 확률   72
  7. 진화와 육하(六何)원칙   74

제3장 정교한 것은 만들어졌다   80
  1. 정교한 우주   80
  2. 남자와 여자   84
  3. 동시 설계   87
  4. 반복과 순환   89

제4장 여러 가지 진화 — 95
1. 애초의 환경 — 95
3. 진화 실험 — 103
4. 여러 가지 진화 — 107
5. 돌연변이 — 120
6. 상생 — 126

제5장 진화와 멸종 — 133
1. 번식과 적응 — 133
2. 생물의 수효 — 138
3. 멸종 — 141
4. 화석 — 144

제6장 공통 조상 — 151
1. 생물의 공통점 — 151
2. 생물의 특이점 — 159
3. 공통 조상의 허구 — 161

제7장 자연 선택 — 165
1. 기관의 발생 — 165
2. 퇴화 — 174
3. 자연 선택 — 180
4. 자살 선택 — 184

제8장 염색체와 DNA — 188
1. DNA — 188
2. 유전자 조작 — 199
3. 생명의 기원 — 206

제9장 중간체   211
   1. 중간 과정   211
   2. 중간체가 있어야 한다   215
   3. 중간체가 없어야 한다   216
   4. 부존재(不存在)   218
   5. 중간 구조   220

제10장 신음하는 지구 환경   230
   1. 찌그러진 환경   230
   2. 신음하는 동물   232
   3. 진화 완성   236

제11장 인간의 진화   238
   1. 피조물의 순응   238
   2. 인간의 지혜와 양심   242
   3. 인간의 선과 악   251
   4. 인간의 진화   258

제12장 초월적 절대자의 조건   260
   1. 기원에 대한 질문   260
   2. 시공물법의 의지   262
   3. 초월적 절대자 상정   267
   4. 신의 속성   269
   5. 신의 존재 증명   275
   6. 완전한 존재가 있다면   284

나가는 말   286

참고 문헌   288

머리말

이태욱 대표
다온기술사사무소(주)

    대한민국 속담에 "콩 심은 데 콩 나고 팥 심은 데 팥 난다"라는 말이 있다. "송아지가 엄마 얼룩소를 닮는다"라는 가사의 동요도 있다. 대한민국의 국민은 총명해서인지 멘델의 유전 법칙을 언제부터인가 알고 있었다. 지금은 진화라는 용어가 바이러스 감염병처럼 지구촌에 창궐하고 있다. 발전이나 변화, 혁신을 모두 진화로 과장하고 있다. 마치 진화가 과학적인 사실인 것처럼 되어버렸다는 뜻이다.

    찰스 로버트 다윈(Charles Robert Darwin, 1809~1882년)이 엉뚱한 말을 해서 이런 지경이 되었다. 그는 혈액형도 구별할 줄 모르고, 염색체의 역할도 모르는 시대를 살았다. 전자 현미경이 없어서 생명체의 세포를 관찰하지도 못하였다. 멘델의 유전 법칙과 염색체와 DNA(유전자)의 염기서열도 모르고 생을 마감하였다.

    아메바 같은 단세포가 점점 변신하여 마침내 사람이 되었다고 주장하는 진화론은 실체가 없는 허구이며 과학사(科學史)에서 가장 큰 속임수이다. 동물은 애초부터 종류대로 출현하였으며 식물도 종류대로 출현하였다.

    나는 이 책에서 어떤 종에서 다른 종으로 변신하는 생명체의 진화란 전혀 없는 현상이라고 추론한다. 그것도 작은 과학 상식과 이성에 입각한 추론으로 증명한다. 전문가적인 학식이 없을지라도 12세 이상의 상식과 건전한 이성을 가진 사람이라면 누구나 수긍할 수 있는 쉬운 문장으로 추론한다.

  진화론이 실체가 없는 허구라고 12가지 측면에서 추론하였으므로 이 중에서 한 가지라도 이해한다면 진화론의 속임수에서 빠져나올 것이다. 과학기술의 발달로 진화론자들의 입지는 점점 좁아지고 있다.

  찰스 로버트 다윈이 죽은 이후에 생명과학 교육을 받았으면, 아니 일반 상식만 갖추었다면 진화론은 거짓이라고 확신하고 우연으로 가득 찬 '우연 종교'에서 빠져나올 것이다.

2020년 09월
서울 강서구에서

들어가는 말

　지구촌에 식물의 종류가 많다. 식물은 수분을 통하여 후손을 이어간다. 동물의 종류도 많다. 동물은 수정을 통하여 후손을 이어간다. 미생물의 종류는 더 많다. 미생물은 분열과 복제를 통하여 후손을 이어간다. 많고 많은 생명체가 수분이나 수정을 통하여 후손을 이어간다. 수분과 수정을 교배라 한다. 생물은 후대를 잇지 못하면 자연스럽게 멸종된다.

　생물은 아주 다양하다. 수효를 정확히 모르지만 500만 정도이고 그중에 미생물이 수백만 종이며 동식물이 수백만 종이라고 한다. 이름을 붙여 준 것들은 180만 종 정도라고 한다. 개의 종류는 399이고 뱀의 종류는 4,000이라고 한다.

　이 책에서는 종(種)을 "후손을 얻을 수 있는 갈래"로 정의한다. 종류(Kind)가 아니라 종(Species)이다. 케일과 양배추가 같은 종이라면 교배하였을 때 후손이 발생해야 하고 후손끼리 교배하여 또 후손이 이어져야 한다. 자연 상태에서 후손이 계속되면 같은 종이다. 케일과 양배추를 교배하였을 때 후손이 이어지지 않으면 서로 다른 종이다.

　늑대와 개는 얼핏 보면 구분하기 어렵다. 늑대와 개가 수정하여 후손이 태어나고 그 후손이 또 수정하여 후손을 이어가면 두 동물은 같은 종(種)이다. 후손을 계속 이어가지 못하면 늑대와 개는 다른 종(種)이다. 흑인과 백인이 결혼하여 황인을 낳고 황인끼리 결혼하여 흑백 황색의 사람이 태어나면 그들은 모두 하나의 인종(人種)이다.

노새는 당나귀 수컷과 말 암컷 사이에서 태어난 잡종인바 새끼를 낳지 못한다. 후손을 잇지 못한다. 호랑이와 사자 사이에서도 라이거가 태어나지만, 마찬가지로 2세, 3세로 후손이 이어지지 않는다. 서로 다른 두 종, 즉 다른 두 생명체의 DNA(유전자)가 조합되려면 암수 두 염색체의 수와 모양이 일치해야 한다.

씨 없는 수박은 종자를 개량한 것인데 씨가 없어서 자연에서 후손을 얻을 수 없다. 씨감자는 유전자를 조작하여 종자를 개량한 것이다. 씨감자를 심으면 세대를 거듭할수록 생존율이 떨어진다. 바이러스에 감염되어 결국 멸종하게 된다. 유전자를 변형한 콩, 감자, 옥수수 등도 생산에서는 성공하였지만, 기존의 생물들과 조화를 이루기가 쉽지 않다. 유전자를 변형하거나 다른 종과 교차 교배를 통해 얻은 생물의 후손은 자연스럽지 못하다. 유전자 변형 식품을 먹은 사람은 면역체계가 떨어지거나 특별한 질병을 발생시킬 수 있다는 위험성도 간과할 수 없다. 아무튼, 종은 누구나 쉽게 구분할 수 있다. 아주 간단하다. 자연 교배를 통하여 후손이 이어지면 같은 종(種)이다.

진화론은 아메바 같은 단세포에서 다세포로 변신하고, 다세포가 여러 단계의 종(種)을 거쳐서 사람이 되었다는 이론이다. 이 변신 이론은 아메바 같은 단세포에서부터 시작하여, 무척추 동물(지렁이)로, 어류(버들치)로, 양서류(개구리)로, 파충류(뱀) 또는 조류(황새)로, 포유류(침팬지, 원숭이)로 진화하고 결국 인종(人種)으로 진화하였다고 주장한다. 이 책에서는 종에서 다른 종으로 바뀔 때를 진화라고 한다. 적응이나 변이를 진화라고 하지 않는다.

다윈의 진화론을 요약하면 점진적인 변이와 유전, 생존 경쟁, 차등 번식이 네 가지가 있으면 진화가 일어난다는 것이다. 이를 설명할 때는 자연선택과 우연으로 설명한다. 자연 선택이란 생존에 유리한 형질을 자연스럽게 선택(Natural selection)한 개체는 살아남고 불리한 형질을 가진 개체는 멸종한다는 것이다.

아메바 같은 단세포는 여느 동물이 가지고 있는 눈이나 코, 귀, 입, 팔, 다리, 날개 따위의 신체 기관이 없다. 그러나 다윈은 어떤 자극이나 필요를 느껴서 최초의 신체 기관이 생겨났다고 주장한다. 예컨대 빛을 받아서 애초에 없던 시신경이 나타났으며 점진적으로 발달하여 지금의 눈처럼 복잡해지고 고기능의 눈이 되었다는 것이다. 이런 논리를 확대하면 날개도 마찬가지이다. 피부로 바람을 느껴서 애초에 없던 날개가 나타났으며 점진적으로 발달하여 지금처럼 완벽하게 비행할 수 있는 날개가 되었다는 것이다. 또한, 비가 와서 피부로 물을 느끼고 헤엄치고 싶어서 지느러미가 생겨났고 처음에는 미미하였으나 장구한 세월 동안 변이를 거듭하여 지금과 같은 완벽한 지느러미가 되었다고 주장한다.

결국, 단세포에서 점진적인 변이가 장구한 세월 동안 거듭되면 새로운 종이 발생한다고 주장한다. 그래서 사람도 원숭이가 점진적으로 변이를 일으켜서 사람 같은 원숭이가 출현하게 되었으며, 생존에 유리한 개체는 자연스럽게 살아남고 불리한 개체는 도태되는 과정을 거쳐서 마침내 사람이 되었다고 주장한다.

다윈은 원숭이가 변신하여 사람이 되었다고 주장하였으나 다윈의 후예들은 말을 조금 바꾸었다. 새로운 기관이 나타나면서 새로운 종이 출현하는 과정을 좀 더 구체적으로 말하면서 하나의 공통 조상에서 다수의 종으로 갈라진다고 주장한다. 이를 역으로 설명하면 모든 생물은 '공통 조상'이 있으며 위로 거슬러 올라가면 아메바 같은 단세포 생명체가 있다는 것이다.

예를 들자면 사람과 소는 눈이 두 개이고 귀가 두 개이고 새끼를 낳으므로 사람과 소의 공통점에서 공통 조상을 자유롭게 상정하는 것이다. 150여 년 전에는 원숭이가 변신하여 사람이 되었다고 주장하였다. DNA(유전자)를 발견한 이후에는 말을 조금 바꾸어서 침팬지가 진화하여 사람이 되었다고 주장한다. 최근에는 어떤 공통 조상의 DNA(유전자)에서 침팬지와 사람이 분화되었고 그 공통 조상은 사라졌다고 주장하기도 한다. 생물종

(生物種) 서로의 공통점과 각각의 특이점을 보고 공통 조상의 존재(being)를 상정하고 있다.

　진화의 양상을 살펴보면 참으로 흥미롭다. 자연 선택과 우발적으로 진화한 개구리는 무병장수하여 만물의 영장(靈長, 만물의 주인)이 되려고 뱀으로 진화하였는데 뱀에게 잡아먹히고 있다. 지금의 뱀은 자신의 조상인 개구리를 잡아먹고 있다. 후손인 쥐도 잡아먹고 있다. 진화에 양상이 있다면 약육강식과 조상도 죽이고 후손도 죽이는 살존살비(殺尊殺卑)가 진화의 양상이다.

　이러한 진화 현상은 불완전한 환경에서 생존 경쟁을 하면서 끊임없이 나타나게 되는바 피식자는 잡아먹히지 않으려고 진화하며 포식자는 잡아먹기 위하여 계속 진화한다는 것이다. 창과 방패가 상대를 이기기 위하여 발전하는 것처럼 포식자와 피식자의 공방전이 지금도 계속된다.

　진화가 계속되고 있다는 의미는 500만 종에 이르는 미생물과 식물과 동물은 지금도 진화하고 있으며 앞으로도 지속할 것이란 뜻이다.

　진화의 양상이 이러하므로 많은 사람이 인간의 몸도 계속 진화되며 정신도 진화될 것이라고 주장한다. 실제로 몸도 아메바 같은 단세포에서 다양한 단계를 거쳐서 점진적으로 진화되었으며 정신도 미개한 상태에서 점점 사회성을 갖추게 되었다고 주장하는 이들이 많다.

　다윈을 추종하는 진화론자들에 의하면 인간을 비롯한 모든 생물의 진화도 현재 이행 중이며, 진화의 양상은 약육강식과 살존살비이므로 인간은 머지않아 괴물종(怪物種)으로 진화될 것이 분명하다. 괴물종(怪物種)은 뱀이 개구리와 쥐를 잡아먹듯이 침팬지와 사람을 잡아먹을 것이 틀림없다.

　진화론을 요약하자면 아메바 같은 단세포 한 마리에서 생명이 시작하여 장구한 세월 동안 여러 단계의 변이를 거쳐서 다양한 동식물이 출현하였고, 그래서 현재 사람의 조상도 침팬지라는 것이다.

진화론이 과학자의 눈에는 어떻게 보일 것인가?
철학자의 눈에는 어떻게 보일 것인가?
신학자의 눈에는 어떻게 보일 것인가?
12세 이상의 이성을 가진 사람들에게는 어떻게 보일 것인가?

한번 꼼꼼히 살펴보자.

제1장

물질과 우주

푸른 초원에서 지평선을 바라보고 있으면 땅은 한없이 넓은 평지로 보인다. 자동차를 타고 몇 시간을 달리고 달려도 끝이 없을 것 같다. 배를 타고 먼 바다로 나가면 바다가 얼마나 넓고 넓은지 모른다. 비행기에서 구름 위를 쳐다보면 하늘도 끝이 없는 듯이 보인다. 여기에 더해 광활한 우주 또한 끝이 없어 보이므로 호기심을 넘어 두려움마저 갖게 된다.

1. 빅뱅과 우주 탄생

1) 하늘과 땅

몽골에서는 하늘이 아주 가깝게 느껴진다. 뭉게구름도 손에 잡힐 듯 선명한 빛깔을 갖고 있다. 어두운 밤하늘을 바라보면 수많은 별이 반짝거린다. 수많은 별이 강물처럼 흐르는 은하수(Galaxy)도 볼 수 있다. 어느 방향을 보아도 별의 수효가 셀 수 없이 허다하므로 내가 마치 우주의 중앙에 있는 것처럼 느끼게 된다. 별까지의 거리도 가깝게 느껴진다. 비행기를 타고 날면 몇 시간 내로 도착할 것 같다.

하늘과 땅에는 많은 것이 있다. 무엇인가 가득 차 있다. 하늘에는 별도 많고 땅에는 산이나 강도 많다. 동물의 종류도 많고 식물의 종류도 많다. 눈에 보이지 않는 미생물도 아주 많다. 생물과 무생물의 중간쯤 되는 바이러스도 많다. 사람들이 만들어낸 물건도 많다. 전화기, 라디오, 텔레비전, 휴대전화, 자동차도 있으며 비행기도 있다. 현미경으로 물체를 확대하여 볼 수 있다. 한없이 작은 물체도 볼 수 있다. 천체 망원경으로는 우주 멀리 있는 별을 관측할 수도 있다.

그런데 모든 물질은 가만히 있지 않고 움직인다. 태양과 달도 움직이고 구름과 물도 움직인다. 동물도 움직이고 식물의 잎사귀도 바람에 움직인다. 버섯의 홀씨도 바람을 따라서 이동한다. 아주 작아서 눈에 잘 보이지 않지만, 미생물도 살아서 꿈틀거린다. 심지어 무생물인 쇠도 녹슬고 점차 분해되고 있다.

2) 빅뱅(Big Bang theory)

아주 많은 사람이 빅뱅으로 우주가 탄생하였다고 상상한다. 빅뱅을 우주의 기원으로 생각한다. 마치 과학적으로 증명된 것처럼 이러한 내용이 교과서에 슬그머니 들어 있다.

빅뱅은 우주의 기원에 대한 아주 그럴듯한 이론이다. 고무풍선에 바람을 불어넣으면 풍선은 부풀어 오른다. 고무풍선 내부 공간을 우주라고 하면 우주는 풍선처럼 지금도 부풀어 오르고 있다. 우주는 고무풍선이 부풀어 오르듯이 부피가 팽창하고 있으므로 시간을 과거로 거슬러 올라가면 우주는 하나의 점으로 귀결될 수 있다고 보는 것이다.

다시 말하면 우주가 팽창하고 있다는 관측 근거를 가지고 시간을 과거로 한없이 거슬러 올라가면 우주 공간은 수축하여 하나의 점으로 귀결된다는 것이고 이 점을 특이점이라고 한다. 점의 크기는 무한히 작고, 온도는 무한히 높으며, 질량은 무한대로 컸다. 압력도 무한대로 높았다. 간단하게 설명하면 하나의 점이 있었는데 에너지의 크기가 무한히 컸다.
　여기서 시작점인 특이한 점이 '빼~앵' 하고 폭발하였다. 폭탄이 터지듯이 폭발하였다. 아주 그럴듯한 이론이다. 그러나 우주가 고무풍선처럼 팽창하고 있다는 사실은 적색편이(赤色偏移, redshift)를 관측한 결과이므로 분명한 사실이지만 이것을 폭발의 근거로 삼은 것은 아무래도 무리이다.

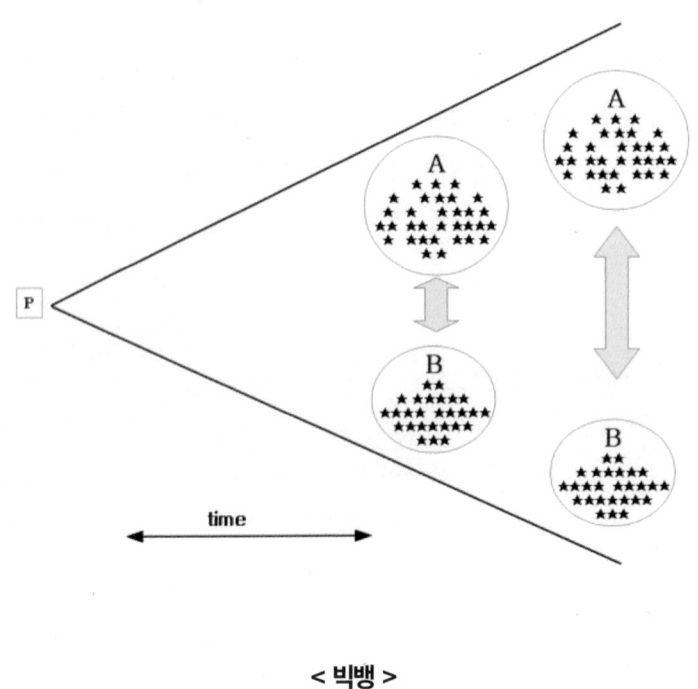

< 빅뱅 >

　별들이 모여 있는 은하 간의 거리는 멀어지고 있는 것이 실제로 관측되었다. 위의 그림처럼 은하 A와 은하 B 사이의 거리는 점점 넓어지고 있다. 그러나 은하 A의 크기는 점점 커지고 있는 것이 아니다. 은하 B의 크기도 부풀어 오르지 않고 있다. 은하의 크기는 점점 커지지도 않으며 작아지지도 않는다는 사실이다.

우주가 특이점 P에서 폭발 때문에 생성되었고 점차 팽창하고 있다면 은하와 은하의 거리는 계속 멀어지고 있어야 하고, 모든 은하의 크기가 점차 커지고 있어야 한다.

그러나 현실은 우리가 사는 은하와 '안드로메다 은하'는 점점 가까워지고 있으며, 은하의 크기는 변하지 않고 있다. 따라서 시간을 과거로 거슬러 올라가서 천억 개의 은하의 크기도 줄어들고 은하 간의 거리도 가까워져서 우주가 하나의 점이었다고 추론하는 것은 비약이며 반과학적 발상이다.

또 다른 방법으로 수학적으로 빅뱅의 허구성을 지적할 수도 있다. 지금의 팽창률을 역으로 계산하면 수축하게 마련이지만 같은 비율로 138억 년 동안 적용할 만한 과학적 근거는 어디에도 없다. 여러 시점의 팽창률, 예컨대 지금으로부터 123억 년 전, 131억 년 전, 135억 년 전, 137억 년 전, 138억 년 전의 팽창률을 알아낸다면 고차 함수나 지수 함수로 팽창 공식을 만들 수 있을 것이다. 현재의 팽창률 하나만 가지고 1차 함수로 계산하는 것은 지나치게 단순하다.

3) 초월적 능력

특이점을 물질로 보면 모순이 드러난다. 점은 공간을 차지하지 않는다. 특이점이 정말로 물질이었다면 우주의 모든 질량이 하나의 점에 있어야 했는바 질량이 공간을 점유하지 못하므로 질량 보존의 법칙에 어긋나고 질량이 공간의 점유하였다면 특이점은 점이 아니었다. 이처럼 특이점을 물질로 보면 빅뱅은 반과학적인 이론이 된다.

이에 반하여 특이점을 비물질로 보면 우주의 모든 에너지가 질량이 없는 에너지로서 점에 모여 있었다고 상정하면 아주 그럴듯한 이론이 된다. 에너지가 물질로 전환되기 전의 상태라는 의미이다. 달리 말하면 애초에 우주에는 공간을 차지할만한 어떠한 질량이나 형태가 없었고 무한한 에너지가 있었다는 의미가 된다. 이 무한한 에너지는 점처럼 공간이 없어도 존재할 수 있으므로 초월적인 능력이라고 바꾸어서 불러도 무방할 듯하다.
 좌우지간 이 빅뱅 이론에 의하면 특이점이 우주의 기원이다. 이 이론은 과학자들도 우주의 기원에 관하여 관심이 대단하다는 점을 시사한다.

 그런데 빅뱅이 우주의 기원이라면 특이점은 어디서 왔나?
 빅뱅이 먼저 일어났나?
 자연 법칙이 먼저 존재하였나?

 이런 질문에 답을 할 수 없으므로 빅뱅은 우주의 기원에 대한 시원한 답이 될 수 없다.

4) 태양과 모닥불

 제법 쌀쌀한 날씨에 산에 오르는 경우가 있다. 높은 산에 올라가면 보통 더 추워진다. 높은 산의 경우 꼭대기에 눈이 쌓여 있는 때도 있다. 주변의 낙엽과 나무 조각을 모아서 태우면 따뜻하고 주변이 환해진다. 아주 멀리서도 모닥불 빛을 볼 수 있다. 빛이 없으면 어둡다. 아무것도 보이지 않는다. 물체의 형태나 색상을 구별할 수 없다. 눈(目)이 있어도 아무 소용이 없다.
 빛이 없으면 열도 없어서 생물은 생존할 수 없다. 우주가 꽁꽁 얼어붙는다. 물이 있다고 해도 얼음 상태로 존재한다. 모든 액체가 고체 상태로 머무르게 된다. 기체도 부피가 작아져 결국 아주 작아진다. 공기가 가열되지 않아서 바람도 불지 못한다. 동물이든지 식물이든지 꽁꽁 얼어붙어 출현할 수 없다. 모든 생명체가 존재할 수 없다. 지구의 내부처럼 압력이 높으면 고온이 되지만 압력이 해소되면 그 열은 사라진다. 그 열은 우주 공간 멀리까지 전달되지 않는다. 빛이 없으면 복사열도 멀리 떨어진 행성까지 전달되지 않는다. 그러므로 빛은 생존의 근원이지만 생명의 근원은 아니다.

따라서 빛은 동식물보다 먼저 존재해야 한다. 발광체보다 먼저 설계되어야 한다. 여러 발광체가 먼저 존재한다면 발광체마다 다른 성질의 빛을 만들어낼 것이다. 빛의 성분이 다르고 빛의 성질이 다르고 속도가 달라질 것이다.

빛이 설정되지 않는 상태라면 발광체도 무엇을 만들어낼지 막막하다.

5) 발광체

석탄이나 나무가 연소할 때는 탄화수소와 산소가 결합하면서 빛과 열을 낸다.

마그네슘이 연소하는 경우에는 마그네슘과 산소가 결합하면서 빛과 열을 낸다. 강철 솜(steel wool)이 연소하는 경우에는 강철과 산소가 결합하면서 빛과 열을 낸다. 백열전구는 필라멘트에서 전기의 저항으로 빛과 열을 낸다.

태양에서는 이중수소와 삼중수소가 결합하면서 빛과 열을 낸다. 반딧불이는 루시페린(luciferin)과 산소가 결합하여 빛을 낸다.

발광해파리는 정전기가 형광단백질에 닿으면서 빛을 낸다. 발광버섯 네오토포누스 가드네리(Neonothopanus gardneri)도 루시페린(luciferin)과 산소가 결합하여 빛을 낸다.

6) 빛의 성분

빛을 발생하는 원리는 각각 다르지만, 빛의 속도는 동일하다. 지구로부터 56억 광년 떨어진 별에서 빛이 발산한다면 지구에서는 56억 년 후에 그 빛을 보게 된다. 우주는 광활하며 별이 멀리 있다는 의미이다. 빛은 여러 성분으로 되어 있다. 감마선, X선, 자외선, 가시광선, 적외선, 전파 등으로 되어 있고 성분별로 파장이 다르다. 그래서 여러 성분을 골고루 가진 빛이 마치 하나의 선(線)으로 보인다. 사실, 빛의 다양한 파장에 성분의 이름을 먼저 붙인 것이다. 감마선은 상대적으로 파장이 짧고 전파는 파장이 길다. 가시광선은 눈으로 볼 수 있다. 전파는 텔레비전, 라디오, 휴대전화, 인공위성, 레이더 등 통신수단에 이용된다. 태양 빛은 감마선에서부터 전파까지 모두 가지고 있다. 백열전구는 전기 에너지 대부분을 열로 방출하며, 가시광선을 상대적으로 조금 방출한다.

빛의 속도는 일정하다. 나무를 태울 때 나오는 빛의 속도나 전구에서 나오는 빛의 속도나 태양에서 나오는 빛의 속도나 생물에서 나오는 속도나 모두 동일하다. 발광체는 다양하지만, 빛의 속도는 동일하다. 태양 빛을 분석하면 여러 파장의 빛이 모여 있지만, 파장에 상관없이 속도가 동일하다. 빛의 속도는 발광체에 상관없이, 파장에 상관없이 같다는 의미이다.

이러한 동속(同速, 속도가 같음) 현상이 우연히 발생한 것인가?

필연적으로 발생한 것인가?

한번 생각해 볼 문제이다. 모닥불이 우연히 빛을 낸다면 태양과 다른 빛을 내야 한다. 전구가 스스로 빛을 설계했다면 모닥불과 다른 빛을 내야 한다. 태양이 저절로 존재한다면 반딧불이와 다른 빛을 내야 한다.

동속(同速) 현상은 우리에게 대단히 중요한 증거이다. 그 이유는 다음과 같다.

첫째, 빛은 발광하는 천체와 생물보다 먼저 설정되었다는 증거이다.
둘째, 발광체는 모두 동시에 설계되었다는 증거이다.
셋째, 석탄, 나무, 마그네슘, 강철 솜, 반딧불이, 발광해파리, 발광버섯, 전기, 태양의 설계자는 하나라는 증거이다.
넷째, 무기물과 유기물, 천체와 생물이 동시에 설계되었다는 증거이다.

위와 같이 빛과 다양한 발광체만 살펴보아도 자연 만물은 아주 신비롭고 정교한 작품이라는 것을 누구나 알 수 있을 것이다. 사람으로 태어나서 태양을 보지 못하고 모닥불을 경험해 보지 못한 사람은 지구촌 어느 곳에도 없을 것이다. 지구촌 현장을 스쳐 간 사람들이나, 지금 사는 사람이나, 직관이 빼어난 사람이나, 합리적인 사람들을 막론하고 모든 사람은 빛을 분명히 알고 있을 것인바 모른다고 핑계 댈 수 없을 것이다.

7) 별의 수효

하늘에 떠 있는 별의 수는 몇 개일까?
무한할까?
유한할까?

천문학자들에 의하면 은하의 수가 천억 개이며 1개의 은하에 천억 개의 별이 있다고 한다. 그렇다면 별의 수는 천억(10^{11})과 천억(10^{11})을 곱하여 10^{22}개이다. 이 수는 너무 커서 도무지 상상하기 힘든 수효이다.

지구에 있는 바닷물의 체적은 1,370,000,000km³이다. 이 바닷물을 우주에 있는 모든 별에 골고루 나누어 주면 하나의 별은 평균 137cm³의 물을 받을 수 있다. 이 양을 계산하면 이렇다.

$$\text{물} = \frac{1.37 \times 10^9 km^3}{10^{22} ea} \times \frac{(100,000 cm)^3}{(1 km)^3}$$

$$= \frac{1.37 \times 10^{24} cm^3}{10^{22} ea}$$

$$= 137 \frac{cm^3}{ea}$$

종이컵에 물을 7할(70%) 정도 채우면 그 체적이 137cm³(ml)이다. 바닷물을 종이컵에 채운다면 종이컵 10^{22}개가 필요하다. 바닷물을 다 채울 수 있는 종이컵의 수효가 하늘에 떠 있는 별의 수효이다. 바닷물을 종이컵으로 퍼내면 10^{22}번 퍼내야 한다.

그러나 그리 놀라지 마시길 바란다. 별들의 수효가 아무리 많다 해도 무한하지 않다. 유한하다는 의미이다.

8) 우주는 하나이다

사람의 눈으로 빛을 보면 밝게 보인다. 빛이 피부에 닿으면 따뜻하게 느낀다. 빛이 없어 어두우면 눈이 있어도 물체의 색상을 구별할 수 없다. 그 이유는 빛이 물체의 표면에 부딪히고 반사되어 눈에 들어오기 때문이다. 밝은 빛을 더 밝게 할 수는 있지만 어두움을 더 어둡게 만들 수는 없다. 어두움이란 빛이 없는 상태이다.

빛은 이렇게 단순해 보이지만 프리즘을 통과시켜서 보면 파장이 다른 여러 성분을 관찰할 수 있다. 여러 성분 중에서 가시광선은 사람의 눈에 보인다. 사람의 눈에 보이지 않는 자외선은 파장이 짧다. 적외선은 파장이 길다. 태양 빛이나 전구에서 나오는 빛이나 모닥불에서 나온 빛은 일견 동일해 보이지만 성분과 파장이 다르다.

감마선은 파장이 0.01nm(나노미터)로 아주 짧다. 나트륨 등은 황색 빛만 방출한다. 이 황색 빛은 파장이 589nm이다. 빛의 파장은 성분에 따라서 각각 다르다. 태양에서 나오는 빛은 8분 20초(500초)면 지구에 도달한다. 마찬가지로 빅뱅의 시기를 138억 년 전으로 본다면 그때 만들어진 별에서 발산하는 빛을 현재에도 관측할 수 있다. 별빛이 아주 멀리서 138억 년 전부터 날아오기 때문이다. 과거의 빛과 현재의 빛을 동시에 관측할 수 있다는 말이다.

지구와 별 사이의 거리는 빛의 속도로 계산한다. 빛이 1년 동안 날아간 거리를 1광년이라고 한다. 아주 많이 멀리 있는 별이나 가까이 있는 별이나 모두 광속을 이용한다. 1광년은 빛이 전진하는 속도에 60초, 60분, 24시간, 365일을 곱하면 된다. 즉, 299,792km/s × 60초 × 60분 × 24시간 ×

365일=대략 9조 5천억km이다. 태양계가 속한 우리 은하(Our Galaxy) 울타리 안에 있으면서 지구에서 가장 가까운 센타우르스자리 프록시마(Proxima) 항성(별)까지도 4.2광년이 걸린다. 시리우스까지는 8.6광년이 걸린다. 우리 은하에서 가장 가까운 은하는 안드로메다 은하(Andromeda galaxy)인데 지구에서 250만 광년 떨어져 있다.

태양에서 핵융합 반응으로 만들어진 빛은 지구에서 느낄 때 밝고 따뜻하다. 태양 빛은 가시광선 외에 자외선과 적외선 등을 가지고 있다. 이 빛은 속도가 매우 빠르며 직진하며 입자와 파동의 성질도 동시에 가지고 있다. 여러 별에서 나온 빛이 태양에서 나온 빛의 성분과 파장이 같다면 빛을 발산하는 모든 별은 태양과 같은 방식으로 빛을 만들어낸 것으로 보아야 할 것이다.

나는 우주를 통째로 이해하기 위해 아주 단순하게 가정하면서 추론하고 있다. 즉, 하나의 자연 법칙으로 모든 별에서 같은 빛이 나온다면 그 빛의 성질은 같을 것이다.

우주는 현재까지 발견된 자연 법칙을 거슬러서 존재할 수 없는바 만유인력 법칙과 질량 보존의 법칙 등 모든 자연 법칙이 빛을 만들어내는 모든 별에 미칠 것이다. 즉, 모든 자연 법칙이 우주에 미칠 것이다. 따라서 우주는 물질과 공간과 시간으로 구성되어 있으므로 자연 법칙이 지배하는 하나의 시스템(System)이다.

2. 물질과 삼자

1) 삼자

우주는 어떤 것으로 가득 채워져 있다. 아래를 보면 땅이고 위를 보면 하늘이다. 사려 깊은 사람들은 더 자세히 관찰할 것이다. 아래로 땅을 보면 물질로 구성된 지구촌을 보는 것이며, 위로 하늘을 보면 공간과 천체를 볼 것이다. 언제 어디를 보아도 무엇인가 존재한다. 물건, 물체, 물질로 가득 채워져 있다. 물질은 모두 삼자(三子)로 구성되어 있다. 이는 생뚱맞은 말이 아니라 중·고등학교 과학 교과서에 나오는 내용으로 누구나 아는 내용이다.

  모든 식물과 동물과 자동차와 사람은 모두 삼자(三子) 즉, 양성자, 중성자, 전자로 되어 있다. 수소 원자의 양성자는 1개이다. 헬륨 원자는 양성자가 2개이다. 탄소 원자는 양성자가 6개이다. 질소 원자는 양성자의 수가 7개이다. 산소 원자는 양성자가 8개이다. 양성자의 수가 증가하면 질량이 증가하고 동시에 원소의 성질이 달라진다. 양성자의 수는 자연수 1, 2, 3, 4, 5 … 이다. 1.5나 2.5처럼 소수로는 존재하지 않는다.

2) 수소

  수소(Hydrogen) 원자는 다음의 그림과 같이 양성자(Proton) 1개와 전자(Electron) 1개로 되어 있다. 양성자 주변을 전자가 돌고 있는 것으로 상상할 수 있다.

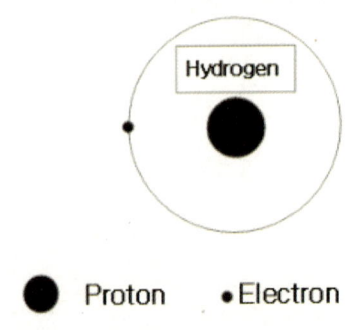

< 수소 >

3) 산소

산소(Oxygen) 원자는 다음의 그림과 같이 양성자 8개와 중성자(Neutron) 8개, 전자 8개로 되어 있다. 양성자와 중성자는 한곳에 몰려 있으며 이 둘을 원자핵이라고 한다. 원자핵 주변을 전자가 돌고 있는 것으로 상상할 수 있다.

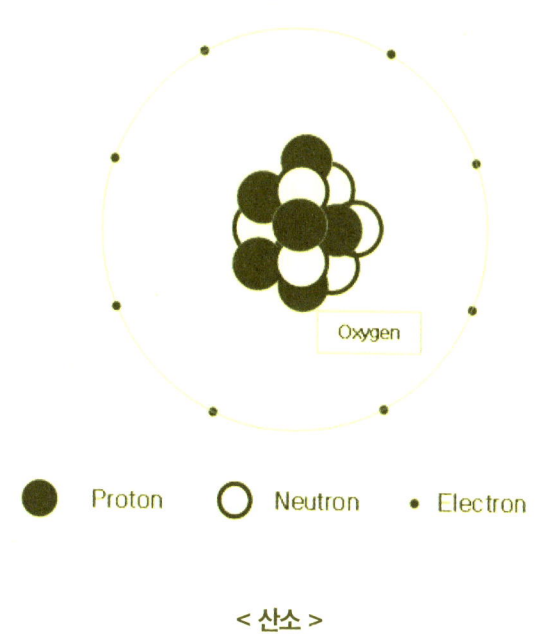

< 산소 >

4) 물

수소 원자 2개와 산소 원자 1개를 더하면 다음의 그림과 같이 물 분자 1개가 된다. 물 분자는 양성자 10개, 중성자 8개, 전자 8로 구성된다.

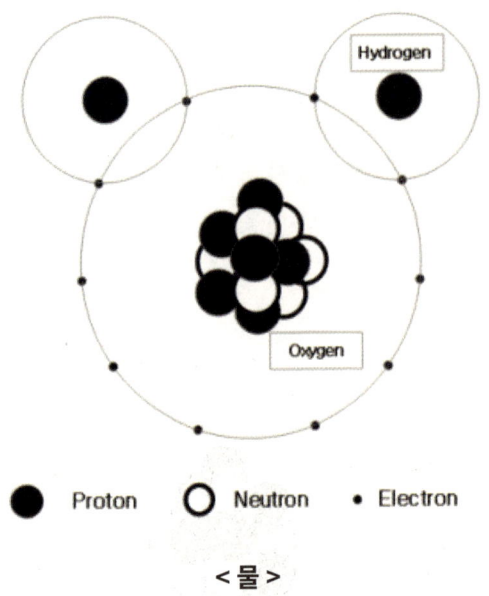

<물>

5) 물질과 물건

　원소의 구성 원리가 같다는 것이다. 그런데 양성자의 수효가 증가하면 질량이 증가하는 것은 분명하지만 원자의 성질이 왜 달라지느냐 하는 질문을 할 수 있다. 살펴보면, 양성자의 수가 증가함에 따라 외곽전자의 수가 8이 되려고 하는 새로운 성질이 나타난다. 철은 금속이며 산소는 비금속이다. 원자 각각의 성질이 다르므로 주기율표에 다르게 배치된다.
　물은 수소와 산소가 모여서 만들어졌다. 주방의 가스레인지에서 사용하고 있는 연료는 탄소와 수소가 결합하여서 만들어졌다. 코로 마시는 공기는 산소와 질소로 구성되어 있다. 이산화탄소는 탄소와 산소로 구성되어 있다. 포도당은 탄소와 수소와 산소로 구성되어 있다. 모든 만물의 원료가 궁극적으로 삼자라는 의미이다.
　물질, 물체, 물건, 동물, 식물, 미생물, 생명체 등 모든 물질의 원료가 이 셋, 즉 삼자로 형성되어 있다. 모든 물질의 원료가 같다는 것이다.

외견상 물질의 형성 원료가 각각 다를 것 같은데 그렇지 않다. 동물과 식물의 형성 원료가 같다. 금속과 플라스틱의 형성 원료가 같다. 태양과 금성과 오징어의 형성 원료가 같다.

삼자는 원자를 이루기 위하여 삼자끼리 결합해야 한다. 원자는 분자를 이루기 위하여 다른 원자와 결합해야 한다. 물질을 만들어내는 화학 반응도 원자 분자의 결합이나 분리이다. 그러므로 물질의 존재 양식은 여러 삼자의 결합이나 분리로 설명할 수 있다. 물체를 만들어내는 과정도 여러 물질이 결합하거나 분리되거나 이동하는 과정으로 이루어진다.

그러므로 물체는 삼자의 존재, 결합, 분리, 이동으로 설명할 수 있고, 물질로부터 파생된 것을 살펴보면 빛, 열, 소리, 파동, 전기, 자기 등이 있다. 이것들은 물질이 없으면 감쪽같이 사라지므로 삼자가 아니다. 물질의 구성요소가 아니다. 중성미자와 광자는 빛에 속한 것으로 보았다. 암흑물질, 반물질, 힉스 입자(Higgs particle) 등의 존재 여부는 아직 가설에 의한 이론이지만 존재가 뚜렷이 드러나도 역시 물질일 것이다. 쿼크의 존재는 증명되었지만 관측된다고 하여도 이 또한 물질일 것이다.

이 책에서 물질은 질량이 있고 공간을 차지하고 있어서 현미경으로 관측할 수 있는 것으로 정의한다. 삼자가 원자, 분자, 물질, 물체를 형성한다. 빛, 열, 소리, 파동, 전기, 자기 등은 물질이 아니라 물질에서 파생된 것으로 보았다. 빛은 파동이면서 입자이지만 물질이 없으면 빛이 사라지므로 빛은 물질이 아닌 것으로 보았다.

6) DNA와 삼자

인간도 현미경으로 관찰하면 만물 중의 하나에 불과하다. 인간의 원료도 같은 삼자 즉 양성자와 중성자와 전자로 구성되어 있다. 식물과 동물과 자동차를 구성하는 원료와 같은 원료로 형성되어 있다는 것이다. 육체를 보면 그렇다는 것이다. 생물의 설계도면 DNA를 포함하여 만물의 원료가 삼자이다.

7) 생명과 물질

물질의 궁극은 삼자(三子)인 것을 이해하였다. 잠시 생명체를 생각해 보자. 생명체는 생명과 물질로 구성되어 있다. 출생이란 생명과 물질이 결합한 현상이다. 죽음이란 생명과 물질이 분리되는 현상이다. 생명체를 분해하면 여러 가지 물질이 보이지만 여러 가지 물질을 조합해도 생명체는 다시 만들어지지 않는다. 참으로 신비로운 현상이다. 몸체는 물질로 형성되어 있으나 물질을 모으면 왜 생명체가 되는지는 아무도 모를 것이다. 생명이 형성된 결과는 생명 현상을 통하여 알 수 있지만, 생명의 기원은 모른다는 의미이다.

생명과 물질이 분리되는 현상도 자주 보지만 그 본질을 잘 모른다. 생명과 물질의 결합도 신비롭고 과학적으로 그 본질을 헤아리기 어렵다. 생명과 물질의 분리도 신비롭고 과학적으로 그 본질을 헤아리기 어렵다. 그러므로 출생과 죽음은 초월적인 현상이다.

알고 있는 것이라고는 물질의 존재 방식은 삼자이고 생명의 존재 방식은 물질과 함께 있다는 정도이다. 그 정도 외에는 도무지 모른다. 물질과 생명의 본질을 모두 모른다는 것이다. 물질과 생명이 형성된 원인, 존재 이유나 목적도 모르고 주체도 모른다. 결국, 인간은 존재에 대해서는 아무것도 모르는 무지한 녀석이다.

자꾸 모른다고 해서 어떤 독자들은 기분 나빠할지 모르겠다. 거창하게 말할 필요도 없다. 좀 더 구체적인 측면인 우리 주변을 통해 살펴보자면 별의 수효도 모르고, 우주 공간의 크기도 모른다는 의미이다. 동물이 동면하는 이유도 모른다. 동물의 심장근육이 일평생 뛰지만 지치지 않는 이유도 모른다.

8) 과학 기술의 발달

현대 과학 문명은 최근 300년 동안 급격히 발달했다. 물을 끓여서 작동하는 증기 기관(Steam engine)은 스코틀랜드의 발명가 제임스 와트(James Watt)가 1769년에 발명하였다. 전기로 주변을 환하게 밝힐 수 있는 전구는 토머스 앨바 에디슨(Tomas Alva Edison)이 1879년에 발명하였다. 사물의 궁극을 볼 수 있는 전자 현미경은 에른스트 어거스트 프리드리히 루스카(Ernst August Friedrich Ruska)가 1931년에 만들었다. DNA의 이중 나선 구조는 제임스 듀이 왓슨(James Dewey Watson)과 프랜시스 해리 컴프턴 크릭(Francis Harry Compton Crick)이 1953년에 발견하였다.

하늘의 별과 우주의 팽창을 관측할 수 있는 허블우주망원경(Hubble Space Telescope, HST)은 미국 항공우주국(NASA)에 의하여 1990년에 대기권 밖의 저궤도에 진입하였고 지금도 임무를 수행하고 있다. 이처럼 과학기술의 발전은 최근 300년 동안에 눈부시게 이루어졌다.

증기 기관이 만들어지기 전, 즉 과학기술이 발달하지 않은 상태에서는 태양이 무엇으로 만들어졌는지 알 수 없었을 것이다. 어떤 원리로 빛이 만들어지는지 알 수 없었을 것이다.

그 당시에는 태양과 식물의 구성 원료가 같은 줄 누가 상상이나 했을까?

9) 삼자와 확률

위에서 많은 물질을 나열하였다. 물질에서 파생된 것도 나열하였다. 물질의 원료가 삼자라고 설명하였지만 그렇게 될 확률을 계산해 보자. 독자 여러분들은 총명하니 우주를 해체하고 처음부터 새롭게 물체의 원료를 설계해보라는 의미이다. 그러니까 창조자의 관점에서 물체의 원료를 선택하고 결정하라는 뜻이다. 다양한 물체의 원료를 삼자로 할 수도 있고 다른 원료를 사용할 수도 있다.

산소의 원료는 이것(x)이고 수소의 원료는 저것(y)이고 질소의 원료는 그것(z)으로 되어 있을 것으로 상상해보면 애초에 원료의 종류가 몇 개인지 알 수 없다. 사실 원료의 후보 물질은 무한히 많아서 하나가 선택된다는 것은 확률이 아주 낮으므로 기적이다. 미지의 입자 중에서 만물의 원료로 선택된 것은 기적 중 기적이다. 그렇다면 막연하지만 원료의 후보를 10개로 가정하자.

따라서 과거에는 물의 원료가 삼자일 것으로 상상도 못 했으니 삼자가 물의 원료로 선택될 확률을 10분의 1이다. 그러면 두 가지 물체, 즉 물과 공기의 원료가 삼자로 같을 확률은 100분의 1이다. 세 가지 물체, 즉 물과 공기와 소나무의 원료가 삼자로 같을 확률은 1,000분의 1이다. 네 가지 물체, 즉 물과 공기와 소나무와 원숭이의 원료가 삼자로 같을 확률은 10,000분의 1이다.

더 이상 계산하지 않아도 만 가지 물체의 원료가 삼자로 일치할 확률은 10의 10,000승분의 1이다. 즉, 값은 0이다($1/10^{10,000}=0$). 낮은 확률은 발생할 수도 있고 우연히 발생했다고 말하기도 한다. 그러나 확률 0은 절대로 발생할 수 없는 현상이다. 확률 0의 사건이 발생하면 기적이라고 말한다. 기적이라는 용어가 마음에 들지 않으면 필연적인 사건이라고 말해야 한다.

3. 시공물법

1) 시공(時空)

10년 만에 만난 친구가 더 젊어 보이면 친구의 시간은 느리게 흐른 것으로 느낄 수 있다. 친구가 나를 볼 때는 시간이 빨리 흐른 것으로 느낄 수 있다. 내가 어린 시절로 돌아갈 수 있다고 상상하면 시간이 거꾸로 흐른 것을 상상할 수 있다. 미래의 늙은 모습을 상상할 수도 있다. 10년 전의 일이 불현듯 생각나면 시간이 정지되는 것처럼 느낄 수도 있다.

이처럼 시간은 물질의 변화와 이동을 허용하는 흐름이다. 물질이 변하거나 이동하려면 시간이 필요하다. 물질이 부패하든지 발효되든지 애초의 위치를 바꾸든지 화학적인 반응이 일어나려면 시간이 흘러야 한다. 반대로 설명하면 시간이 지나야 물질이 변하고 이동하게 된다.

자동차를 세우려면 주차장은 가로, 세로, 높이로 표시된 그릇이 있어야 한다. 주차장이 자동차보다 작으면 자동차를 넣을 수 없다. 물체를 상자에 넣으려면 상자가 더 커야 한다. 상자를 길이로는 물체보다 더 길어야 하고 면적은 더 넓어야 하며 공간은 더 커야 한다. 공간은 물체의 부피를 담아주는 그릇이다.

우리는 현재 3차원의 공간에서 살고 있다. 세 개의 차원이란 가로축(X축)과 세로축(Y축)과 높이축(Z축)으로 구성된 공간을 말한다. 직선은 1차원이며 축이 하나이다. 직선의 단위는 미터[m]이다. 평면은 2차원이며 축이 둘이다. 평면의 단위는 제곱미터[m^2]다. 입체는 3차원이며 축이 셋이다. 입체의 단위는 세제곱미터[m^3]다.

어느 측면에서 보면, 3차원 입체의 그림자는 2차원 평면이다. 2차원 평면의 그림자는 1차원이다. 1차원 직선의 그림자는 0차원 점으로 볼 수도 있다. 이런 식으로 추론하면 4차원의 그림자는 3차원 입체이다. 그러나 4차원의 형상은 인간의 머리로는 감히 상상할 수 없으며 인간의 한계이다.

차원	0차원	1차원	2차원	3차원	4차원
단위	[m^0]	[m^1]	[m^2]	[m^3]	[m^4]
이름	점	직선	평면	입체	?
형상	·	—	□	▰	?

< 차원 >

0차원 점에서 움직이지 않고 사는 존재(thing)는 1차원 직선으로 왔다 갔다 하는 존재를 인식할 수 없다. 자신의 점에 오면 보이고 점에서 벗어나면 보이지 않게 된다. 1차원 직선에서 직선으로만 움직이고 사는 존재는 2차원 평면으로 왔다 갔다 하는 존재를 인식할 수 없다. 자신의 직선 위에 오면 보이고 직선을 벗어나면 보이지 않게 된다. 2차원 평면에서 움직이고 사는 존재는 3차원 공간으로 왔다 갔다 하는 존재를 인식할 수 없다. 자신의 평면에 오면 보이고 평면을 떠나가면 보이지 않게 된다. 마찬가지로 3차원 공간에서 움직이고 사는 존재는 4차원으로 왔다 갔다 하는 존재를 인식할 수 없다. 자신의 3차원 공간에 오면 보이고 3차원 공간을 떠나가면 보이지 않게 된다.

사람은 3차원의 공간에서 갇혀 살고 있으므로 인간의 머리로는 4차원의 세계를 상상할 수 없다는 것이다. 우주 바깥이 4차원의 세계일 것이다. 4차원의 세계를 상상할 수 없는 것이 인간의 한계이다. 다만 시간과 공간을, 그리고 물질과 자연 법칙을 초월한 세계일 것이다. 그래서 어떤 초월적 존재가 지구를 찾아올 때 광속(光速)보다 빠른 비행기가 필요 없을 것이다. 3차원 공간을 자유롭게 벗어날 수 있기 때문이다.

물질은 질량과 부피를 가지고 있으므로 이를 담을 수 있는 공간이 없으면 그릇이 없으므로 물질도 존재할 수 없다. 우주의 팽창은 풍선 내부 같은 공간의 팽창을 의미한다. 공간의 밖은 어떤 곳인지, 어떤 상태인지 모른다. 유한한 존재(thing)가 무한을 이해하지 못한다는 것이다.

이상에서 시간과 공간에 대하여 살펴보았다. 시간은 변화를 허용하는 흐름이고 공간은 물질을 담는 그릇이다. 시간(時)과 공간(空)이 있어야 물질(物)과 자연 법칙(法)이 존재할 수 있다. 시(時)와 공(空)은 서로 떼어 놓을 수 없다.

2) 물법(物法)

물질(物)이 먼저 존재하였는가?
자연 법칙(法)이 먼저 존재하였는가?
아니면 동시에 존재하였는가?
수많은 자연 법칙의 발생 시기를 차례로 나열할 수 있겠는가?
수많은 물질의 존재 순서를 차례로 나열할 수 있겠는가?

이러한 질문의 답변으로 우연히 순서가 정해졌다고 주장할 사람은 한 사람도 없을 것이다. 우연한 기회에 수많은 물질이 존재하고 수많은 현상이 우발적으로 나타난 것이라면 형태 없이, 질서 없이 뒤죽박죽의 우주가 될 것이다.

예컨대 산소가 생기고 그 후에 자연 법칙이 생기고 나중에 수소가 생겼다고 상상할 수는 있지만, 어느 사람도 그 순서를 단정할 수 없다는 의미이다. 탄소는 존재하는데 질량 보존의 법칙이 없는 상태라면 탄소는 어느 물질과도 반응할 수 없다. 반응할 수도 있지만, 무작위 반응이 될 것이다. 만유인력의 법칙이 발현된 후에 질소가 출현하였다면 질소는 이 법칙과 무관할 수도 있고 이 법칙의 영향을 받을 수도 있을 것이다. 나중에 발생한 질소가 자연 법칙의 영향을 받는다면 이 역시 필연적이다. 우연히 영향을 받을 수는 없다.

이처럼 물질의 출현과 자연 법칙의 발현을 분리하여 생각하면 우주는 형태가 없어서(Formless) 혼돈의 상태가 된다. 따라서 지금과 같이 형태가 있고 의미 있는 우주가 되려면 모든 물질(物)과 자연 법칙(法)은 동시에 생겨나야 한다. 즉, 물(物)과 법(法)은 서로 떼어놓을 수 없다.

3) 물질 신

물질을 초월적 절대자로 착각하는 사람들이 있다. 물질을 신(神)으로 믿는 사람들이다. 초월적 절대자를 너무 어렵게 생각할 필요가 없다. 돼지 머리를 상에 올려놓고 절하는 사람들이 있다. 음식을 잘 먹는 귀신에게 돼지 머리를 제물로 바치는 행위는 귀신에게 복을 빌거나 재앙을 막아주는 것을 기원하는 행위이다. 귀신은 매일 먹지 않으면 배고픈 동물이 자신을 투영시켜서 만든 초월적 절대자이다.

죽은 조상에게 1년에 한 차례씩 음식을 차려놓고 절하는 사람들이 지구촌 곳곳에 아직도 많이 있다. 죽은 조상이 스스로 신이 되어 음식을 먹는 것도 우스꽝스럽지만, 만약 먹는다는 확신이 있다면 신이 배고프지 않도록 매일 음식을 제공해야 할 것이다. 조상을 존경하여 추모하는 의미로 제사 제도가 도입되었으나 지금은 조상을 영원불멸의 신으로 숭배한다. 조상신은 매일 먹어야 하는 사람이 자신을 투영시켜서 만든 초월적 절대자이다.

결혼하는 신도 있다. 결혼하는 신은 영원히 존재하는 것이 불가능하기에 후손을 필요로 한다. 이런 신은 유한한 존재이다. 시간을 초월하지 못하는 신이다. 결혼하는 신은 이성(異性)을 통하여 후손을 이어가는 암수 동물이 자신을 투영시켜서 만든 초월적 절대자이다.

나무나 돌로 만들어진 신도 있다. 어떤 사람들은 나무나 돌을 조각하여 만들고 금으로 씌운 후에 그 형상에 머리를 조아려 절하기도 한다. 형상이 클수록 능력 있는 존재라고 생각한다. 큰 능력을 추구하며 동시에 두려워하는 인간이 만들어낸 초월적 절대자이다.

신은 없어지지 않고 영원해야 한다. 물속에 있는 신은 물이 없으면 존재할 수 없으므로 가짜 신이다. 큰 바위 속에 들어 있는 신은 바위가 사라지면 존재하지 못하므로 가짜 신이다. 산에 있는 신은 도시에 존재하지 못하므로 가짜 신이다. 돈을 요구하고 몸을 요구하는 신은 물질에 의존하므로 가짜 신이다. 자연도 신이 될 수 없다. 자연은 언제든지 사라질 수 있기 때문이다. 자연 법칙도 신이 될 수 없다. 자연 법칙도 사라질 수 있기 때문이다.

진정한 초월적 절대자는 물질이 아니며, 물질을 요구하지 아니할 것이다. 진정한 초월적 절대자는 물질을 의존하지 아니할 것이며 자신의 형상을 물질로 만들지 아니할 것이다.

4) 우주는 신(神)이 아니다

물질이 없어도 시간과 공간은 얼마든지 존재할 수 있다. 우주는 물질의 집합체이다. 자연 법칙은 물질에 관한 법칙이다. 수학은 자연 법칙을 표현하고 설명하는 도구이다. 신적인 실체가 존재한다고 전제하면 신(神)은 물질보다 먼저 존재해야 한다. 제1원인자를 신이라고 불러야 하므로 신은 물질을 창조하거나 조성하여 존재하게 하는 최초의 원인자이어야 한다. 그러므로 물질로 구성된 우주는 신이 될 수 없다. 수학도 신(神)이 될 수 없다. 우주나 수학을 신이라고 하면 물질을 신이라고 하는 것과 다름없다.

물질과 자연 법칙이 의지를 갖추고 스스로 생겨났다면 신의 지위에 오르는 것이 합당하다. 우주나 수학을 신으로 믿고 있는 사람들은 물질과 자연 법칙은 의지를 갖추고, 스스로, 동시에 존재하게 되었다고 증명해야 한다.

'우연'과 '동시'는 연립할 수 없다. '우연'은 과학자를 혼돈에 빠뜨리는 마약이다.

4. 물질과 자연 법칙

1) 많은 자연 법칙

이론(Theory)과 법칙(Law)은 다르다. 우리가 사는 자연에는 많은 법칙(Law)들이 있다. 아니 우주에는 많은 법칙이 있다. 만유인력의 법칙, 질량 보존의 법칙, 정수비례의 법칙, 에너지 보존 법칙, 멘델의 유전 법칙, 케플러 법칙, 허블의 법칙, 후크의 법칙, 열역학 법칙, 플레밍의 오른손 법칙 등은 모두 물질에 관한 자연 법칙이다.

자연 법칙은 자연과학 분야마다 무수히 많다. 내가 모든 자연 법칙을 헤아려보지는 않았지만, 그 수효가 수백에 이를 것이다. 건전한 이성을 가진 모든 사람이 자연 법칙을 절대적인 법으로 인정한다.

2) 자연 법칙의 붕괴

자연 법칙은 물질에 관한 법칙이다. 그런데 많고 많은 자연 법칙 중에서 하나라도 변하거나 사라지면 우주는 해체된다. 태양계도 언젠가는 해체된다. 태양도 지구도 수명이 있으니 결국 해체된다. 생물도 해체된다. 사람도 해체된다. 언젠가는 형태가 없어진다는 뜻이다. 예를 들어 에너지 보존 법칙이 사라져서 태양이 핵융합 반응을 멈추고 온도가 낮아지면 지구촌 전부가 꽁꽁 얼어붙을 것이다. 만유인력의 법칙이 뒤틀려서 중력가속도의 크기가 어느 날 갑자기 두 배로 커지면 모든 무게가 두 배로 증가하여 전 세계의 교량, 고층 빌딩이 무너질 것이다.

지구와 달이 서로 잡아당겨서 충돌할 것이다. '우리 은하'와 '안드로메다 은하'도 지금보다 더 빠른 속도로 가까워질지도 모른다. 사람의 체중도 두 배가 되어 무릎관절이 망가질 것이다. 만유인력의 법칙이 사라지면 물체는 분해되고 물질은 서로 해체되어 버린다. 플레밍의 오른손 법칙이 어느 날 붕괴한다면 발전소에서 전기를 생산하지 못하여 전 세계적으로 정전 사태가 발발할 것이다.

마찬가지로 질량 보존의 법칙이 사라지면 모든 화학 반응이 뒤틀릴 것이다. 산소는 더 산소가 아니며, 물은 더 물이 아닐 것이다. 탄수화물과 단백질과 지방도 제 기능을 잃고 말 것이다.

3) 자연 법칙과 진화

얼마나 많은 자연 법칙이 있는가!

이 중에서 한 가지라도 변하거나 붕괴한다면 하늘에 있는 천체이든지 땅에 있는 생명체이든지 붕괴하고 해체되어 무질서의 상태, 무형의 상태가 될 것이다. 따라서 우주를 지배하는 법이 반드시 있어야 하는바 자연 법칙이 우주를 지배하고 존속시킨다.

여기서 조금만 더 생각해 보자. 새로운 자연 법칙이 더 발견되어도 기존에 발견된 자연 법칙과 상충하지 아니할 것이다. 즉, 자연 법칙은 상충하지 않는다는 말이다. 그러하다면 멘델의 유전 법칙과 상충하는 자연 법칙은 앞으로도 발견될 수 없을 것이다.

우주를 지배하고 있는 법, 자연 법칙을 진화와 관련지어서 독자들에게 질문을 던져보겠다.

어떤 자연 법칙이 붕괴하면 진화론이 해체될 것인가?

그런 자연 법칙은 없다. 진화론을 지지하고 증명하는 자연 법칙은 없다는 의미이다.

4) 자연 법칙의 발생 순서

자연 법칙은 언제 생겨난 것인가?
물질보다 먼저 생겼을까?
나중에 생겨났을까?
동시에 생겼나?
순차적으로 생겼나?

발생 시기를 아무도 모를 것이다. 어떻게 생겨 난지도 모른다. 어떤 이들은 우연히 생겨났다고 말하기도 한다. '빅뱅' 이론을 제외하면 우리 누구 하나 물질의 기원도 모르니 물질에 관한 법칙이 언제 나타났는지 모르는 것은 당연하다.

만약 자연 법칙이 순차적으로서 생겨났다고 말한다면 순서를 말해야 한다. 동시에 생겨났다고 말한다면 시기를 결정해야 한다. 이렇게 말해도 저렇게 말해도 답변은 시원하지 않다.

그리고 수많은 자연 법칙이 동시에 존속하고 있는데 왜 단 하나도 사라지지 않는 것인가?

답변하기가 점점 더 어려워진다. 그래서 우연히 동시에 발생했고, 우연히 사라질 수도 있다고 설명할 수밖에 없다고 생각하는 사람들이 많을 것 같다.

그런데 우연히 동시에 발생한 법칙이 수십만 년 동안 모두 존속하고 있는 현상을 어떻게 해석해야 하는가?

그렇다면 물질이 따로따로 존재(being)하고 자연 법칙이 따로따로 설계되고 만들어질 수 없다고 추론해야 할 것이다. 그러므로 모든 물질의 존재와 자연 법칙의 발현은 동시적인 사건으로 보는 것이 자연스럽다. 모든 사람은 물질과 자연 법칙이 동시에 구성된 우주 안에 갇혀서 살아가고 있는 셈이다.

5) 삼자와 만유인력의 법칙

질량을 가지고 있는 모든 물체의 원료는 삼자라고 설명하였다. 만유인력의 법칙은 모든 물체에 작용한다. 물체의 원료가 각각 다르다면 만유인력의 법칙이 모든 물체에 적용되지 아니할 것이다. 만물의 구성 원료가 삼자로 동일하기 때문에 우주가 하나이고 만물 만상(萬物萬狀)이 하나의 시스템이다.

6) 운동과 만유인력의 법칙

모든 물질은 존재하는 것으로 충분하지 않고 구성되고 변해야 한다. 물리적으로 운동하며 화학적으로 변화해야 한다. 그러므로 모든 항성(별)과 행성은 빠른 속도로 움직이고 있는바 우주는 팽창하고 있어야 한다. 운동은 위치의 변화를 의미한다. 하늘에 떠다니는 천체나 지구의 생물도 생멸을 반복하므로 모든 물질은 움직이고 운동하고 있다는 뜻이다.

모든 물질은 정지 상태가 아니다. 물질로 된 물체는 서로 달라붙어야 하지만 이와 동시에 서로 떨어져 있게 된다. 한 예로 지구와 달은 물질이고 물체이고 사물이지만 가까이 있으면서 떨어져 있으며, 자전 운동과 공전 운동은 만유인력의 법칙이 지배하여 나타나는 현상이다.

물체의 운동이 먼저이면 지구와 달은 부딪히거나 영영 멀어져야 한다. 만유인력의 법칙이 먼저이면 지구와 달 뿐만 아니라 우주의 항성이나 행성은 모두 한곳에 모여 있어야 한다. 달리 설명하자면 지구와 달은 가까이 있어야 하지만 동시에 떨어져 있어야 한다.

물질이 서로 한 곳에 모여 있으려면 만유인력의 법칙이 작용해야 하고 동시에 떨어져 있으려면 회전 운동을 하면서 원심력이 작용해야 한다. 따라서 운동과 만유인력의 법칙이 동시에 나타나야 한다.

7) 멘델의 유전 법칙

멘델의 유전 법칙은 모든 생명체에 적용되는바 조상의 유전자가 후손에게 그대로 전달되는 법칙이다. 유전자가 전달되는 과정은 결국 화학적 반응이다. 화학적 반응 시마다 질량 보존의 법칙이 적용된다. 그러므로 멘델의 유전 법칙과 물질은 동시에 존재해야 한다. 여타의 자연 법칙도 물질에 관한 법칙이므로 우주에 있는 모든 자연 법칙과 물질은 동시에 존재해야 한다.

8) 화학적 반응과 질량 보존의 법칙

천체와 생물은 끊임없이 변한다. 물질은 물리적 운동을 포함하여 화학적 반응을 쉬지 않는다. 질량 보존의 법칙은 시간이 흐르면서 화학적 변화가 일어나도 질량의 증감이 없다는 법칙이다. A 물질의 질량 20kg과 B 물질의 질량 30kg이 더해지면 결과는 50kg이 된다는 법칙이다. 우주에 있는 모든 질량의 합은 화학적인 반응이 일어나든지 물리적인 혼합이 일어나든지 항상 일정하다는 법칙이다.

이 질량 보존의 법칙은 에너지 보존 법칙으로 확대되었다. 질량이 사라지면서 에너지가 나오기 때문이다. 우주에 있는 에너지의 합은 항상 일정하다는 법칙이다. 사라지는 질량에 빛의 속도를 거듭 곱하면 막대한 에너지가 나온다. 이 에너지 보존 법칙에 따라 태양 빛이나 핵폭탄이 만들어진다.

9) 에너지 보존 법칙

우주에 있는 모든 에너지(Energy)의 총량은 증가하지도 않고 감소하지도 않는다. 어디서 많이 들어본 말이다. 어려운 말이 아니다. 에너지의 총량은 예나 지금이나 변하지 않고 일정하다는 의미이다.

예컨대, 저수지의 물은 높은 곳에 있으므로 위치 에너지를 가지고 있다. 물의 위치가 높을수록 그리고 물의 양이 많을수록 에너지의 양이 많다. 물은 낮은 곳으로 흘러가면서 수차를 돌려서 전기 에너지를 발생시킬 수 있다. 이때 흘러내린 물의 일부는 전기 에너지로 바뀌고 일부는 쓰레기 에너지로 바뀐다. 전기 에너지와 쓰레기 에너지를 합하면 그 크기가 흘러내린 물이 가지고 있었던 위치 에너지와 동일하다. 물의 위치 에너지가 전기 에너지와 쓰레기 에너지로 바뀌었지만, 그 에너지의 양은 변하지 않는다는 말이다. 저수지의 물, 즉 물질의 위치 에너지가 다른 에너지로 변환되어 나타난 것이다.

전기 에너지로 모터를 돌려서 모터축을 회전시키면 전기적 에너지는 기계적 에너지로 전환된다. 이때 전기 에너지 일부는 기계적 에너지로 바뀌고 일부는 쓰레기 에너지로 바뀐다. 기계적 에너지와 쓰레기 에너지를 합하면 그 크기가 전기적 에너지와 같다는 말이다. 이처럼 에너지는 형태가 달라지지만, 변환 전후의 총량은 항상 일정하다는 의미이다. 이를 에너지 보존 법칙이라고 한다.

생물이 섭취한 음식물 일부는 체질량으로 남아 있고, 일부는 증발한다. 그리고 일부는 배설한다. 체질량으로 남은 질량과 증발한 질량과 배설한 질량을 더하면 섭취한 질량과 같다. 섭취 전후의 질량은 보존되지만, 에너지는 나온다.

높은 곳의 물이 에너지이듯이 태양도 에너지이다. 사실 태양의 에너지가 물을 가열하여 높은 저수지로 올려보냈다. 바람도 에너지이다. 석탄, 원유도 에너지이다. 휘발유, 경유, 전기, 배터리, 동식물도 에너지이다.

질량이 사라지면서 에너지로 변하는 때도 있다. 사라진 질량(mass)에 빛의 속도(C)를 거듭하여 곱하면 에너지(Energy)가 나온다(Energy=mass×C^2). 태양에서는 원자핵의 융합으로 에너지가 발생하고 원자력 발전소에서는 원자핵의 분열로 에너지가 발생한다. 원자핵의 융합이든지 분열이든지 원자핵 질량의 감소가 에너지로 나타난 것이다. 즉, 에너지는 물질에서 나온다.

반대로 에너지가 질량을 가지고 있는 물질을 구성, 변화, 이동시킬 수 있다. 전기적 에너지로 열을 만들고 열로 물질을 녹여서 새로운 물질을 만들 수 있다. 기계적 에너지는 물질을 쪼개고 이동시킬 수 있다. 질량을 가지고 있는 물체를 운동시킬 수도 있다. 식물이 광합성 작용을 하려면 태양 빛 에너지가 있어야 한다. 태양 빛 에너지가 이산화탄소와 물을 포도당과 산소로 변화시킨다. 즉, 물질은 에너지에서 나온다.

이상을 요약하자면 에너지는 물질에서 나오며, 물질은 에너지에서 나온다. 우주에 있는 물질과 에너지는 변환될 수 있으며 그 총량은 일정하므로 유한하다. 우주의 에너지 총량은 사람이 상상할 수 없을 만큼 크지만 무한하지 않고 유한하다는 의미이다. 에너지를 발산하는 별들의 수효가 유한하며, 운동하는 행성의 수가 유한하다는 의미이다.

10) 동시적 사건

조금도 어렵지 않다. 모든 물질과 자연 법칙은 동시에 출현해야 한다. 우주의 설계자가 물질과 자연 법칙을 동시에 설계해야 한다. 물질에 질량과 부피, 인력, 운동, 변화를 부여해야 하기 때문이다. 아주 쉬운 예를 들어보면 신호등과 신호 법규(도로교통법)가 동시에 설계되었을 것이다. 천체와 케플러 법칙이 동시에 설계되었을 것이다.

물질의 운동과 만유인력의 법칙 발생은 동시적 사건이어야 한다. 화학 반응과 질량 보존의 법칙 발생은 동시적 사건이어야 한다. 생물의 출현과 멘델의 유전 법칙 발생은 동시적 사건이어야 한다.

11) 설계는 사물보다 앞선다

모든 물질의 변화는 존재를 전제하므로 논리적으로 순서를 따지면 존재 이후에 구성되고 변화되는 것으로 볼 수 있다. 그런데 존재 이후에 운동하지 않으면 의미가 없으므로 존재 시기와 운동 시기를 동일하게 보아도 무방할 것 같다. 사실 앞에서 물질의 존재와 자연 법칙의 발생은 동시적 사건이라고 이미 설명하였다.

물질의 존재와 운동과 자연 법칙이 우발적으로 동시에 존재할 수는 없으므로 물질과 자연 법칙은 계획적 설계의 산물이라는 것이다. 역으로 설명하면 만 가지 물질과 만 가지 현상도 설계 후에 나타났다고 해야 할 것이다. 즉, 설계는 사물의 존재와 현상보다 앞선다.

5. 과학과 반과학

1) 과학

여기서 새삼스럽게 과학(Science)을 정의해 보자. 과학이라는 용어는 사람들이 늘 사용하는 용어이지만 합리적이고 정확하고 모든 문제를 풀 수 있는 만능 학문으로 여기고 있는 듯하다. 과학을 정의하는 것은 아주 간단하다.

예를 들면 아주 쉽게 이해할 수 있다. 공기는 눈에 보이지 않지만, 사람은 코로 공기를 마시므로 숨을 쉰다는 사실을 증명할 수 있다. 사람은 누구나 숨을 잠깐만 멈춘다면 1분이 못 되어 온몸이 답답해지고 견딜 수 없을 것이다. 사람의 코로 흘러 들어가는 그 무엇이 공기이며 공기로 숨을 쉰다는 것이 증명된 것이다.

그런데 사람의 폐(허파)가 공기에 반응하는 사실과 원리는 알지만, 이유는 모른다. 사람은 산소를 마시면 살지만 일산화탄소(CO)를 마시면 죽게 되는데 그렇게 된 연유(緣由)를 모른다는 것이다.

물질의 반응 이유는 잘 모르지만 이런 반응이 언제 어디서나 반복되므로 공기로 숨을 쉬며 살고 있다고 증명된 것이다. 사실은 반응하는 연유를 규명하지 못하였으므로 불완전한 증명이지만 반응 과정과 생존 결과만 인정하면서 과학적인 증명이라고 하고 있을 뿐이다.

그래서 사람은 공기로 숨 쉴 확률이 99.9999%라고 하면 과학적으로 증명한 것이다. 사람은 공기로 숨 쉴 확률은 매우 높은 확률인바 이를 99.9999%라고 표현한 것뿐이다. 따라서 과학을 정의하자면 과학이란 현상의 연유는 모르지만 반복되는 과정에서 동일한 결과가 도출될 확률을 찾는 학문이다.

여기서 조금만 더 깊이 들어가면 과학은 시공간 속에 존재하는 물질에 국한되므로 과학이란 물질에 관한 학문이다. 시간(時)과 공간(空)과 물질

(物)과 자연 법칙(法), 즉 시공물법(時空物法)을 떠나서는 생각할 수 없다. 과학적인 사건은 시공물법 테두리 안에서 반복되는 과정으로 동일한 결과가 재현되는 사건인 것은 분명하지만 시공간을 초월하거나 물질이 아닌 영역은 과학의 대상이 아니라는 의미이다.

2) 반과학(Anti-science)

반과학을 정의하는 것은 쉽다. 반과학(反科學)은 과학에 반한다는 의미이다. 사람이 코로 숨을 쉴 확률은 99.9999%라면 그렇지 않을 확률은 0.0001%이다. 사람이 메테인(CH_4)으로 숨을 쉰다면 반과학적이다. 그 확률은 0.0001%라는 것이다. 수학적으로 표현하자면 100% 확률에서 과학적 확률을 빼면 반과학적 확률이 된다. 100%-99.9999%=0.0001%이다.

사람이 메테인(CH_4)으로 숨을 쉴 확률은 매우 낮은 확률인바 이를 0.0001%라고 표현한 것뿐이다. 따라서 반과학(反科學)은 과학과 충돌한다는 의미이다. 반과학자(反科學者)들은 아주 낮은 확률을 높은 확률로 우기거나, 반복되는 과정을 제시하지 못하면서 동일한 결과를 주장하거나, 필연적으로 불가능한 일을 우연히 가능하다고 주장한다.

예컨대 4차원 물체, 정 3면체, 뜨거운 얼음, 영구 기관, 도박 부자, 윤회, 진화 등을 과학적 산물이라고 주장한다.

3) 단회적 사건

요즘 중국 우환에서 발생하여 전 세계를 동시에 강타하고 있는 코로나 19 바이러스(COVID-19)의 확진자가 속출하고 있다. 이 감염병의 증상은 고열과 기침이라고 한다. 전 세계적으로 감염자 수가 2020년 5월 27일에 5,681,609명이었고 2020년 07월 20일에 14,655,642명, 2020년 08월 02일에 18,231,546명이라고 한다. 감염자 수는 빠르게 증가하는 추세에 있다고 한다. 이 바이러스에 감염되어 심각한 상태에 이르면 산소 호흡기를 사용하여 숨을 쉬어야 한다.

다행히 감염자의 사망률이 2% 또는 5%로 낮아서 감염병에서 회복될 수도 있다. 백신이나 치료제가 개발되면 반복 과정으로 동일한 결과를 얻게 될 것이지만 현재는 정형화된 치료 방법이 없으므로 동일하게 반복되는 치료 과정이 없다. 나라마다 병원마다 환자마다 치료하는 과정이 다르며 결과도 조금씩 다르다는 의미이다. 이처럼 유일한 과정으로 유일한 결과가 발생하는 사건이 단회적 사건이다.

코로나19 바이러스 같은 신종 감염병 관련 사건들이 여기저기서 아주 많이 발생하여 일견 동일한 사건으로 보이지만 넓게 보면 유사한 사건일 뿐이다. 만약 이에 맞는 백신이나 치료제가 개발되면 치료 과정이 일치하므로 반복된 사건이 될 것이다. 특정 백신이나 치료제를 사용하여 동일한 결과가 도출될 확률이 아주 높아지면 과학적 사건이 될 것이다.

그러나 단회적인 사건은 엄밀히 따져보면 특정한 시공간에서 특정인에게 한 번만 발생한 사건이므로 특정 과정에서 특정 결과가 도출된다. 예컨대 천체 각각의 출몰(出沒), 생물 각각의 생멸, 결혼, 신혼여행, 입학, 졸업, 감정의 표출, 교통사고, 살인 사건, 전쟁 등은 단회적인 사건이다.

4) 초월적 사건

초월적인 사건을 정의하기는 조금 어렵다. 어떤 초월적인 존재가 호흡기 환자의 집을 방문하여 손을 붙잡고 심호흡을 하라고 말했고 그 환자가 심호흡하니 즉시 정상적으로 호흡을 하였다면, 과학적으로 이해할 수 없는 현상이 발생한 것이다. 초월적 절대자가 하늘에 있어야지, 무엇이 답답하여 인간 세상에 나타나서 보잘것없는 인간을 상대하여 치료한다는 것인지 알 수 없는 노릇이지만 아무튼 초월적 절대자가 인간이 사는 땅에 왔다는 것은 공간을 초월한 것이다. 여기서 치유의 근본 원인은 초월적인 존재이며 초월적 절대자의 명령이다. 이 명령 외에 치유의 원인을 찾을 수 없다. 치유 과정에 과학적으로 알려진 치유 과정이 없는바 어떤 물질이나 자연 법칙이 동원되지 않았다.

초월적 절대자의 명령 한 마디가 치유 과정이라는 측면에서는 단회적이다. 물질과 자연 법칙이 전혀 사용되지 않은 측면에서는 초월적이다. 치유 결과도 정상 회복이라는 측면에서는 단회적이다. 치유 기간이 없이 즉시라는 측면에서는 시간을 초월한 것이다.

과학과 반과학과 초월적인 사건을 짧은 문장으로 아래와 같이 요약할 수 있다.

○ 의사가 치료하면 과학적이다. 과학자가 치료한다.
○ 돌팔이가 환자를 죽이면 반과학적이다. 과학자가 비난한다.
○ 절대자가 환자를 살리면 초월적이다. 과학자가 감탄한다.

즉, 초월적인 사건이란 원인, 과정, 결과 모두가 시공물법(時空物法)을 초월하여 발생한 사건이다. 빅뱅, 시공간의 존재, 사물의 존재, 자연 법칙의 발현, 우주 에너지의 발생, 생명체의 생멸 등은 초월적인 사건이다.

6. 무한한 능력과 유한한 우주

1) 물질과 에너지

우주의 에너지는 증가하지도 않고 감소하지도 않는데 어디서 생긴 것인가?
그때가 언제인가?
지구를 자전 공전시키는 에너지는 어디서 왔을까?

에너지 보존 법칙을 이해하고 있는 사람이라면 무(Nothing)에서 유(Something)가 나온 것을 인정할 수밖에 없을 것이다. 무슨 말인가 차근차근 설명해 보겠다.

앞에서 설명한 바와 같이 저수지에 남아 있는 물의 위치 에너지와 발현된 전기적 에너지와 기계적 에너지가 공존한다. 에너지는 물질 안에 있고 물질과 함께 있으며 물질로부터 파생된다.

현재는 그렇다는 말이다. 물질과 에너지는 형태만 달리하여 공존한다. 그런데 물질이 없으면 에너지가 발현될 수 없다. 수차가 없으면 전기적 에너지는 나타나지 않으며 모터가 없으면 기계적 에너지는 나타나지 않는다. 물질이 다 사라지면 에너지도 나타나지 않는다. 만약 과거로 되돌아가서 저수지에 물이 애초부터 없었다면 에너지의 발현도 없었을 것이다.

원자핵의 반응으로부터 질량이 감소하면서 막대한 에너지가 나온다. 그 크기는 사라진 질량에 비례한다. 물질이 사라지면서 에너지가 나온다. 현재는 그렇다는 말이다. 만약 시간을 과거로 되돌아가서 원자핵이 애초부터 없었다면 에너지의 발현도 없었을 것이다.

반대로 에너지를 사용하여 물질을 녹이고 쪼개고 운동시킬 수 있을 뿐 아니라 광합성 작용처럼 에너지 공급을 통하여 새로운 물질이 나타난다.

이상을 종합해보건대 물질은 에너지를 통하여 존재하며 에너지는 물질을 통하여 존재한다.

2) 초월적 능력

그런데 우주가 만들어지기 전의 상태를 상상해 보자. 그러니까 물질이 없는 애초의 상태를 상상해 보자는 것이다. 우주에 물질이 없는 상태는 아무것도 보이지 않고 만질 수 없는 상태였을 것이다. 시간과 공간만 있는 상태였다. 그런데 물질이 애초에 없는 상태에서도 에너지 보존 법칙이 성립되려면 에너지가 존재했어야 한다. 그러니까 무에서 물질이 생겼다면 물질이 없는 상태에서는 에너지만 존재하였을 것이고 우주가 출현하면서 무한한 에너지 일부가 물질과 에너지로 전환되었다고 보는 것이 타당하다. 달리 말하면 지금의 물질과 에너지의 총량은 애초부터 존재하였던 무한한 에너지 일부라는 의미이다. 애초의 무한한 에너지에서 지금의 유한한 우주가 나왔다는 의미이다. 역으로 설명하면 아직 물질과 에너지로 전환되지 않은 무한한 에너지가 있다는 의미이다.

이 무한한 에너지는 우주에 있는 물질과 에너지로 전환되지 않은 상태인바 우주보다 역사가 오래되었으며 우주의 시공물법보다 먼저 존재하였어야 한다. 그러므로 이 무한한 에너지를 초월적 능력이라고 부르자. 이 초월적 능력은 시공물법을 초월하여 지금도 존재해야 한다.

초월적 능력이 물질과 에너지로 전환되었던 역사적 사건이 과거에 있었던 것은 분명하다. 전환 사건이 빅뱅이든지 창조이든지 상관없이 모든 사람은 그 사건이 발생했던 현장에 살고 있으므로 무한한 능력과 유한한 우주를 분명히 구별할 수 있을 것이다.

3) 이 세상은 영원한 곳인가?

내가 사는 곳은 영원한 곳인가?
하늘이 영원하고 태양이나 지구도 영원할 것인가?
천체가 영원하고 생물이 영원할 것인가?
물질이 영원하면 자연 법칙이 영원할 것인가?
이 땅에서 언제까지 살 수 있을 것인가?

이런 질문에 대하여 정답부터 말하자면 하늘이 연기처럼 사라지며 태양은 빛을 잃을 것이며 지구도 옷처럼 해어질 것이다.

시공물법의 생멸은 단회적 사건이며 유지 과정은 과학적 사실이다. 이 세상에는 시간(時)이 있고, 공간(空)이 있고, 물질(物)이 있으며, 자연 법칙(法)이 있다. 지금 지구에 있는 시공물법(時空物法)은 단회적으로 발생한 것이며 과학적으로 존속하고 있지만 언젠가는 끝날 것이다.

4) 초월적 사건의 현장

조금 더 깊이 생각해 볼 사안도 있다. 위에서 시공간의 존재, 사물의 존재, 자연 법칙의 발현, 에너지의 보존 등은 초월적인 사건이므로 우주는 초월적인 사건이 단 한 번 일어난 현장이다. 이 세상은 초월적인 사건이 한 차례 벌어진 현장이지만 이를 한 번도 경험해 보지 못한 사람들이 과학적 도구로 초월적인 사건을 판단하고 해석하려고 안간힘을 쓰고 있다.

이 땅에 사는 모든 사람은 우주의 초월적 탄생을 경험해 보지 못하였지만, 개인적으로는 초월적 사건을 경험해 볼 것이다. 즉, 사람은 태어날 때는 초월적인 세계에서 시공물법의 세계로 들어오는 것을 경험하며 죽을 때는 시공물법의 세계에서 벗어나 초월적인 세계로 들어가는 것을 경험할 것이다.

제2장

우연과 진화

우리 주변에서 뜻밖의 사건이 자주 일어난다. '우연'(偶然)이란 뜻하지 않음이다. 많은 사람이 우연이라는 용어와 필연이라는 용어를 잘못 이해하고 있는 듯하다. 기적이라는 용어에 대해서도 혼동이 있는 듯하다. 그래서 이 책에서는 이 세 용어를 수학적으로 설명한다. 우연을 '낮은 확률'로 설명한다. 필연은 '100% 확률'로 설명한다. 발생할 확률이 0%인 사건이 일어나면 기적이라고 설명한다. 우연과 필연과 기적을 구별하는 데 어렵지 않을 것이다.

1. 우연(偶然)과 필연(必然)

1) 홍길동과 나타샤

홍길동은 대한민국의 수도 서울에서 태어났다. 서울에서 초등학교와 중등학교와 고등학교를 졸업하고 러시아 수도 모스크바로 갔다. 모스크바에서 대학을 다녔다. 대학에서 나타샤를 만나게 되어 친구가 되었다. 대학을 졸업한 후 홍길동은 다시 서울로 왔다. 두 사람은 헤어져 살다가 7년 후에 뉴욕에서 만났다면 뜻밖에 만난 것이다.

우연(偶然)히 만난 것이다. 두 사람이 살아 있다 해도 만날 확률은 아주 낮다. 숫자로 표시하면 10,000분의 1보다 더 작은 수이다. 0에 가까운 작은 수이지만 0은 아니다.

그러나 홍길동과 나타샤 두 사람이 만나기로 약속하고 만난다면 반드시 만나게 된다. 두 사람은 필연(必然)적으로 만나게 될 것이다. 수학적으로 표현하면 만날 확률이 100%이다.

두 사람의 만남이 절대로 불가능한 때도 있다. 두 사람 중의 한 사람이라도 죽게 되면 7년 후에 뉴욕에서 만날 가능성은 절대로 없다. 이럴 때 두 사람이 뉴욕에서 만날 확률은 0%이다. 뉴욕에서 만나는 것은 불가능하다. 그러나 불가능한 사건이 발생하면 기적(奇蹟)적 사건이 되는 것이다.

이처럼 우연, 필연, 기적을 확률로 설명하였지만, 시각과 공간으로 설명할 수도 있다. 우연한 사건이란 시각과 공간이 특정되지 않은 사건을 말한다. 또한, 원인(原因)과 결과(結果)를 과학적으로 연결할 수 없는 사건이다. 즉, 우연한 사건은 시공인과(時空因果)가 특정되지 않은 사건이다. 필연적 사건이란 시공인과(時空因果)가 특정된 사건이다. 기적적 사건이란 시공인과(時空因果)를 초월하여 발생한 사건이다.

2) 홍길동과 나타샤의 조우(遭遇)

홍길동과 나타샤가 뉴욕에서 만난 이야기를 좀 구체적으로 해보자. 서울 출신 홍길동이 모스크바대학을 졸업하고 서울에서 행복하게 살다가 7년 후 성탄절에 뉴욕에 도착해서 시내를 구경하다 교통사고를 당했다. 이 사고로 왼쪽 팔이 부러져 병원에 입원하였다. 옆에 누워있는 여자 환자를 보았는데 그 여자도 오늘 교통사고로 왼쪽 팔이 부러졌는데 자세히 들여다보니 그 여자는 대학 시절에 알던 나타샤였다.

두 사람은 깜짝 놀랐다. 홍길동과 나타샤는 병원에서 우연히 만난 것이다. 홍길동에게 이런 사건이 발생할 확률은 아주 낮다. 일곱 가지의 조건이 모두 갖추어져야 하기 때문이다. 이 우연한 사건을 세분화해 보면 여러 우연한 조건이 연속적으로 일곱 번 갖춰져야 한다.

(1) 병원에 누워있는 사람은 모스크바대학 출신이어야 한다.
(2) 졸업한 지 7년째가 되어야 한다.
(3) 그날은 성탄절이어야 한다.
(4) 장소는 뉴욕이어야 한다.
(5) 그때 교통사고가 발생해야 한다.
(6) 교통사고로 왼쪽 팔이 부러져야 한다.
(7) 홍길동은 나타샤가 있는 병실에 입원해야 한다.

홍길동에게 이런 사건이 발생할 수 있다. 이처럼 우연한 조건이 꼬리를 물고 발생해서 어떤 결과가 만들어질 수도 있다. 홍길동에게 이런 사건이 발생할 가능성이 아주 낮다. 수학적으로 표현하면 발생 확률은 0%에 가깝다. 병실에 누워있는 사람들을 조사해 보면 금방 알 수 있는 사안이다. 많고 많은 환자 중에서 일곱 가지 조건을 모두 만족하는 환자는 매우 드물 것이다.

아 참, 나타샤를 빠뜨렸다. 나타샤도 그날 거기서 홍길동과 똑같이 교통사고로 왼쪽 팔이 부러지고 홍길동과 같은 병실에 입원하였으므로 나타샤에게 이런 사건이 일어날 확률도 매우 낮다. 두 사람이 같은 날짜에, 같은 장소에서, 같은 사건으로 만날 확률은 거의 0%이다.

3) 질서와 무질서

다른 예도 들어보자.

뉴욕에서 근무하는 회사원 2명에게 휴가비를 주면서 여름 휴가를 한 주 동안 자유롭게 다녀오라고 가정했을 때 '3일 후', '21시에', '인도네시아 발리 백사장에서' 2명이 서로 만날 수 있을까?

2명은 약속하지 않는 한 서로 다른 선택을 연속적으로 하게 된다. 서로 다른 사건이 연속하여 일어나기 때문에 두 사람의 행동 갈래는 무수히 많게 된다. 갈 수 있는 나라와 지역의 수는 지구의 표면적이 $5 \times 10^{14} m^2$(평방미터)이기 때문에 같은 장소에 있을 확률은 $1/(5 \times 10^{14})$이다. 또, 두 사람이 특정 시각 1초 동안 동시에 발리에 있어야 할 것이다.

 7일이면 6×10^5초이다. 두 사람이 동시에 동일한 장소에서 만날 확률은 $1/(5 \times 10^{14} \times 6 \times 10^5) = 1/(3 \times 10^{20})$이다.

 두 사람이 서로를 바라보아야 한다면 그 확률은 또 어떻게 구할 것인가? 이를 확률로 계산하려는 사람은 미치광이라는 말을 듣게 될 것이다. 두 사람이 그곳에서 그 시각에 만날 확률은 거의 0%이다. 따라서 두 사람이 우연히 만났다고 주장한다면 거짓말일 확률이 거의 100%이다. 두 사람은 서로 만나기로 약속했기 때문에 필연적으로 만났다고 해석해야 할 것이다. 확률 0%의 사건과 우연한 사건을 구별해야 한다. 우연적인 사건이 무질서를 낳는 것과 달리 필연적인 사건은 질서를 낳는다.

2. 불변의 법칙

1) 점진적 변화

 유충이 자라면 성충이 되고, 올챙이가 자라면 개구리가 된다. 생물도 태어나고 성장하지만, 세월이 흐르면 늙고 병들어 죽는다. 대한민국 속담에 '10년이면 강산도 변한다'는 말이 있다. 세월이 흐르면 산과 강도 일정하지 않고 변한다는 말이다. 대통령같이 큰 권력도 10년을 못 간다는 말도 있다. 붉은 꽃은 10일을 못 간다는 말도 있다. 사실 태양도 장구한 세월이 흐르면 수명을 다하게 된다. 언젠가는 지구도 수명을 다할 것이다. 이처럼 사람들은 장구한 세월이 흐르면 무엇이든지 변한다고 생각한다. 아마 인류의 보편적인 생각일 것이다. 여기에 한술 더 떠서 장구한 세월은 무엇이라도 변하게 할 수 있다는 신념이 사람의 머릿속을 점령해 버렸다.

2) 변하지 않는 법

세상만사가 끊임없이 변하지만 변하지 않는 때도 있다. 변해서는 안 될 경우가 있다는 의미이다. 생물이 지구에서 태양의 온기를 느끼는바 빛의 세기가 일정해야 한다. 지구의 평균 기온이 변하면 큰일이라는 의미이다. 우연이라면 온도가 올라갔다 내려갔다 해야 한다. 곧, 지구의 평균 기온이 필연적으로 변하지 않는다는 의미이다. 자연재해가 제한되어 있다. 지구가 둘로 쪼개지는 지진이 발생하지 않는다. 소행성이 지구와 충돌하지 않는다.

지구의 자전과 공전이 수십억 년 동안 크게 변하지 않고 있으며 사람의 유전자가 변하지 않고 있으며 멘델의 유전 법칙이 변하지 않고 있다. 수학 공식도 천지가 없어질 때까지 존속될 것이다. 시간과 공간 그리고 물질(삼자)과 자연 법칙은 세월이 흘러도 변하지 않는다.

3) 생태 환경은 무법천지이다

생물의 현장을 조금만 깊이 살펴보면 약자를 보호해주는 장치가 없다. 일반적으로 강한 송곳니를 가진 짐승은 약한 놈의 목덜미를 물어서 죽인다. 심지어 동종을 잡아먹는 놈들도 있다. 침팬지, 하마, 뱀, 햄스터, 토끼, 바퀴벌레, 말벌, 전갈, 개구리, 홍게, 상어, 구피, 줄새우, 피라냐 등이 그렇다.

사마귀, 거미, 문어는 교미 직후에 암컷이 수컷을 잡아먹기도 한다. 수컷 사자가 라이벌 수컷의 대를 끊기 위해서 라이벌의 새끼를 죽이는 경우도 있다. 쥐, 햄스터, 고슴도치는 자신의 새끼를 잡아먹기도 한다.

약자는 강자에게 언제 잡아먹힐지 모르는 불안한 상태에서 살아간다는 의미이다. 이런 상태에서 약자의 자유와 행복은 보장된 것이 아니라 운이 좋으면 살아남고 운이 나쁘면 잡아먹히는 신세가 된다. 이런 현실을 자세히 관찰하면 강자의 이성이나 양심이 작동되고 있다는 흔적을 찾아볼 수도 없고, 약자를 보호해주는 어떤 장치도 없는 것을 알 수 있다.

한마디로 강자가 활개를 치는 무법천지라는 의미이다. 과학 교과서에 마치 정설처럼 주장하는바 지구의 역사가 수십억 년이라면 수십억 년 동안 진화한 결과가 고작 약육강식이라는 의미이다. 진화 방향이 잘못 설정된 것이다. 약육강식과 살존살비로 점철되어 약자의 자유와 행복이 없는 상태라면 약자는 자연적으로 생존에 유리한 형질을 선택하여 진화한 사실이 없었다는 것을 보여 준다. 생태 환경도 자유와 행복을 회복해야 한다.

3. 주사위와 확률

1) 주사위 이야기

너무 머리 아픈 이야기는 그만하고 좀 쉬운 것부터 풀어보자. 한가하게 주사위를 던져보자. 아래 그림은 주사위이다.

< 주사위 >

누구나 아는 내용이다. 아주 잘 알고 있는 내용이다. 머리도 식힐 겸 머릿속으로 실험을 해 보자. 고상한 말로 사고(思考) 실험이다.

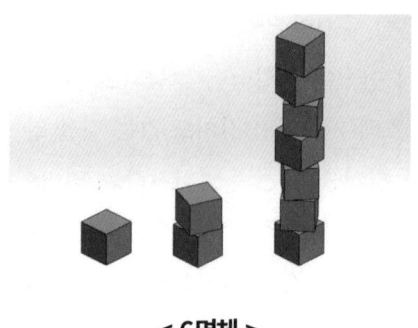

< 6면체 >

위 그림은 주사위다. 6면체이다. 면이 6개로 구성된 입체이다. 각각의 면에 숫자 1부터 6까지 쓸 수 있다. 이 주사위를 1m 높이에서 평평한 바닥에 던져서 어떤 수가 나올 확률은 (1/6)이다. 자신이 원했던 어떤 숫자가 나오게 하려면 6번 던지면 될 것이다. 두 개의 주사위를 바닥에 던진다면 하나의 주사위 위에 다른 주사위가 놓일 가능성도 있다.

그런데 7개의 주사위를 편평(扁平)한 바닥에 던졌을 때 7개의 주사위가 차곡차곡 위로 쌓일 수 있겠는가?

그렇게 될 가능성은 있지만, 확률은 낮을 것이다. 그러나 사람이 신중히 쌓아 올리면 쌓아 올릴 수 있다. 사람이 인위적으로 쌓아 올린다면 반드시 성공할 것이고 성공 확률은 100%일 것이다.

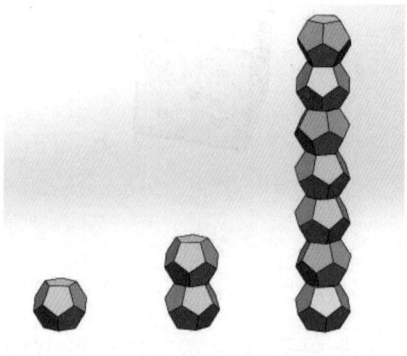

< 12면체 >

앞의 그림은 12면체이다. 면이 12개로 구성된 입체이다. 각각의 면에 숫자 1부터 12까지 쓸 수 있다. 이 12면체를 바닥에 던져서 특정한 수가 나올 확률은 (1/12)이다. 자신이 원했던 숫자가 나오게 하려면 12번 던지면 될 것이다. 두 개의 12면체를 바닥에 던졌을 때 하나의 12면체 위에 다른 12면체가 놓일 가능성은 희박하다.

그런데 7개의 12면체를 편평한 바닥에 던졌을 때 7개의 12면체가 차곡차곡 위로 쌓일 수 있겠는가?

그렇게 될 가능성은 거의 없다. 이렇게 낮은 확률 사건을 믿는 것은 비합리적이다. 이에 반하여 높은 확률의 사건을 믿는 것이 합리적이다.

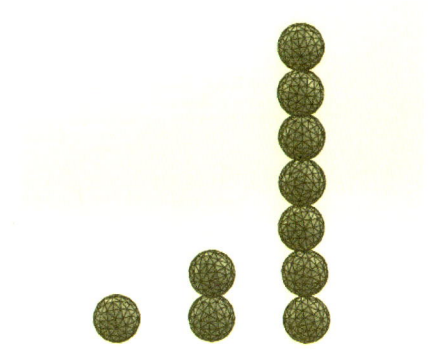

< 192면체 >

위 그림은 192면체이다. 면이 192개로 구성된 입체이다. 각각의 면에 숫자 1부터 192까지 쓸 수 있다. 이 192면체를 바닥에 던져서 특정한 수가 나올 확률은 (1/192)이다. 자신이 원했던 숫자가 나오게 하려면 192번 던지면 될 것이다. 두 개의 192면체를 바닥에 던졌을 때 하나의 192면체 위에 다른 192면체가 놓일 가능성은 거의 없다.

위와 같은 방법으로 7개의 192면체를 편평(扁平)한 바닥에 던졌을 때 7개의 192면체가 차곡차곡 위로 쌓일 수 있겠는가?

그렇게 될 가능성은 거의 없다. 낮은 확률 사건을 믿는 사람은 비이성적 사람이다. 높은 확률의 사건을 믿는 사람이 이성적인 사람이다.

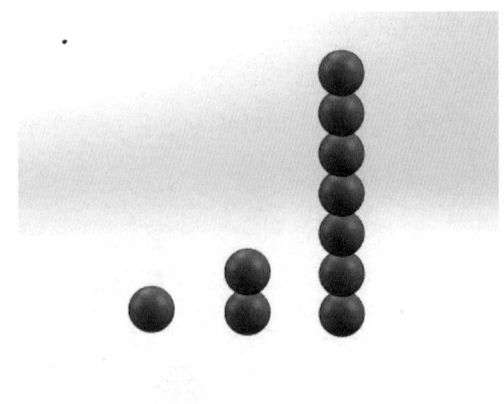

< 구체 >

위 그림은 구체(球體)이다 무한히 많은 면으로 구성된 입체이다. 각각의 면에 숫자 1부터 무한대까지 쓸 수 있다. 이런 구체를 바닥에 던져서 특정한 수가 나올 확률은 (1/큰 수)이므로 0이다. 자신이 원했던 숫자가 나오게 하려면 무한히 던져야 한다.

두 개의 구체를 바닥에 던졌을 때 하나의 구체 위에 다른 구체가 놓일 가능성은 없다. 구체 2개가 수직으로 세워질 확률은 0%이다.

그런데 7개의 구체를 편평(扁平)한 바닥에 던졌을 때 7개의 구체가 차곡차곡 위로 쌓일 수 있겠는가?

그렇게 될 가능성은 절대로 없다. 확률은 0%이다. 이런 사건이 과거에 발생하였다고 믿는 사람은 정신이 이상한 사람이다.

위에서 간단하게 주사위와 확률 이야기를 꺼냈다. 누구나 분명하게 알 수 있는 내용이다. 모르는 사람이 없을 것이다. 그런데 좀 더 깊이 따져 볼 일이 있다.

2) 주사위 2개의 수직 현상

주사위 2개를 1m 높이에서 편평한 바닥에 던져서 2개가 수직으로 쌓아질 확률은 얼마이겠는가?

100번 던져서 이런 현상이 나타나면 확률은 100분의 1(0.01)이다. 1,000번 던져서 이런 현상이 나타나면 확률은 1,000분의 1(0.001)이다. 10,000번 던져서 이런 현상이 나타나면 확률은 10,000분의 1(0.0001)이다. 100,000번 던져서 이런 현상이 나타나면 확률은 100,000분의 1(0.00001)이다. 백만 번 던지거나 천만번 던지면 언젠가는 이런 현상이 나타날 것이다. 이런 사건을 우연한 사건이라고 부른다.

발생 가능성은 작지만, 우리 주변에서 경험할 수 있는 사건이다. 이런 일이 발생하면 뜻밖의 사건이지만 설명할 수 있다. 그러나 이런 우연한 사건들이 연속하여 일어나지 않는다. 예컨대 복권을 사 1등에 당첨될 확률은 매우 낮다. 당첨되는 사건을 우연한 사건이라고 말할 수 있지만 7번 연속 1등에 당첨될 확률은 0이라는 것이다. 즉, 발생할 수 없다는 것이다. 이런 사건은 믿을 수도 없거니와 믿으라고 강요해서도 안 될 것이다.

3) 구체 7개의 수직 현상

주사위 2개가 수직으로 될 확률은 낮다. 우연히 세워졌다고 말할 수도 있다. 수치로 말하면 확률은 0에 가까울 것이다. 사람에 따라서 우연한 사건이라고 주장하는 사람도 있을 것이다. 그러나 이러한 우연한 사건들이 연속하여 일어나지 않는다.

이번에는 구체를 생각해 보자. 2개의 구체처럼 우연한 사건들이 연속하여 6번 일어나면 구체 7개가 수직으로 세워지는 현상이 나타난다.

구체 7개를 바닥에 던졌을 때 구체 7개가 수직으로 세워질 확률은 얼마일까?

100조분의 1일까?

정말로 낮은 확률이 아니다. 확률은 0이다. 이를 과학적으로 증명할 필요가 없다. 수학적으로 따질 필요가 없다. 과학자가 아니더라도 수학자가 아니더라도 모든 사람이 0이라고 말할 것이다.

그런데 구체 7개의 수직 현상이 실제로 일어났을 때는 문제로 대두된다. 이런 사건은 이해할 수도 없다. 자초지종을 설명하기도 곤란하다. 원인과 결과를 결부시키기도 곤란하다. 발생할 수 없는 사건이 발생한 것이다.

요약하자면 우연한 사건이나 확률이 낮은 사건일수록 믿기 어렵다. 반대로 필연적인 사건이나 확률이 높은 사건을 즉각 알아차리고 믿을 수 있다. 이런 판단 능력을 직관(直觀)이라고 한다. 구체 7개의 수직 현상이 발생할 확률은 직관적으로 0이다. 여기까지는 보통 사람도 합리적으로 사고하면 수긍할 수 있다. 이쯤에서 어려운 질문을 해 보겠다.

4) 세 종류의 사람들

여러 개의 구체(球體)를 바닥에 던졌을 때 지지대 없이 수직으로 세워진 현상이 발생하였을 때 어떻게 평가해야 하는가?

이런 질문이다.

만약에 구체 7개의 수직 현상이 나타났을 때 어떻게 해석해야 하는가?

이런 질문이다. 해석은 사람마다 다르다. 모든 사람이 같은 해석을 하지 않을 것이 분명하다. 내 생각으로는 세 종류의 해석이 있을 것 같다.

첫째, 구체의 수직 현상을 반과학적인 사건으로써 해석하는 것이다.

이렇게 해석하는 사람들은 확률적으로 일어날 수 없는 사건이므로 두 번 다시 쳐다보지 아니할 것이다. 발생할 수 없는 현상이기 때문에 원인도 인정하지 않으며 결과도 인정하지 않는다. 반과학적이라는 이유로 거들떠보지도 않는다.

둘째, 구체의 수직 현상을 우연한 사건으로 해석하는 것이다.

이렇게 해석하는 사람들은 발생 원인을 우연으로 보고 결과를 인정하는 사람들이다. 낮은 확률의 사건이 7번 연속 발생했다고 주장한다.

셋째, 기적적인 현상으로 해석하는 것이다.

이렇게 해석하는 사람들은 발생 원인이나 과정은 이해할 수 없지만, 결과가 도출되었다고 인정하는 사람들이다. 즉, 구체(球體)의 수직 현상의 본질도 모르고 설명할 수 없지만, 결과를 인정하는 것이다. 인간의 한계를 시인한다. 확률 0%의 사건이 발생했으니 기적이라고 말한다.

독자 여러분들은 어느 쪽에 속하는가?

연필로 밑줄을 그어놓으시기 바란다. 이 책을 조금만 읽으시면 지우개로 수정할지도 모른다.

4. 무지한 사람들

1) 만유인력의 본질은 모른다

내가 왜 이런 이야기를 꺼내는가 하면 이런 구체의 수직 현상 같은 것들이 우리 주변에 많이 있다는 것이다. 예를 들자면 만유인력의 법칙에서도 이런 이상야릇한 현상이 나타난다는 것이다. 만유인력의 법칙은 모든 물체는 서로 잡아당긴다는 법칙이다. 잡아당기는 힘은 두 물체의 질량의 곱에 비례하고 거리의 제곱에 반비례한다.

모든 물체가 아주 많이 멀리 수십 수백km 떨어져 있어도 어떻게 알고 서로 잡아당긴다. 정지한 상태에서도, 움직이고 있어도 서로 잡아당긴다. 온도가 올라가거나 내려가거나 상관없이 서로 잡아당긴다. 어떤 물체를 둘로 쪼개도 서로 잡아당긴다. 서로 다른 여러 물체를 하나로 합쳐도 서로 잡아당긴다. 식물이나 동물이나 자동차나 어떤 물질이든지 질량이 있으면 서로 당긴다.

이런 현상은 어제오늘의 현상이 아니다. 수 천 년 전부터 있었던 것이 분명하다.

인류가 이 현상의 본질을 밝혀낸다면 모든 물체가 서로 밀어내게 만들 수도 있을 법하다. 모든 물체가 서로 밀어낸다면 공중부양이 가능하고, 지구의 중력권으로부터 쉽게 벗어날 수 있을 것이다. 잡아당기는 경우와 밀어내는 경우를 적절히 전환하면 우주여행도 아주 쉽고 즐거울 것이다.

아마 빛의 속도 이상으로 날 수도 있지 않을까?

상상해보지만 좌우간 현재 모든 물체가 서로 잡아당기는 본질적인 원인을 모르고 있다. 즉, 이런 경우에는 서로 잡아당기지만 저런 경우에는 서로 밀어내게 된다는 원리의 본질을 모르고 있다는 것이다. 인류는 알 수 없어서 모른다는 표현이 더 정확할 것 같다.

요약하자면 어느 정도의 크기로 잡아당기는지는 알고 있지만 잡아당기는 근본 원인은 모른다는 것이다. 원인을 모르거나 이해할 수 없지만, 결과는 변치 않고 잡아당긴다는 것이다. 만유인력의 법칙의 본질은 이상야릇하고 모르지만, 결과는 발생한 것으로 수용하고 그 법칙의 영향권 아래에서 살고 있다는 것이다. 모든 사람은 만유인력의 본질은 모르지만, 결과는 인정하고 있다.

2) 생명의 본질은 모른다

생명체는 생명과 물체의 합이다. 생명과 물체가 모여서 나타나는 현상이 생명체이다. 우리 인간의 몸을 잘게 나누어 보면 팔, 다리, 머리 등등 여러 기관으로 나눌 수 있고 더 잘게 나누면 백혈구, 적혈구, 호르몬, 세포, 염색체, DNA(유전자) 등등 여러 물질로 나눌 수 있다. 이들을 더 잘게 나누어 관찰하면 탄소, 수소, 산소, 질소, 칼륨, 칼슘, 마그네슘, 철 등

등의 여러 원소로 형성되어 있다는 것을 알 수 있다. 위와 같은 여러 원소를 좀 더 잘게 전자 현미경으로 관찰하면 삼자(三子)가 보인다.

질문인즉, 무생물이 모여서 어떻게 생물이 되는가?

질문을 조금 바꾸면, 무생물이 모여서 왜 생물이 되는가?

이런 질문이다. 이 질문에 대하여 바르게 답을 할 수 있고 원인을 안다면 여러 원소 이것저것을 모아서 생명체를 만들 수 있을 것이다. 아니, 이보다 더 새로운 생명체가 만들어져야 한다.

현재의 과학기술은 들에 핀 풀 한 포기도 못 만들고 개미 한 마리도 만들어내지 못한다. DNA(유전자)를 조작하는 것은 가능하지만 생명체를 만들어내지 못한다. 요약하자면 무생물이 모여서 생물이 되는 원인도 모르고 알쏭달쏭하지만, 생물은 무생물로 되어 있는 결과를 인정한다는 것이다. 모든 사람에 있어서 생명의 본질은 모르지만, 결과는 인정하고 있다는 것이다.

5. 쌍둥이 지구

1) 원숭이와 헌법

원숭이가 글자판을 1초에 한 번씩 눌러서 "I love you"를 작성하는 데 몇 년이 걸릴까?

이 문장의 글자 수는 공백을 포함하여 10자이다. 컴퓨터 글자판의 수는 대략 100개이다. 원숭이는 100가지의 문자를 1초에 한 번씩 무작위로 골라야 하므로 100^{10}번 눌러야 이 문장을 한 번 완성하게 된다.

이에 걸리는 시간은 $100^{10}=10^{20}$초이다.

1년을 초 단위로 계산하면

365일*24시간*60분*60초=31,536,000초이다.

이 시간은 약 $3*10^7$초이다.

원숭이가 위 문장을 완성하는 데 걸리는 기간은

$$\frac{10^{20}초}{3\times 10^7 초} = \frac{1}{3} \times 10^{13} = 0.33 \times 10^{13} > 3.3 \times 10^{12} > 10^{12} 년이다.$$

이 기간은 원숭이 한 마리가 글자판 1개에서 작업하는 기간이므로 원숭이 1,000마리가 동원되어 글자판 1,000개를 누르는 기간은 10^{12-3} =10^9=1,000,000,000년이 소요된다. 원숭이 1,000마리가 10억 년 동안 수고해야 가능한 일이다. 진화론자들은 원숭이 1,000마리가 10억 년을 살면서 글자판을 두드릴 수 있다고 상상하는 것이다.

한편, 원숭이 1,000마리가 미국연방 헌법 26,199자를 완성하는 데 걸리는 기간은 $10^{20,000}$년이다. 원숭이 1,000마리가 $10^{20,000}$년을 생존하면서 글자판을 툭툭 두드리면 미국연방 헌법이 만들어질 수 있다고 상상하는 것이다. 이처럼 0% 확률을 상상하는 것을 망상이라고 한다. 이와 같은 인간의 어리석은 실존을 동물원의 원숭이들이 보고 비웃을 것이다.

2) 쌍둥이 지구

많은 과학자는 쌍둥이 지구가 있을 것이라고 한다. 우연히 존재할 것을 막연하게 상상하고 있다. 우주 어딘가에 지구와 같은 행성이 있을 것이라고 상상한다는 것이다. 지구의 지름은 12,756km이다. 태양의 지름은 1,392,700km이다. 이런 정보는 인터넷에서 누구나 쉽게 찾아볼 수 있다. 태양계의 데이터만으로도 우주에 있는 천체 각각 지름이 1km 또는 1,000,000km로 추정되는바 지구와 같은 지름을 가질 수 있는 경우의 수를 1km 간격으로 계산하면 대략 1,000,000가지다. 이를 지수로 표시하면 10^6이다.

지구의 평균 온도는 15°C이다. 태양의 표면 온도는 6,000°C이다. 태양의 표면 온도가 500°C 오르면 지구의 평균 온도는 40°C 또는 50°C 오른다. 7,000°C가 되면 지구의 평균 온도는 100°C가 된다. 이런 정보도 인터넷에서 얼마든지 구할 수 있다. 우주에 있는 천체 각각의 평균 온도는 영하 273°C 내지 영상 10,000°C로 추정되는바 지구와 같은 평균 온도를 가질 수 있는 경우의 수를 1°C 간격으로 계산하면 대략 10,000가지이다. 이를 지수로 표시하면 10^4이다.

지구의 공전주기는 365일이다. 명왕성의 공전주기는 90,560일이다. 우주에 있는 모든 천체의 공전주기는 10일 또는 100,000일로 추정되는바 지구와 같은 공전주기를 가질 수 있는 경우의 수를 1일 간격으로 계산하면 대략 100,000가지이다. 이를 지수로 표시하면 10^5이다.

지구의 평균 밀도는 5.50g/cm³이다. 납의 밀도는 11.34g/cm³이다. 우주에 있는 모든 천체의 평균 밀도는 0g/cm³ 내지 10g/cm³로 추정되는바 지구와 같은 평균 밀도를 가질 수 있는 경우의 수를 0.01g/cm³ 간격으로 계산하면 대략 1,000가지이다. 이를 지수로 표시하면 10^3이다.

지구의 질량은 5.97×10^{24}kg이다. 지구에 있는 모든 물의 질량은 대략 1.36×10^{21}kg이다. 따라서 물의 비율은 0.00023이다. 어떤 하나의 천체에서 물이 차지하는 비율은 0 내지 1로 추정되는바 지구와 같은 비율을 가질 수 있는 경우의 수를 0.00001단위로 계산하면 대략 100,000가지이다. 이를 지수로 표시하면 10^5이다.

지구의 대기는 구성요소를 살펴보면 산소가 21%이다. 질소는 78%이다. 이산화탄소와 기타가 1%이다. 우주에 있는 천체 각각의 산소 비율은 0% 또는 100%로 추정되는바 지구와 같은 비율을 가질 수 있는 경우의 수를 1% 단위로 계산하면 대략 100가지이다. 이를 지수로 표시하면 10^2이다.

지구의 위성은 달이며 1개이다. 목성의 위성은 무려 50개이다. 우주에 있는 모든 천체의 위성은 평균 0개 또는 10개로 추정되는바 지구와 같은 위성의 수를 가질 수 있는 경우의 수를 1개 간격으로 계산하면 대략 10가지이다. 이를 지수로 표시하면 10^1이다.

  지구의 질량은 6×10^{24}kg이다. 달의 질량은 대략 7.36×10^{22}kg이다. 질량의 비율은 0.012이다. 어떤 위성의 질량이 차지하는 비율은 0 내지 1로 추정되는바 지구와 같은 비율을 가질 수 있는 경우의 수를 0.001 간격으로 계산하면 대략 1,000가지이다. 이를 지수로 표시하면 10^3이다.

  지구와 태양까지의 거리는 1억 5천만km이다. 명왕성에서 태양까지의 거리는 5,913,520,000km이다. 어떤 행성에서 별(항성)까지의 거리는 0km 또는 6,000,000,000km로 추정되는바 지구와 같은 거리를 가질 수 있는 경우의 수를 6,000,000km 간격으로 계산하면 대략 1,000가지이다. 이를 지수로 표시하면 10^3이다.

  이처럼 태양계 내에서만 알고 있는 데이터를 적용하여 쌍둥이 지구가 있을 경우를 계산하였는바 각 경우의 수를 모두 곱하면 $10^6\times10^4\times10^5\times10^3\times10^5\times10^2\times10^1\times10^3\times10^3=10^{32}$이다. 합리적인 사람은 위와 같이 수학적으로 계산해 볼 것이다. 통찰력이 뛰어난 사람은 더 이상 설명하지 않아도 충분히 이해할 수 있을 것이다.

  우주에 있는 은하의 수를 조(10^{12}) 개라 하고 은하에 있는 천체의 수를 조(10^{12})개라 하면 우주에 있는 천체의 수는 조 조(10^{24}) 개이다. 천체의 수를 경우의 수로 나누면 우주에 쌍둥이 지구가 있을 확률은 $\frac{10^{24}}{10^{32}}=\frac{1}{10^8}=0.00000001=0.000001\%$ 이다. 사실, 통찰력이 뛰어난 사람은 10^{32}을 직관적으로 무한히 큰 수(∞, 무한대)라고 이해할 것이다. 천체의 수는 유한하고 경우의 수는 무한대(∞)이므로 정확하게 계산하면 쌍둥이 지구의 존재 확률은 $\frac{10^{24}}{\infty}$=0%이다. 천체의 수가 경우의 수보다 커지면 확률이 1보다 커지고 쌍둥이 지구는 존재하게 된다. 그러나 천체의 수는 유한하여 경우의 수보다 작으므로 확률은 항상 1보다 작다. 따라서 우주에 지구와 같은 행성은 단연코 없다.

3) 다양 다수 생명체

위에서는 아주 복잡하게 계산한 듯하다. 아주 간단하게 계산할 수 있는 다른 방법도 있다. 지구상에 존재하는 생물종은 500만여 종이다. 어떤 행성에 지렁이만 살고 있을 확률은 $\frac{1}{2}$이다. 지렁이가 있을 때와 없을 때만 상정하면 되므로 경우의 수는 2이고 확률은 $\frac{1}{2}$이다. 지렁이와 붕어 두 종이 함께 살고 있을 확률은 $\frac{1}{2} \times \frac{1}{2}$이다. 지렁이와 붕어와 개구리 세 종이 함께 존재할 확률은 $\frac{1}{2} \times \frac{1}{2} \times \frac{1}{2}$이다. 이와 마찬가지로 현재 지구상에 사는 현재의 생물종이 5,000,000이므로 이들이 어떤 행성에서 함께 살고 있을 확률은 아주 간단하게 계산할 수 있다.

$$(\frac{1}{2})^{5,000,000} = (\frac{1}{2^{5,000,000}}) = (\frac{1}{(2^5)^{1,000,000}}) = \frac{1}{32^{1,000,000}} < \frac{1}{10^{1,000,000}}$$

이 값은 매우 작은 수인바 0이다. 곧, 지구상의 생물종처럼 다양한 생물종이 살 수 있는 천체는 우주 어디에도 없다는 의미이다.

4) 산소가 있는 지구

지구의 대기 중에 산소는 21%이다. 이런 질문을 해 볼 수 있다. 존재의 확률이다.

지구의 대기 중에 산소가 21% 존재할 확률은 몇 %인가?

우선 우주에 산소가 전혀 없을 때와 우주 공간에 산소로 가득 차 있을 때도 있다. 전혀 없을 때 산소 비율은 0%이다. 아주 조금 있을 경우는 0.001%이다. 거의 다 있을 경우는 99.999%이다. 가득 찰 경우 산소 비율은 100%이다. 그렇다면 0%와 100% 사이에 존재하는 특정 비율은 무한히 높다. 따라서 무한한 경우의 수 가운데 특정 비율로 존재할 확률은 1/큰 수=0%이다. 아주 간단한 계산이다.

마찬가지로 지구 대기에 질소가 79% 존재할 확률도 0%이다. 산소와 질소가 1:4로 지구에 존재할 확률은 0%×0%=0%이다. 여러 물질이 구성될 확률도 0%이다.

여기에 시간도 생각해 보아야 한다. 우주를 해체하고 다시 설계할 정도의 상상력을 발휘해 보자. 두 개의 물질이 특정 장소에 있으려면 시각이 일치해야 한다는 것이다. 무한한 시각에서 특정 시각으로 일치해야 할 확률도 (1/큰 수)이므로 0이다. 확률로 계산해 보면 0%×0%×0%=0%이다. 우연한 사건이 연속 발생할 수는 없다는 말이다.

진도를 더 나가보자. 산소와 질소에 수소, 탄소, 금, 은, 구리, 니켈 등이 존재해야 하고 식물과 동물이 존재해야 하며 따뜻한 열도 존재해야 한다. 이렇게 많은 물질이 지구에 동시에 존재할 확률은 계산할 필요도 없이 0%이다. 따라서 지구와 같은 환경과 생태계를 가진 행성은 우주에 있을 수 없다. 천체의 수가 무한하다고 착각하기 때문에 이런 망상에 시달리게 된다.

고삐 풀린 상상력으로부터 빠져나와야 한다. 제2의 지구를 찾으려고 국가 예산 낭비하지 말고 망상에서 빨리 깨어나야 한다. 만약 지구와 같은 행성이 존재하고 발견된다면 이는 우연히 만들어진 것이 아니라 필연적으로 만들어진 것으로 보아야 한다.

5) 별의 수

많은 과학자가 행성의 수를 조 조(10^{24}) 개로 보고 지구와 같은 행성이 우주에 100억 개 정도는 될 것이라고 믿고 있다. 조 조(10^{24})에 이르는 행성의 수를 지구가 출현할 경우의 수 10^{14}로 나누기 때문에 쌍둥이 지구의 수는 100억(10^{10})이 된다. 그러나 행성의 수는 유한하며 지구가 출현할 경우의 수는 무한히 큰 수이므로 쌍둥이 지구가 존재할 확률은 0%이다. 지구와 같은 환경을 가진 행성은 필연적으로 없다는 것이다.

많은 과학자가 천체의 수를 무한한 것으로 착각하기 때문에 이런 오류가 생긴 것이다. 정확히 말하면 깊이 생각해 볼 여지가 없어서 잠시 착각한 것이지 이를 구별하지 못하는 과학자는 세상에 없을 것이다. 그래서 우주선을 띄워서 지구와 같은 행성을 찾으려는 노력은 계속될 것이지만 바람을 잡고 그림자를 잡으려는 헛수고 끝날 것이다.

6) 염통과 콩팥

우주에 지구와 같은 행성은 없다고 설명하였다. 쌍둥이 지구가 존재할 확률이나 지구에 있는 어떤 생명체 하나가 거기에 출현할 확률도 동일하게 0%이다. 마찬가지의 방법으로 추론하면 여러 가지 물질로 세포와 기관과 생명체를 구성하는 확률이 0이다.

사람을 예로 들면, 심장(염통)이 조 조 개의 어느 행성에 있지 않고 지구의 특정 공간에만 있을 확률은 $1/10^{24}$이다. 콩팥이 지구의 동일 공간에 있을 확률도 $1/10^{24}$이다. 두 눈이 대칭을 이룰 확률도 0이다. 두 손이 대칭을 이룰 확률도 0이다. 사람이 만들어지려면 이 모든 확률을 곱해야 한다.

그러므로 사람이 출현할 확률은 $1/10^{24} \times 1/10^{24} \times 0\% \times 0\% = 0\%$이다. 사람이든지 잠자리든지 미나리든지 생명체는 우연히 만들어질 수 없다는 것이다. 생명체는 우연히 절대로 만들어질 수 없다. 미생물이 빛을 받아서 눈이 생기고 바람을 맞아서 날개가 만들어진다면 지금과 같이 대칭으로 만들어져야 한다. 하지만 두 눈이 대칭으로 배치될 확률만 계산해도 0이다. 좌우 날개가 대칭으로 배치될 확률도 0이다.

7) 우주 탐사

사람들은 외계 생명체를 찾을 목적으로 우주선을 띄운다. 화성표면에 착륙한 탐사선이나 탐사 로봇도 14대에 이른다고 한다. 그러나 그 탐사 결과는 외계인은 고사하고 미생물 한 마리도 찾지 못하였다. 너무 추워서 액체 상태로 흐르는 물이 없기 때문이다. 이제 목성을 뒤져볼 차례이다. 목성은 화성보다 태양에서 더 멀리 떨어져 있으므로 온도가 더 낮을 것이 분명하다. 목성 주변을 빙빙 돌고 있는 위성은 79개라고 한다.

이 중에 유로파(UROPA)로 불리는 위성이 있다. 1610년에 갈릴레오에 의해서 발견되었다. 1979년 우주 탐사선 보이저호가 찍어서 지구로 보낸 사진을 보면 유로파의 표면은 달의 표면에 많이 보이는 크레이터(crater, 작은 분화구 모양의 흔적)가 없다. 유로파도 표면이 얼음이다. 위성의 표면이 꽁꽁 얼어붙어 있어서 표면이 비교적 매끄럽다. 지각 밑에 흘러나온 어떤 액체가 얼어붙어 지각이 매끄럽게 되고 있다는 것이다. 지각 아래에 있는 물이 지표면으로 올라오고 올라온 물은 낮은 곳으로 흐르면서 곧 얼게 된다는 것이다.

8) 왜 있니?

지구에 살아가고 있는 생물종이 현재 500만이고 우연히 존재하는 것이라면 우주에도 생물종이 우연히 존재해야 한다. 사실은 많은 사람이 지구에 다양한 생물이 우연히 존재하므로 우주에도 다양한 생물이 우연히 존재할 것이라고 상상하고 있다. 지구에 다양한 생물이 존재하는 것을 우연으로 해석하면 사실인즉 존재할 이유나 목적을 찾을 필요도 없다. 사람이나 생물은 그저 우연히 내팽개쳐진 물질 덩어리에 불과하다고 해석하면 그만이다.

그러나 물질의 존재가 필연적이라고 이미 설명하였듯이 생물과 물질과 지구의 존재도 필연적이며 따라서 존재할 목적이 있다.

그러므로 지구에 있는 생물종이 존재할 목적이 있어서 필연적으로 존재하는 것이라고 해석하면 우주에 있는 생명체의 존부(*存否*, 있음과 없음)도 필연적인 결과일 것이다. 바꿔 말하면 우주에 생명체가 없다면 존재 목적이 없어서 필연적으로 없을 것이다. 만약에 존재한다면 존재 목적이 있어서 필연적으로 있을 것이다.

역으로 존재 목적을 발견한다면 존재할 것이다. 즉, 누군가 존재하도록 하였거나 존재할 이유나 목적이 있다면 우주에 쌍둥이 지구와 사람이 필연적으로 존재할 것이다.

나는 현재까지 지구 외의 행성에서 사람과 같은 생명체가 존재할 이유나 목적을 찾지 못하였으므로 지구를 제외한 우주 어디에도 사람과 같은 생명체는 없다는 관점을 견지(見地)한다. 우주에서 사람만이 유일하고 고귀한 존재이다.

9) 일란성 쌍둥이

만약에 지구로부터 수백억 광년 떨어진 곳에서 어떤 행성이 발견되었는데 환경이 지구와 동일하고 생물이 지구와 동일하고 사람조차도 동일하다면 지구인들의 반응은 어떻게 될 것인가?

틀림없이 만 가지 사물과 만 가지 현상에 대하여 존재와 구성과 변화 등에 대한 질문할 것이 분명하다. 기원에 관해 묻게 될 것이란 말이다. 예나 지금이나 지구인들이 하는 질문과 동일할 것이란 의미이다.

수십억 년 동안 사유(思惟)해도 지구인들이 정답을 찾지 못하고 정처 없이 헤매는 것처럼 그때에도 우연과 필연을 구별하지 못하고 두 개의 행성에서 동일한 역사가 진행되었다는 사실도 우발적인 현상으로 돌릴 것이 분명하다. 일란성 쌍둥이의 존재도 우연으로 해석하고 있다. 인간의 어리석음이 이 지경이다. 하늘의 해와 달과 별들이 인간의 우매한 실존을 안타깝게 바라보고 있다.

사실, 쌍둥이 지구와 쌍둥이 역사는 없는 것이라서 부질없는 상상에 불과하지만, 일부 지구인이 우연과 필연을 구별하지 못하는 점은 분명히 짚고 넘어가야 할 것이다.

6. 낮은 확률과 높은 확률

1) 무당의 말

무당이나 점쟁이는 과거의 일을 알아맞히는 경우도 많고 미래에 발생할 일을 말하기도 한다. 과학적으로 발생할 가능성 있는 것을 예측한다. 예컨대 이런 식으로 말을 한다.
"동쪽으로 이사하면 귀인을 만나서 재물을 많이 얻을 것이다."
"올해 여름에는 물을 가까이하지 마라. 건강을 잃을 수 있다."
사실 동쪽으로 이사하면 재물을 얻을 수도 있고 물에 빠져 죽을 수도 있다.
무당이나 점쟁이는 원인과 결과를 필연적으로 결부시키지 못하면서 미래를 예측한다. 동쪽으로 이사하는 것이 재물을 얻는 원인이 될 수 없다. 수영하지 못하면 생명을 잃게 될지도 모른다. 그들의 말은 원인과 결과를 연결하지 못하기 때문에 반과학적이다. 그러나 그들의 말은 확률적으로 50% 이상이기 때문에 어느 정도 신뢰하게 된다. 전혀 틀린 말은 아니라는 것이다. 맞을 수도 있고 틀릴 수도 있다는 의미이다. 그러므로 사람들은 미래가 궁금하거나 불안하면 그들에게 의존하는 경향을 드러낸다.
그러나 진화론자들은 누구로부터 사람이 되었는지 아직 과거도 모르고 조상도 모른다. 그리고 사람도 끊임없이 진화할 것이라는 미래에 대한 예측도 빗나갔다. 진화론자들은 발생할 확률이 0%인 것을 강하게 주장하므로 50% 이상의 확률을 가지고 말하는 무당이나 점쟁이만 못하다. 확률만 놓고 따지자면 진화론을 믿는 것보다 무당이나 점쟁이의 말을 믿는 것이 더 합리적이다.

2) 유사과학

과학같이 보이지만 과학이 아닌 것을 유사과학이라고 한다. 예를 들자면 돼지고기를 많이 먹으면 돼지처럼 뚱보가 된다. 사과나무를 말로 칭찬하면 잘 자라고 열매가 많아진다. 선풍기를 틀어놓고 낮잠 자면 죽는다. 비타민C는 산성이므로 사람 몸에 해롭다. 이런 말을 주변에서 쉽게 듣고 있지만 모두 틀린 말이다. 과학적인 사실 같지만, 반과학적인 말이다. 사람은 단백질을 섭취해야 한다. 사과나무에 거름을 잘해주고 가지치기를 바르게 하면 잘 자라고 열매가 많을 것이다. 선풍기와 같은 것으로 찬바람을 사람 피부에 연속적으로 붙어주면 체온이 낮아져서 죽을 수도 있다.

비타민C는 사람 몸에서 생성되지 않으므로 외부에서 보충해 주어야 한다. 이것이 과학적인 사실이다. 원인과 결과를 바르게 설명해야 과학이라는 뜻이다. 진화론은 유사과학처럼 원인과 결과를 바르게 연결하지 못한다. 막연하게 우연을 믿고 있다. 대단한 믿음이지만 대단히 잘못되었다.

3) 낮은 확률 반과학

낮은 확률과 0% 확률의 사건을 구분해야 한다. 구체 일곱 개가 수직으로 세워지는 사건, 복권 1등에 일곱 번 연속 당첨되는 사건, 골프 칠 때 홀인원(A hole in one)이 일곱 번 연속 일어나는 사건, 특정 나라에만 풍년 칠 년과 흉년 칠 년이 연속 일어나는 사건을 생각해 볼 때 그런 사건은 절대로 일어나지 않는다는 것이다.

진화 사건은 낮은 확률의 사건이 아니라 0% 확률의 사건이다. 바른 이성을 가진 사람이라면 낮은 확률을 잘 믿지 않는바 0% 확률을 믿지 아니할 것이다.

높은 확률의 사건을 기대하거나 믿어야 할 것이다. 우연과 낮은 확률로 설명하는 진화론은 과학에 반(反)한다.

7. 진화와 육하(六何)원칙

1) 별과 비행기와 소설

물질의 변화는 어디에서든지 일어난다. 자연계(自然界)와 인공계(人工界)와 인문계(人文界) 등 모든 곳에서 일어난다.

자연계는 별, 행성, 물, 공기, 철, 동물, 식물, 미생물, 증발, 자전, 공전 등의 영역을 말한다. 물이라는 물질이 태양으로 가열되고 바람이 불면 물이 증발하는 현상으로 나타난다.

인공계는 치약, 칫솔, 수건, 피아노, 바이올린, 자동차, 비행기, 잠수함, 인공위성, 미사일 등의 영역을 말한다. 사람이 나무로 악기를 만들면 아름다운 선율이 연주되는 현상이 나타난다. 과학기술이 발전하여 여러 부품으로 텔레비전이라는 사물을 만들면 지구 반대편에서 일어난 일을 보고 들을 수 있는 현상이 나타난다. 사람이 물질을 변화시키므로 나타나는 현상이다.

인문계는 학문, 사상, 영화, 시, 소설, 헌법 등의 영역이다. 사람이 만들어낸 산물이다. 공산주의라는 사상을 만들어내면 사람이 적극적으로 일하지 않아서 모두 가난해지는 현상이 나타난다. 인문계도 결국 물질과 관련되어 있다.

어렵게 생각할 필요가 없다. 우주에 있는 사물과 현상은 모두 물질의 존재와 물질의 구성과 물질의 변화로 설명할 수 있다는 의미이다.

2) 길사와 흉사

길사(吉事)는 즐겁고 반갑고 좋은 일이다. 흉사(凶事)는 좋지 않고 험한 일이다. 우리 주변에서는 별별 일이 발생한다. 끊임없이 길흉사가 발생한다. 아기가 태어나는 일, 남녀가 결혼하는 일, 풍년으로 땅의 소출이 많아지는 일, 운동선수가 금메달을 획득하는 일, 직장에서 승진하는 일 등은 길사이다.

반면에 사람이 사람을 죽이는 살인 사건도 발생하며, 자동차가 충돌하는 사고도 발생하며, 남의 돈을 훔치는 금융 사건도 발생하며, 기술력이 부족하여 생명과 재산을 잃는 기술 사고도 발생한다. 이런 사건 사고는 흉사이다. 과거로 거슬러 올라가면 증기 기관을 발견하고 항생제를 발견한 길사도 있었으며 태풍과 가뭄과 기근 같은 자연재해도 있었으며 전쟁과 감염병이 지구촌을 휩쓸었던 흉사도 있었다.

이처럼 자연에서 발생한 길흉사든지 인간이 일으킨 길흉사든지 막론하고 모두 시간과 공간 속에서 발생하였다. 다른 말로 말하면 모든 사물과 현상은 시공간(時空間) 속에서 발생한다.

3) 육하원칙

'육하원칙'이라는 말이 있다. 육하원칙이란 길사와 흉사를 분석할 때 여섯 가지로 질문하고 답하라는 원칙이다.

어떤 길흉사를 누가(who) 일으켰는가?
언제(when) 발생하였는가?
어디서(where) 발생하였는가?
무엇(what)을 하였는가?
어떻게(how) 발생하였는가?
왜(why) 하였는가?

이렇게 묻고 대답하면 사건의 본질을 정확하게 파악할 수 있다.
이렇게 쉬운 말을 왜 하고 있는가?
길흉사의 구성 요건을 충족하려면 여섯 가지로 정리해야 한다는 것이다. 달리 말하면 여섯 가지 질문에 대하여 설명하고 정리할 수 있는 사건은 사건의 본질을 파악할 수 있지만 여섯 가지로 정리할 수 없는 사건일수록 본질을 파악하기 어렵다는 말이다.

4) 일상의 육하원칙

내 주변에서 흔히 일어나는 사건이 있다. 예컨대 아기가 태어난 사건이다. 아기가 태어난 길사를 육하원칙으로 정리해 보자. 아기를 태어나게 한 부모가 있다. 태어난 날짜를 알 수 있다. 태어난 곳을 알 수 있다. 부모가 무엇을 하였는지 알 수 있다. 엄마의 임신한 과정을 알 수 있다. 태어난 목적을 알 수 있다.

여섯 가지 질문에 대하여 설명하고 정리할 수 있다는 말이다. 그러므로 아기가 태어난 길사는 분명한 사실이고 믿을 수 있는 일이다.

5) 인공계의 육하원칙

예컨대, 도로 위를 달리는 어떤 사물에 대하여 육하원칙으로 질문하고 따지고 들면 사물의 본질이 드러난다.

물체를 누가 만들었는가?
제조회사를 분명히 알 수 있다.
언제 만들어졌는가?
제조 날짜를 알 수 있다.
어디서 만들었는가?
제조국을 알 수 있다.
무엇을 어떻게 하였는가?
여러 부품을 조합하여 탈 것을 제조하였다.
왜 만들었는가?
편리하고 안전하고 신속하게 이동하려는 목적으로 만들었다.

따라서 그 사물은 우연의 산물이 아니라 필연의 산물이다. 이런 식으로 묻고 따지면 사물의 본질을 알 수 있다는 것이다.

6) 인문계의 육하원칙

그러면 시나 소설이나 영화나 학문이나 사상이나 헌법 등이 모여 있는 인문계에서는 어떠한가?

인문계에서도 육하원칙으로 따지면 본질이 파악된다. 6가지 질문을 길게 설명하지 않아도 명백하다. 소설이나 헌법도 마찬가지로 누가, 언제, 어디서, 무엇을, 어떻게, 왜 만들었냐고 물으면 소상히 대답할 수 있다는 것이다.

7) 자연계의 육하원칙

문제는 자연계이다. 자연현상을 육하원칙의 잣대로 평가해 보자. 나는 자연에 있는 사물과 현상에 대하여 육하원칙으로 묻고 따지면 역시 본질이 드러날 것으로 본다.

만유인력의 법칙은 물질이 존재할 때(When)부터 잡아당긴다. 우주 공간(Where)에서 두 물체(What)의 질량의 곱에 비례하고 거리의 제곱에 반비례하여 서로(How) 잡아당긴다. 자전과 공전 때문에 서로 멀어지지 않게 하려고(Why) 잡아당긴다. 다섯 가지만 알고 나머지는 모른다. 누가(Who) 잡아당기게 하였는지 주체를 모른다.

만유인력의 법칙을 완벽하게 정리하지 못하지만 다섯 가지가 분명하므로 법칙으로 사용하고 있다. 주체를 모르는 것은 과학의 한계이기도 하다.

또, 물의 순환에 대하여 육하원칙으로 분석해 보자.

누가 물을 순환하도록 만들었는가?
모른다.

언제 물이 순환하도록 만들었는가?
자연 법칙이 있을 때부터이다.
어디서 물이 순환하는가?
하늘과 땅에서 일어난다.
무엇이 어떻게 해서 일어나는가?
태양 빛으로 물이 가열되면, 증발하여 공중으로 올라가고 공중에서 온도가 내려가면 응축되고 비가 되어 땅에 내린다.
왜 물이 증발하는가?
모른다. 물이 순환하여 생명체에 물을 제공하는 것이지만 왜 제공하는지는 모른다.

즉, 어떻게(How)는 알지만, 주체(누가)와 목적(왜)은 모른다는 것이다.

8) 진화와 육하원칙

진화에 대하여 육하원칙의 잣대를 들이대 보면 진화를 누가 일으켰는지 모른다. 진화가 언제 발생하였는지 모른다. 진화가 어디서 발생하였는지 모른다. 진화 과정에 무슨 일이 발생하였는지 모른다. 진화가 어떻게 진행하였는지 모른다. 진화가 왜 발생하였는지도 모른다. 육하원칙 중에서 한 가지도 충족시키지 못하는 흉사를 믿으라고 부득부득 강요하는 것은 참으로 이성을 가진 과학자의 사명이 아니다.

조금 더 구체적으로 따져보자. 개구리가 뱀이 되었다는 주장도 허구이다. 양서류가 진화되어 파충류로 되었다고 막연하게 주장하지 말고 개구리가 뱀이 된 내역을 육하원칙으로 정리해야 할 것이다. 예컨대 아래의 질문에 답한다면 진화는 실체가 있는 진실이 될 수 있다.

누가 개구리를 뱀으로 진화되게 하였는가?
언제 개구리가 뱀으로 진화되었는가?
어느 지역에서 개구리가 뱀으로 진화되었는가?
모든 개구리가 동시에 뱀으로 진화되었는가?
개구리의 유전 형질이 증가하여 뱀이 되었는가?
왜 개구리가 뱀이 되었는가?

진화가 과학적인 진실이라면 위의 여섯 가지 질문 중에서 단 한 가지라도 답해야 할 것이다. 자연계에 있는 사물과 현상은 대부분 어떻게(How)는 알지만, 주체(누가)와 목적(왜)은 모른다. 자연에서 사물과 현상의 주체와 목적은 찾을 수 없다는 것이다.

여섯 가지 중에서 6가지 모두 대답할 수 있다면 본질이 드러나지만 한 가지라도 분명하게 대답하지 못한다면 어떤 사물이나 현상의 본질을 파악하는 데 어려워진다. 6가지 모두 대답하지 못한다면 그 사물이나 현상은 실체가 없는 허구임이 틀림없다. 진화는 원래부터 없는 현상이기 때문이다. 육하원칙으로 설명하고 정리할 수 없는 진화론은 허구이다.

9) 인간 종교의 파멸

아주 많은 사람이 빅뱅이나 진화를 과학적으로 증명하지 못하고 믿고 있다. 빅뱅이나 진화 이전의 사건인 시공물법의 존재부터 우연히 발생한 현상으로 믿고 있다. 과학적으로 존재나 기원에 대하여 규명하겠다는 고집은 '인간 종교'이다. 과학으로 존재나 기원에 관한 진리를 발견하려는 노력은 가상하지만, 허사로 끝날 것이다. 보이는 것은 나타난 것으로 말미암아 된 것이 아니기 때문이다.

제3장

정교한 것은 만들어졌다

세상에는 별별 것들이 많다. 손톱깎이, 젓가락, 숟가락, 주전자, 신호등, 피아노, 바이올린 등 아주 많다. 시, 소설, 교과서, 참고서, 헌법 등 문자로 된 것들도 많다. 사람, 호랑이, 사자, 코끼리, 토끼, 고래, 명태, 고등어, 사과나무, 버섯 등 동식물도 많다. 태양, 수성, 금성, 지구, 화성, 목성 등 천체도 많다.

그렇다면 여기서 질문 하나 던져 보겠다.
위에서 나열한 수많은 것의 공통점은 무엇인가?

1. 정교한 우주

1) 필연적 산물

어떤 것이 정교한 것인지 아닌지를 어떻게 판별할 수 있을까?
아주 쉽다. 간단하다. 정교한 것은 몇 가지 특징이 있다. 우선 부품의 수가 많을수록 정교하다. 구성요소가 많을수록 정교하다는 뜻이다. 구성요소가 많을수록 필연적 산물이다.

또한, 복제할 수 있어서 똑같은 것이 많다. 자동차도 동일한 자동차가 많다. 하나의 도면으로 여럿을 만든 경우이다. 동물과 식물의 세포는 복제의 연속이다.

우연히 반복될 수는 없지 않은가!

2) 미래의 과학기술

사람이 눈으로 보고 귀로 들은 것은 머릿속에 남아 있게 된다. 잠자면서 꿈꾼 것도 머릿속에 남아 있게 된다. 지식이나 학문도 머릿속에 남아 있게 된다. 향후 머릿속에 남아 있는 것을 문자와 동영상으로 만들 수 있다고 한다. 사람의 뇌 속에 저장된 것을 다른 사람이 보고 들을 수 있게 된다는 말이다. 지금 생각하면 꿈같은 과학 기술력이지만 이런 과학기술의 발달은 얼마든지 가능할 것이다.

자동차, 비행기, 잠수함, 인공위성, 라디오, 텔레비전, 휴대전화, 컴퓨터를 만들어낸 인간들이 그 정도로 정교한 것은 어렵지 않게 만들어 낼 것이다. 아니 그보다 더한 것들도 만들어 낼 것이다. 그때 또다시 열광하고 인간 만세를 부를 것이지만 분명한 점은 우연히 만들어졌다고 말하는 사람은 아무도 없을 것이다. 정교한 것은 연구 개발을 통하여 필연적으로 만들어질 것이다.

3) 부품의 수가 많을수록 정교하다

예컨대, 글자의 수가 적은 시보다 헌법이나 장편 소설이 더 정교하다. 동식물이 없는 달보다 지구가 더 정교하다. 부품의 수가 적은 자전거보다 자동차가 더 정교하다. 구성요소 중에서 하나만 잘못되어도 기능이나 역할이 망가지게 되기 때문이다. 지구에서 공기라는 구성요소 하나만 제거해 보라. 동식물이 사라지고 생태계는 망가질 것이다.

사람이 살 수 있는 정상적인 지구가 될 수 없다. 자동차도 마찬가지이다. 수많은 부품 중에서 브레이크 페달(brake pedal)을 없애보라. 사람이 탈 수 있는 정상적인 자동차가 될 수 없다. 헌법이나 지구나 자동차나 모두 구성요소가 많을수록 정교하다는 것이다. 사람도 각종 신체 기관의 수가 많다는 점에서 아메바보다 더 정교하다. 고철장에 번개가 쳐서 자전거가 만들어질 확률은 없다.

4) 대칭이면 정교하다

사람의 좌우 손은 대칭이다. 동일하지 않다. 좌우를 교환하면 원래의 모습과 다른 모습이 된다. 우연히 만들어진다면 한쪽은 손가락이 4개가 되거나 6개가 되거나 이상한 모양으로 될 것이 분명하다. 좌우 손이 우연히 대칭으로 만들어질 확률은 0%이다. 좌우 손이 대칭인 것으로 보아 좌우 손은 필연적으로 정교하게 설계된 것이다.

5) 정교한 법조문

무엇을 하든지 필연적인 과정을 거치면 정교한 것을 얻을 수 있다. 학생이 열심히 공부하여 자신이 원하는 대학에 가고, 애써 국회의원이 되고, 연구하여 어떤 법을 만들었다면 그 법은 우연히 만들어진 것이 아니고 필연적인 과정을 거쳐서 만들어진 것이고 정교할 것이 틀림없다.

법조문 하나하나 상식에 부합되고 인간 사회에 꼭 필요한 법조문일 것이다. 법조문의 단어 하나, 조사 하나라도 함부로 변경하게 되면 엉뚱한 법으로 전락하고 말 것이다. 필연적으로 만든 법조문은 정교하다는 말이다.

6) 정교한 지구

앞에서 쌍둥이 지구는 없다고 설명하였다. 지구와 똑같은 행성은 우주에 없다는 의미이다. 우주가 정교하고 태양계가 정교하고 지구가 정교하기 때문이다.

정말로 태양과 지구가 정교한지 알아보자. 태양과 지구는 동시에 설정되어야 한다. 먼저, 태양의 온도에 따라서 태양과 지구 사이의 거리가 적당하게 설정되어야 한다. 태양의 온도를 높이면 둘 사이의 거리를 더 길게 해야 하고 온도를 낮추면 가깝게 해야 한다.

지구를 배치할 때 태양의 온도를 반드시 고려해야 한다는 말이다. 태양의 온도는 (-)273°C부터 (+)100억°C 중에서 특정 온도를 설정해야 한다. 즉, 이격거리(離隔距離)는 1km에서 수천억km 중에서 특정 거리를 설정해야 한다. 태양의 표면 온도는 현재 6,000°C라고 하며 태양과 지구의 떨어진 거리는 1억 5,000만km라고 한다.

온도와 떨어진 거리가 어떻게 설정되었는가?

누가 온도와 거리를 적당하게 계산하였는가?

우연히 설정되었다고 하기에는 뭔가 좀 빈약하다. 온도와 거리가 동시에 설정되어야 하기 때문이다. 태양이 이렇게 말했을 수도 있다. 나의 표면 온도를 6,000°C로 할 테니 지구 너는 알아서 적당히 밀리 떨어져라. 그래 알았다. 태양 너의 온도를 먼저 결정하라.

그럼 나의 이격거리는 내가 알아서 할 거야!

이렇게 대화하고 결정하였겠는가?

이런 의지를 태양과 지구가 가지고 있어서 서로 소통하였다고 보기는 뭔가 좀 부자연스럽다.

태양의 온도, 지구의 이격거리, 지구의 자전과 공전, 지구에 있는 물과 공기 등등 현재 상태의 변수가 우연히 설정된 것이라면 변수가 너무 많아서 현재 상태로 설정될 확률은 0%이다.

궁여지책으로 자연 선택으로 해석해보는 것도 하나의 방법이다. 지구가 살기 위해서 평균 기온을 15°C로 설정하였다. 이따위로 설명하면 미치광이임이 틀림없다. 우주에 지구와 같은 생태 환경을 가진 행성은 없다는 말과 같다. 달리 말하면 지구와 같은 행성이 우연히 존재할 확률은 없다는 것이다. 그런데 0%의 확률이 발생했으니 모순이다. 이처럼 헌법이나 자동차와 지구와 같이 정교한 것을 우연의 산물로 설명하면 한계에 부딪히게 된다.

2. 남자와 여자

1) 자물쇠와 열쇠

아래 사진은 자물쇠와 열쇠이다. 자물쇠는 하나이며 열쇠는 다수이다.

< 자물쇠 >

< 열쇠 >

자물쇠를 풀 수 있는 열쇠는 많은 열쇠 중에서 단 하나이다. 짝이 맞는 열쇠가 미끄러져 들어와서 회전하면 자물쇠가 열린다. 누군가가 여러 부품의 크기와 형상을 연구하고 개발하여 만든 것이 분명하다. 여러 부품이 각각 자신의 기능을 수행하고 인접 부품에 영향을 미치고 정교하게 기능하는 것을 보면 어떤 목적으로 만들어졌는지도 분명히 알 수 있다.

보통 사람일지라도 자물쇠와 열쇠를 통해서 많은 것을 추론할 수 있다.

첫째, 자물쇠와 열쇠의 설계자는 동일할 것이다. 자물쇠를 설계하는 사람과 열쇠를 설계하는 사람이 서로 다르다면 자물쇠는 열리지 아니할 것이다.
둘째, 자물쇠의 존재 시기와 열쇠의 존재 시기가 동일할 것이다. 자물쇠가 1,000년 전에 존재하고 열쇠는 1,000년 후에 만들어진다면 서로 작용하지 못할 것이다.
셋째, 자물쇠와 열쇠의 존재 공간이 동일할 것이다. 자물쇠가 지구에 있고 열쇠는 금성에 있다면 서로의 바른 역할을 기대할 수 없을 것이다.

2) 볼트와 너트

애초에 볼트(Bolt)와 너트(Nut)는 없었다. 볼트는 동그란 막대기 외부에 나사산(螺絲山)이 가공되어 있다. 너트는 고리 모양으로 되어 있고 안쪽 벽에 나사산이 가공되어 있다. 이 둘은 한 쌍을 이루는데 애초에는 자연에 존재하지 않았다. 사람이 머리를 써서 만들어냈지만 만들기도 쉽지 않다. 녹슬지 않도록 도금하는 것도 여간 어려운 일이다. 아래 그림은 볼트와 너트를 나타낸다.

< 볼트와 너트 >

최초의 볼트와 너트는 동일한 시공간에서 한 사람이 설계하고 제작하고 사용되었다고 해야 할 것이다. 볼트가 우연히 존재한다고 하더라도 너트는 필연적으로 존재해야 한다. 볼트와 너트에 대해서 좀 더 깊이 있게 추론해 보자.

첫째, 나사산의 형상과 지름 크기가 같아야 서로 체결되므로 볼트와 너트는 한 사람이 설계해야 한다. 설계자는 사용 목적을 알고 있을 것이다.
둘째, 볼트를 10,000년 전에 만들고 너트를 10,000년 후에 만든다면 서로 결합할 수 없다. 그러므로 볼트와 너트는 동일한 시기에 만들어져야 한다.
셋째, 볼트가 북극에 존재하고 너트가 남극에 존재한다면 체결될 수 없다. 그러므로 볼트와 너트는 동일한 공간에 있어야 한다.
넷째, 볼트와 너트의 나사산 회전 방향은 둘 다 오른쪽이다. 볼트를 오른쪽으로 돌리면 볼트가 앞으로 나아간다. 너트를 오른쪽으로 돌리면 너트가 앞으로 나아간다.
다섯째, 볼트를 나무로 만들고 너트를 금속으로 만드는 사람은 없을 것이다. 볼트와 너트의 강도가 같다면 두 재질 또한 동일할 것이다.
여섯째, 설계자는 강도를 알고 있으므로 체결력의 한계나 수명도 알고 있을 것이다. 더 중요한 사항이 남아 있다.
일곱째, 설계는 제조에 앞선다. 만들기 전에 설계하였다는 의미이다. 볼트와 너트를 설계한 후에 만들었다는 의미이다.

3) 남녀와 시공간

남자가 있어야 여자가 있고 여자가 있어야 남자가 있다. 남녀는 동시(同時)에 동일 공간(空間)에 존재해야 한다. 남자가 존재하고 만 년이 지난 후에 여자가 존재하게 된다면 후손은 이어질 수 없다. 남자가 아프리카 대류에 살고 여자가 아메리카 대륙에 산다면 후손을 얻을 수 없다.

남자와 여자가 존재하는 시간과 공간은 일치해야 한다. 남자가 지구에 우연히 출현했다 하더라도 반드시 여자도 지구에 출현해야 한다. 우연히 여자가 출현할 수는 없다. 여자의 출현은 필연적이라는 것이다.

식물과 동물과 미생물도 마찬가지이다. 식물이 없으면 동물은 굶어 죽는다. 동식물이 없으면 대부분 미생물은 굶어 죽는다. 미생물이 없으면 식물은 굶어 죽는다. 식물과 동물과 미생물 사이에 장구한 간극(間隙)이 존재하면 서로 존재할 수 없다는 의미이다. 식물이 없는 상태에서 몇 달만 지난다면, 대부분 동물은 아사(餓死. 굶어 죽음)할 것이다. 존재 과정은 잘 모른다고 하더라도 결과는 과학적이어야 하므로 남자와 여자와 그리고 식물과 동물과 미생물은 필연적으로 동시에, 동일 공간에 출현해야 한다. 진화론자들은 새로운 종의 출현을 주장할 때 암컷과 수컷을 구별하여 어느 쪽이 먼저 출현하였는지 밝혀야 할 것이다.

3. 동시 설계

1) 식물과 동물의 설계

식물과 동물과 공기는 동시에 설계되어야 한다. 식물에서 만들어진 산소를 동물이 들이마시고 동물이 이산화탄소를 내뱉으면 식물은 이산화탄소와 물과 태양 빛 에너지를 이용하여 산소를 만들어낸다. 광합성의 화학 반응식은 다음과 같다.

$$6CO_2 + 12H_2O \rightarrow C6H12O6(포도당) + H_2O + 6O_2$$

따라서 빛의 성질과 광합성 작용은 동시에 설계되어야 한다. 마찬가지로 산소의 성질과 허파의 기능은 동시에 설계되어야 한다. 이산화탄소의 성질과 광합성 작용은 동시에 설계되어야 한다는 뜻이다.

다른 설명도 가능하다. 빛의 성질과 시신경은 동시에 설계되어야 하고 시신경과 뇌는 동시에 설계되어야 하고 뇌와 팔다리는 동시에 설계되어야 하고 동물의 배설물의 성질과 박테리아 같은 미생물은 동시에 설계되어야 한다는 뜻이다.

2) 설계자는 하나

만물 만상이 동시에 설계된 것이라면 설계자는 틀림없이 하나일 것이다. 태양 빛을 설계하는 자는 엽록체와 광합성 작용을 설계할 수 있을 것이다. 식물 엽록체를 설계할 수 있는 자는 산소와 이산화탄소를 설계할 수 있고, 산소를 설계할 수 있는 자는 폐(허파)를 설계할 수 있을 것이다.

폐를 설계할 수 있는 자는 동물을 설계할 수 있고 미생물을 설계할 수 있을 것이다. 부정적으로 표현하면, 태양 빛을 창조할 수 없는 자는 엽록체와 광합성 작용을 창조할 수 없을 것이다. 식물 엽록체를 창조할 수 없는 자는 산소와 이산화탄소를 창조할 수 없고 산소를 창조할 수 없는 자는 폐를 창조할 수 없을 것이다. 폐를 창조할 수 없는 자는 동물을 창조할 수 없고 미생물도 창조할 수 없을 것이다.

더 이상 설명하지 않아도 충분하리라 믿는다. 만물 만상은 홀로 존재할 수 없고 서로 연관되어 있으므로 설계자는 하나이어야 한다. 설계자가 둘 이상이라면 서로 다른 시각에 다른 원료로 물질을 조성하게 될 것이므로 자연 법칙이 상충(相衝)될 것이다.

예컨대, 다수의 신이 우주를 설계한다면 물체의 원료가 각각 다르고 만유인력의 법칙이 모든 물체에 적용되지 않아서 만물 만상을 하나의 시스템으로 연관시킬 수 없을 것이다.

4. 반복과 순환

1) 정교한 것은 반복된다

사람이 우연히 진화되어 살아가고 있는 존재라면 신장이 나무처럼 20m 인 사람도 있어야 한다. 수명이 1,200년인 사람도 있어야 한다. 현재 사는 사람들은 120년을 누리지 못하고 생사를 반복하고 있다.

동물과 식물도 규칙적으로 생사를 반복하고 있다는 것을 쉽게 관찰할 수 있다. 동물과 식물도 우발적으로 존재하는 것이 아니라 필연적으로 존재한 다는 것이다. 지구의 자전과 공전도 규칙대로 반복되고 있으므로 우연히 움직인다고 말하면 반과학적인 말이다. 우연히 움직인다면 정지 상태에서 어떤 과정을 거쳐서 움직이게 되었는지를 설명할 수 없게 된다. 지구를 누가 돌려주어서 적당하게 자전하는지, 무슨 힘이 작용하여 적당하게 공전하는지를 설명할 수 없게 된다. 지구는 반복적으로 운동하는 것으로 보아 정교하다. 역으로 설명하면 정교한 것은 규칙적으로 반복된다는 것이다.

2) 반복은 필연이다

이처럼 반복되는 사건은 규칙, 질서, 계획, 법칙 등이 있어서 필연적으로 발생한다. 반대로 설명하면 반복적인 사건의 배후에는 정교한 약속이 있고, 규칙이 있고, 질서가 있고, 법칙이 있고, 원리가 있다. 반복적인 사건은 정교하다고 말해도 좋을 듯하다.

그러나 우연적인 사건은 반복되지 않고 한 번만 발생한 사건이다. 우연의 연속은 무질서만 심화(深化)될 뿐 반복적인 사건이 절대로 일어나지 않는다는 것이다.

이런 논리를 진화에 적용해 보면 진화에 어떠한 규칙이나 질서나 계획도 없다. 진화에 어떠한 원리나 자연 법칙도 없으므로 진화 현상이 반복되지 않는다. 재현할 수 없는 진화 현상은 허구이다.

3) 나무와 열매의 순환

특정 나무에서 특정 열매가 맺히는 것도 신비로운 일이지만 열매에서 그와 같은 나무가 나오는 것은 더 신기하다. 사과나무에서 사과가 아래로 떨어지는 것보다 더욱 신기한 일이다. 우연의 일이라면 그 열매에서 올챙이가 나오든지 호랑이가 나오든지 다른 무엇이 나와야 한다. 사실인즉 아무것도 나오지 않는 것이 자연스럽다.

나무와 열매는 반복되고 순환한다. 나무가 없으면 열매가 없고 열매가 없으면 나무가 없다. 따라서 나무를 설계할 때 열매도 설계해야 한다. 나무는 열매를 맺도록 설계했다면 열매는 반드시 나무가 되도록 설계해야 한다. 즉, 나무와 열매는 동시에 설계해야 한다. 동시에 설계해야 하므로 설계자는 하나여야 한다.

4) 계란과 닭의 순환

닭이 먼저냐, 알이 먼저냐?
이 해묵은 질문에 대한 답은 간단하지 않다.
애초의 공통 조상에서 닭이 먼저 나왔느냐, 알이 먼저 나왔느냐?
이런 질문에 진화론자들은 답할 필요가 없다. 아무렇게나 답변하면 그만이다. 우연히 출현하였다고 답하면 그만이다. 그러나 우연이라면 이탈리아에서는 암탉이 먼저 출현하였고 스페인에서는 수탉이 먼저 출현하였을 수도 있다. 칠레에서는 알이 먼저 출현하였을 수도 있다.

닭이 알을 낳는 것은 신비로운 일이다. 어느 사람도 닭을 만든 장본인(張本人)이라고 하면서 저작권을 주장하지 않는다. 사람이 닭에게 알을 낳도록 명령할 수도 없다. 사람은 닭을 설계할 지혜도 없고 만들 능력도 없는 무지 무능(無知無能)한 존재이기 때문이다. 그러므로 닭이 알을 낳는 것이 신비롭다는 뜻이다. 그런데 그 알이 부화하여 닭이 되는 것은 더 신비로운 일이다.

이 말이 무슨 뚱딴지같은 소리인가?

아니다. 아주 쉬운 말이다. 사람이 사람의 지혜로 닭을 설계하지도 않았고 만들지도 않았다는 의미이다.

정말로 그러한지 잠시 설계실력을 발휘해 보자. 생명체인 알을 상상해가면서 반복 시스템을 설계해 보자. 우주를 해체하고 새로운 질서를 만들어보자. 잠시 전지전능(全知全能)한 설계자가 되어보는 것이다. 설계자라면 알을 부화시켜서 무엇이 되게 해야 한다. 다음은 애벌레, 올챙이, 병아리 같은 중간체를 설계해야 한다.

다음은 중간체가 자라서 성체가 되도록 설계해야 한다. 성체로는 나비, 토끼, 공룡, 대나무, 장미, 튤립, 독수리, 고래, 진달래, 닭 등이 있다. 다음은 성체가 새끼를 낳거나 알을 낳게 설계해야 한다. 설계는 쉬운 일이 아니다. 아무렇게나 설계하면 순환하지 않는다는 말이다. 닭과 알과 병아리는 반복되도록 동시에 설계됐다는 뜻이다. 순환의 정교함을 모식적인 그림으로 나타낼 수도 있다. 아래에 하나의 원과 6개의 부품을 그려놓았다.

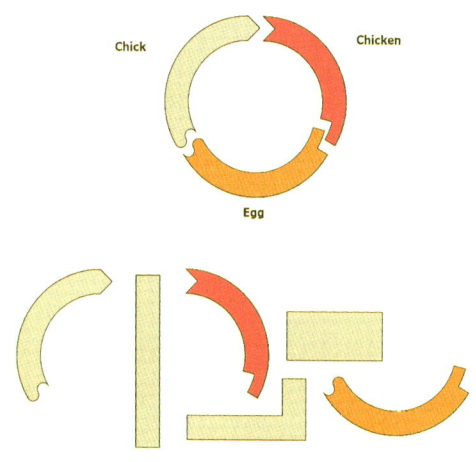

< 닭, 계란, 병아리의 순환 >

여러 부품을 모아서 하나의 원을 만들려면 아무 부품이나 골라서 배열하면 원이 만들어지지 않는다. 6개의 부품을 공중에 던져서 땅에 떨어지면서 원이 만들어질 확률은 0%이다. 세 개의 부품이 우연한 시기에 우연한 장소에서 우연한 방법으로 조합되어 원이 될 확률은 없다는 뜻이다.

만물만상(萬物萬象)은 시공간을 일치시켜야 하며 원인과 결과를 결부시켜야 한다는 말이다. 즉, 정교한 생명체는 시공인과(時空因果)를 특정하여 만들어졌다는 의미이다. 만상(萬象) 중에서 진화 현상만 유독 시공인과로 설명할 수 없다.

5) 반복 순환 확률

진화론자들은 우연을 참 좋아하는 것 같다. 우연 외에는 설명할 길이 없기 때문이다. 계란에서 우연히 병아리가 나온다. 병아리가 우연히 닭이 된다. 닭이 우연히 알을 낳았다. 그 알에서 우연히 병아리가 되었다. 이런 말은 과학자가 할 말이 아니다. 설계자가 설계할 때 어떤 알이 부화하여 올챙이가 되게 설계할 수도 있다. 알이 변하여 병아리가 되게 하는 확률은 생물종이 500만 종이므로 500만(5×10^6)분의 1이다. 병아리가 자라서 닭이 되게 하는 확률도 (5×10^6)분의 1이다.

닭이 계란을 낳게 하는 확률은 (5×10^6)분의 1이다. 알, 병아리, 닭으로 순환할 확률은 125×10^{18}분의 1이다. 대충 계산해도 이렇게 작은 확률이라는 의미이다. 혹여 확률 계산을 잘못하여 10,000분의 1이라고 해도 0.01%(0.0001)이다. 진화론자들은 0.01%의 확률이 발생했다고 믿고 있다. 이에 반하여 99.99%의 확률을 믿는 것이 바른 이성을 가진 자들의 상식일 것이다. 0.01%의 확률이 500만 종에서 수십억 년 동안 연속 발생하고 있으니 이를 우연이라고 설명한다면 백악관 앞을 지나가는 소도 웃을 일이다. 생명체는 필연적으로 설계된 것이기 때문에 필연적으로 순환하는 것이다.

6) 인간의 무지 무능

사람은 과거에 없었던 것을 발명하고 만들어냈다. 라디오나 자동차를 고안하여 제작하였다. 발명이나 제작은 이미 있는 사물을 조합하고 자연법칙을 적용하여 만드는 것을 말한다. 창조는 새로운 사물이나 자연 법칙을 만들어내는 것을 말하므로 사람은 창조할 수 없다.

나는 최근에 플라스틱을 분해하는 미생물을 발견했다는 소식을 접했다. 이는 미생물을 사람이 창조한 것이 아니라 이미 있는 미생물을 발견한 것이다.

사람은 동물이든지 식물이든지 미생물이든지 어떤 생명체도 창조하지 못한다. 다만 조작하고 변형시킬 뿐이다. 창조가 가능하다면 좋은 세상이 올 것이다. 혈관 벽에 붙어 있는 기름 찌꺼기를 먹어 치워서 혈관을 건강하게 증진시킬 수 있는 미생물을 만들 수 있다면 혈관의 건강을 기대할 수 있을 것이다. 사람은 생명을 창조할 수 없는바 그 이유를 두 가지로 정리해 보았다.

첫째, 사람은 생명을 설계하지 않기 때문에 창조할 수 없다.
생물과 무생물을 막론하고 어떤 것이든지 설계하고 의도하고 계획한 다음에 만들어진다. 다르게 표현하면 무엇을 만들 때 설계한 대로 만들고 계획한 대로 만든다. 우연히 만들면 이상한 물건이 된다. 어쩌다 좋은 물건을 만들 수는 있겠지만 그것은 애초에 설계한 물건이 아니다. 운이 좋아서 정교한 물건을 만들 수는 있지만 원래 의도한 물건은 아니다.

무엇이든지 설계한 후에 만들게 된다는 것이다. 따라서 설계하지 않으면 설계도면대로 만들어지지 않는다. 생명체로 국한하면 사람은 생명체를 설계하지 않기 때문에 창조할 수 없다. 인간의 지적 능력이 무한한 것처럼 느껴지지만, 사실 한계를 가지고 있다. 사람에게 생명체를 창조할 만한 지적 능력이 도무지 없는 것이다.

둘째, 생명체를 설계할 수 있다고 해도 만들 수 없다.

의도해도 만들 수 없다. 계획서가 있어도 만들 수 없다. 사람의 유전자 지도 DNA를 보고도 만들 수 없다. 닭의 DNA를 보면서 닭을 만들 수 없다. DNA를 설계하였다고 해도 생명을 창조할 능력이 없다는 의미이다.

위와 같이 사람은 생명체를 창조하는 데 있어서 전적으로 무지 무능(無知無能)한 존재이다. 순환하도록 설계할 지혜도 없을뿐더러 만들 능력도 없는 것이다.

제4장

여러 가지 진화

지렁이가 붕어로 변신하는 것을 진화라고 한다. 붕어가 개구리로 변신하는 것을 진화라고 한다. 진화가 과학적인 사실이라면 하루아침에 갑자기 변하는 때도 있을 것이고 점진적으로 수십억 년 동안 조금씩 겉모양을 바꾸는 때도 있을 것이다.

정말로 생물이 자신의 형태를 바꿀 수 있는 것일까?

진화는 과학인가?

1. 애초의 환경

1) 건성천이

애초의 땅에는 풀이 없었다. 나무도 없었다. 개미나 벌도 없었다. 황량한 땅에 생물이라곤 아예 하나도 없었다. 지의류(地衣類)는 개척자이다. 벌거벗은 땅에 옷을 입혀주는 역할을 한다 해서 지의류이다. 땅을 덮고 있는 생물 종류이다. 맨땅, 황량한 땅에는 물이 없어도 조류(녹조류)와 균류가 살 수 있다.

균류는 조류에게 물을 주고 조류는 광합성을 하여 유기물을 준다. 다음에는 이끼류가 살 수 있게 된다. 그다음에는 초원이 되고 여러 풀이 자라게 된다. 씨앗이 날아와서 나무가 자라고 관목림이 된다. 이어서 양수림, 혼합림, 음수림이 된다.

2) 습성천이

습성천이는 맹물, 빈영양호에서 시작한다. 질소 같은 영양염류가 많고 산소가 적고 생물이 거의 없는 상태이다. 시간이 지나면 걸쭉한 물이 된다. 부영양호가 된다. 영양염류가 적고 산소가 많아지고 생물이 많아진다. 여기에 퇴적물이 쌓이면 습원, 즉 늪이 된다. 습원이 건조해지면 건성천이에서 설명한 초원이 된다.

3) 아메바는 진화할 이유가 없다

진화론자들의 주장을 받아들여, 최초의 단세포를 아메바라고 전제하자. 최초의 생명체가 무엇이었는지는 아무도 모르니 그렇게 가정하는 것이다. 아메바는 최초에 한 마리였다. 지구촌에 단 한 마리만 있었다. 아메바가 처한 환경을 상정해 보면 아메바는 살아가는데 마냥 행복하여 진화할 이유가 없다.

만물의 영장인데 왜 진화하려고 몸부림치겠는가?

첫째, 원시 지구는 지구 표면 전체가 바다 아니면 벌거벗은 땅이었다. 식물이나 동물이나 미생물 등 아무런 생물종이 없는 상태였다. 나무, 풀, 이끼 따위의 식물이 없었고 코끼리, 뱀, 개미 따위의 동물이 없었고 대장균, 유산균, 바이러스 따위의 미생물이 없었다. 생명체라고는 아메바 한 마리밖에 없었다. 아메바 한 마리를 괴롭히고 잡아먹고자 하는 생명체가 전혀 없는 상태였기 때문에 진화할 이유가 없었다.

둘째, 아메바는 무엇이라도 마음껏 흡수하고 소화하고 배설하면서 행복한 까닭에 자연 선택할 이유가 없었다.

셋째, 진화하면서 하나가 둘로 나누어진 후 원래는 사라질지도 모르고 후손에게 잡아먹힐 수도 있는데 진화를 감행할 이유가 없다.

이처럼 진화론자들의 주장으로는 최초의 생명체 아메바는 자신이 처한 환경에 만족하므로 진화할 이유가 없었다.

사실인즉, 지금의 아메바는 살아 있는 세균이나 미생물을 잡아먹는다. 사체 조각도 뜯어 먹는다. 하지만 애초에는 세균이나 미생물이 전혀 없었을 것이므로 애초에 아메바가 한 마리가 존재하였다는 주장은 잘못된 것이다.

4) 아메바의 고향

아메바 한 마리가 최초의 생명체이고 지상에 있었다면 태양 빛에 말라 비틀어 죽었을 것이다. 바위 뒤편 그늘에 있었다면 빗물과 함께 땅속으로 스며들었을 것이다. 수맥을 따라 이리저리 흐르다 지하 1,000m 땅속으로 들어가서 변신할 생각 없이 행복하게 살았을 것이다. 빗물과 함께 시내로 흘렀다면 바다로 흘러 들어갔을 가능성 또한 높다.

북극 얼음 속이 아메바의 고향이었다면 추워서 세포 분열은 엄두를 내지 못하였을 것이다.

해저 열수구가 아메바의 고향이었을까?

현재 아메바는 미지근한 온도에서 쉽게 분열한다.

바닷물 온도는 차가운 까닭에 세포 분열은 엄두를 내지 못하였을 것이다.

5) 무성생식

　암수 구분이 없는 생물의 생식을 무성생식이라고 한다. 암수 생식세포를 만들지 않고 번식하는 방법이다. 4가지 방법이 있다.

　첫째, 대장균, 세균, 아메바, 짚신벌레 등은 세포 하나로 구성된 단세포 생물이다. 하나의 세포가 둘로 나누어져 각각 새로운 개체가 된다. 분열 속도가 매우 빠르다. 이를 분열법이라고 한다.
　둘째, 효모, 히드라, 말미잘, 산호 등은 몸 일부가 혹처럼 튀어나와 어느 정도 자라면 떨어져서 새로운 개체로 된다. 이를 출아법이라고 한다.
　셋째, 버섯, 고사리, 이끼는 바람에 날리는 포자로 생식한다. 이를 포자 생식이라고 한다.
　넷째, 고구마는 뿌리로 생식한다, 감자와 양딸기는 줄기로 생식한다. 산세비에리아는 잎으로 생식한다. 이를 영양생식이라고 한다.

　위와 같이 무성으로 생식하는 생물들은 부모와 동일한 유전자를 가지기 때문에 환경에 적응하기 어렵다고 한다. 중등학교 교과서에 나오는 내용이다.
　가혹한 환경 때문에 진화가 이행 중이라면 10년 동안 유전자가 0.01%라도 변해야 하지 않는가?
　고구마가 수십억 년 동안 점점 커지든지 점점 작아지든지 병들어 멸종하든지, 아무튼 수십억 년 동안 유전자가 조금이라도 변해야 한다.

6) 하등 생물과 고등 생물

　하등 생물과 고등 생물은 분화 정도를 기초로 하여 상대적으로 구별한다. 기관이 없으면 하등, 있으면 고등, 기능이 단순하면 하등, 복잡하면 고등 생물이라고 하는데 이 둘 사이를 명확하게 구별할 수는 없다.

단세포는 단순하고 다세포는 복잡한 것은 사실이다. 이를 부인하지는 못할 것이다. 그러므로 단세포에서 다세포로 진화하였다고 생각하는 사람들이 아주 많다. 어떤 사람들은 하등 동물이 진화하면서 고등 동물로 진화되었다고 말한다.

정말로 그렇다면 개구리(양서류)가 뱀(파충류)보다 더 하등 동물인가?

이런 점이다.

마찬가지로 뱀은 침팬지 포유류보다 더 하등 동물인가?

이런 점이다. 뱀이 이 사실을 듣게 된다면 서운해할 것이다.

잡아먹으면 고등 동물인가?

그렇다면 살아 있는 사람을 공격하는 바이러스나 세균류가 사람보다 더 고등한 생명체라고 해야 한다. 뱀 같은 파충류가 쥐 같은 포유류를 잡아먹는다. 그럼 하등 동물이 고등 동물을 잡아먹고 있다. 따라서 열등한 파충류에서 고등한 포유류로 진화하였다는 말은 틀렸다. 동물을 하등과 열등으로 구분하는 것 자체가 잘못되었을 뿐 아니라, 하등 동물에서 고등 동물로 진화했다는 주장은 더 잘못된 주장이다.

물리적으로 싸움을 잘하여 상대를 죽이고 잡아먹으면 고등 동물인가?

고등 동물이 아니고 물리적으로 강한 동물이다. 강한 동물이 약한 동물을 잡아먹고 있다.

세포 수가 많으면 고등 동물인가?

악어(파충류)의 세포 수와 황새(조류)의 세포 수를 비교해보라. 일반적으로 덩치가 크면 세포 수가 더 많다. 항상 그런 것은 아니지만 대체로 그렇다. 말인즉, 세포 수로 하등 동물과 고등 동물로 나눌 수 없다는 것이다. 세포 수가 적은 생명체에서 세포 수가 많은 생명체로 진화하였다는 주장도 잘못되었다.

그러면 뇌세포의 수가 적은 생명체에서, 뇌세포의 수가 많은 생명체로 진화하였다는 말인가?

그렇다면 입증해 보라. 호 젤 박사에 의하면 개(犬)의 뇌세포 수는 5억 3,000만 개이고 사자, 불곰, 담비, 몽구스, 너구리 등 다른 동물들과 비교해서 가장 많은 세포 수를 가지고 있다고 한다.

그러면 뇌의 크기가 작은 동물은 하등 동물이고 뇌의 크기가 큰 동물은 고등 동물인가?

이런 명제는 내가 논할 가치도 없는 명제이다. 인터넷 백과사전이나 요즘 유행하는 '인공지능'에 물어보라. 폐일언(蔽一言)하고 하등 동물과 고등 동물로 구분하는 것 자체가 우스꽝스러운 작태이다.

이런 오류는 동물의 자존심을 짓밟는 처사이다. 동물을 등급으로, 계층적으로 보았기 때문에 그리고 사람을 지렁이, 버들치, 개구리, 뱀, 황새, 침팬지의 후손으로 보았기 때문에 발생하는 오류이다.

마찬가지로 식물도 하등 식물과 고등 식물로 나눌 수 없다.

음지 식물은 열등하고 양지 식물은 고등한가?
키가 작은 식물은 열등하고 키가 큰 식물은 고등한가?
코스모스는 단순하고 백향목은 복잡한가?

이런 유치한 질문은 그만하도록 하자. 삼척동자도 대답할 수 있는 질문들이다.

요약하자면 하등 동식물과 고등 동식물은 구분할 수 없을 뿐만 아니라. 열등한 동식물에서 고등한 동식물로 진화하였다는 주장은 참으로 우스꽝스러운 주장이다. 순진한 학생들을 더 이상 기만하지 말라. 사람만 고등한 동물이며 나머지 모든 동식물은 사람만 못하는 열등한 동식물들이다.

사람의 신체적인 특징은 직립 보행하고 꼬리가 없으며 육아 기간이 길다. 정신적인 특징은 불을 이용하여 문명을 건설하고 부끄러움을 알고 옷을 입는다. 무덤도 만든다. 신체적인 기능들만 비교해보면 사람도 여타의 동물들과 별반 다르지 않다. 생명체에 하등, 고등, 우등, 열등 이런 개념은 없다. 강자와 약자가 있을 뿐이다. 따라서 하등 생물이 고등 생물로 진화하였다는 진화론은 허구이다. 영혼 없는 학자들이 허구를 믿으라고 강요하기 때문에 고통스러운 사람은 한두 명이 아니다.

7) 생물의 의지

동물들은 포식자이자 피식자이다. 서로 먹고 먹히기 때문이다. 어떤 동물들은 천적과 격렬하게 싸우지만, 대부분의 동물은 오히려 동료와 싸운다. 암컷을 차지하기 위해서 수컷끼리 싸운다. 또, 영역을 차지하기 위해서 동종(同種)끼리 싸운다. 먹이를 차지하려고 동종끼리 싸우는 것이다.

8) 포식자와 피식자

임팔라(Impala)는 들개에게 잡아먹힌다. 개코원숭이에게도 잡아먹히고 하이에나에게도 잡아먹힌다. 임팔라는 포식자로부터 자신을 방어하거나 상대를 공격할 수 있는 구조가 아니다. 그저 포식자의 추격을 피해 달리는 방법 외에는 뾰쪽한 방도가 없다. 보통 달리다가 넘어지고 목이 포식자의 입에 물려서 희생된다.

임팔라에게 생존을 위한 수단이라고는 고작 달아나는 것뿐이다. 피식자의 위치를 벗어날 수 있는 유효한 수단을 확보한 흔적이 전혀 없다는 말이다. 임팔라가 사실 걷고 달리는 기능이 먹잇감을 찾기 위한 용도라면 포식자를 방어하거나 공격하기 위한 용도는 아니다. 오직 다윈처럼 포식자를 방어하거나 공격하기 위하여 걷고 뛰는 기능을 겨우 확보한 것으로 본 것이라면 삼척동자도 웃을 일이다. 그렇다면 임팔라는 죽을 일이 없이 항상 살아나야 한다.

이런 비판은 지금의 독자들도 얼마든지 할 수 있다. 임팔라 신체의 구조, 기능, 효과를 보면 달아나는 기능 외에 방어나 공격을 위한 유효한 수단이 없다는 점을 누구나 간파할 수 있을 것이다.

피식자가 자신에게 유리한, 상대에게 불리한 진화를 거듭하였다는 주장은 언어도단(言語道斷)이다.

9) 피식자의 도피

피식자가 포식자의 공격을 피하는 방법이 전혀 없는 것이 아니다. 가끔 통하는 때도 있다. 몸집이 작은 피식 동물이 자신의 굴속으로 도망치면 몸집이 큰 포식 동물은 작은 굴속으로 들어갈 수 없어서 공격을 중단한다. 자신의 몸 색깔을 주변 색깔과 동조시키는 것은 공격 무기이기도 하지만 방어 수단이기도 하다. 날개를 가지고 있는 조류는 지상 동물의 공격을 피하려고 하늘로 날아오른다. 물론 조류(새)가 땅 짐승을 공격하는 때도 많다.

10) 피식자의 생존방식

토피영양이나 얼룩말은 치타 두세 마리의 공격을 피하여 살아남는 경우도 더러 있다. 이 둘의 달리는 속도가 비슷하다. 단거리에서 순간 속도는 치타가 단연 최고이지만 장시간 동안의 평균 속도에서도 최고라는 의미는 아니다. 그렇지만 치타 두세 마리의 협공을 피할 수 없다. 얼룩말은 자신의 뿔로 치타를 방어하거나 공격하지 못한다. 동료들도 뿔뿔이 흩어져 도움을 주지 못한다.

천적에 맞설만한 유효한 공방(攻防) 수단이 없다는 것이다. 개체 수가 많아서 생존하는 것이지 적당한 공방수단으로 무장하고 진화했기 때문에 생존하는 것이 아니다. 피식자는 수십억 년 동안 진화하였지만, 포식자의 공격을 막아낼 만한 유효한 공방수단이 없는 것으로 미루어보아 피식자가 자신에게는 유리하게 진화하였다는 말은 억지이다.

3. 진화 실험

1) 아미노산 발생 실험

생명의 탄생에 관한 가설은 여럿이다. 여러 가설 중에 스텐리 밀러는 실험실에서 환원성 기체인 수증기(H_2O), 수소(H_2), 메탄(CH_4), 암모니아(NH_3)에 전기 스파크를 가하여 아미노산과 유기산, 포름알데히드, 시안화수소(HCN), 요소 등을 만들었다. 아미노산은 단백질의 원료가 된다.

스텐리 로이드 밀러(Stanley Lloyd Miller, 1930~2007)는 단백질이 모여서 RNA, DNA가 되고 이것들이 모여서 원시세포가 되었을 것이라고 상상하였다. 그 원시세포가 모여서 생명체가 되었을 것으로 상상하였다.

결국, 무기물이 모여서 유기물이 되었고 무생물이 모여서 생물이 되었다는 가설을 설정한 것이다. 고등학교 교과서에 나오는 내용인데 이를 화학적 진화라고 부른다. 나는 이 실험 과정에 많은 문제점을 제기해 보겠다. 물은 존재하는데 산소(O_2)는 없다고 가정한다. 암모니아는 존재하는데 질소(N_2)는 없는 상태라고 가정한다. 이런 상태를 가정한 것도 황당하지만 질문 몇 개를 더 해 보겠다.

산소와 질소는 왜 제외했을까?
물을 끓여서 수증기를 만들었는데 열은 어디서 왔느냐?
네 개의 물질이 특정 비율로 어떻게 조성되었느냐?
6만V(볼트)의 전기는 어디서 왔는가?
왜 6만V의 고(高)전압을 고집하는가?

위의 실험은 인위적인 실험이다. 실험실에서 아미노산을 만들어내는 것은 어렵지만 가능하다. 아미노산이 필연적으로 만들어진 현상이므로 발생 가능성이 확률로는 100%라는 것이다. 분명한 점은 인위적으로만 가능하다는 것이다.

그러나 자연 상태에서는 네 개의 물질이 우연히 그것도 동시에 존재해야 하며, 우연히 동일한 공간에 존재해야 하며, 산소와 질소는 우연히 존재하지 않아야 한다. 이때 우연히 전기 스파크가 있었는데, 그 세기는 우연히 6만V였다. 우연한 현상 5건이 동시에 발생해야 한다. 확률로 표현하면 발생 가능성 0%인 사건이다. 따라서 이러한 사건은 자연 상태에서는 결코 발생할 수 없다.

조금 색다른 질문도 있다.

물은 어떻게 생성되었나?
물이 먼저 생기고 산소와 질소는 나중에 생겼다면 질량 보존의 법칙은 언제 생겼나?
산소와 질소는 자연 법칙의 발현 이후에 생겼다는 말인가?

이 실험은 근본적으로 잘못되었다. 생명의 기원을 생명체로 보고 원시세포의 기원을 추적한 것이다. 생명의 기원을 찾기 위해서 생명체를 자꾸 쪼개면 생명이 사라지고 물질만 남는 것이 분명하지만 역으로 물질을 조합하면 생명체가 만들어지지 않는다. 이 실험은 생명체를 쪼개는 것과 반대로 원시대기의 여러 물질을 조합한 것이다. 애초의 여러 물질, 즉 수증기(H_2O), 수소(H_2), 메탄(CH_4), 암모니아(NH_3)를 조합하면 생명체가 만들어질 것이라고 상상한 것이다. 생명은 물질과 함께 있지만, 생명의 기원은 생명체가 아니다. 더 쉽게 말하면 보이는 것은 나타난 것으로 말미암아 된 것이 아니다.

사실, 실험 결과 만들어진 포름알데히드(H_2CO), 시안화수소(HCN)는 독성물질이다. 생명체가 만들어지기 전에 생명체를 죽이는 물질이 먼저 만들어진 것이다. 유기물도 생명체에 필요한 유기물이 아니다. 밀러의 실험에서 자연적 과정으로 생명체를 이루는 기본 요소들이 생성될 수 있다는 사실을 확립시켰다고 해석하는 것은 반과학적이다.

지금으로부터 70여 년 전에 수행되었던 이 실험을 성공적으로 보는 사람들의 전망을 가늠해 보면 2020년이 지나가기 전에 개미도 만들고 벌과 나비도 만들어낼 것이 분명하다.

2) 형질전환

프레데릭 그리피스(Frederick Griffith, 1889~1941)와 O. T. 에이버리(O. T. Avery, 1877~1955)가 형질 전환을 실험하였다. 폐렴을 일으키는 쌍구균에는 두 종류가 있다. R형은 피막이 없으며 비병원성이다. 다른 하나인 S형은 피막이 있으며 병원성이다. S형에 감염된 쥐는 죽는다. S형을 가열하여 R형에 더해주면 R형은 피막이 생기며 병원성 균이 된다. S형으로 전환되는 것이다. 이를 형질의 전환이라고 한다. S형의 DNA는 가열해도 죽지 않았기 때문에 피막을 만드는 DNA가 R형으로 가서 피막을 만드는 것이다.

이것을 보고 진화를 점치는 사람들이 있다. 너무 성급한 사람들이다. 자연에서 S형 균이 뜨겁게 가열될 확률은 없으며 가열되었다 하여도 R형 균과 함께 존재할 가능성이 없으며 R형 균이 S형 균으로 변신했다고 하여도 여전히 폐렴쌍구균이라는 것이다. 이 실험은 유전물질이 DNA라는 의미이며 동일 종에서 DNA의 조합일 뿐이다. 이러한 형질전환은 진화의 증거가 아니다. 진화의 증거로 삼으려면 폐렴쌍구균이 다른 균으로 변신해야 하며 그 균이 버섯이나 지렁이로 변신해야 한다.

3) 펭귄 실험

진화를 주장하려면 남극에서만 사는 펭귄을 적도에 두고 자연 선택을 하는지 아니면 죽는지 시험해 볼 필요가 있다. 북극에만 사는 북극곰을 적도 지방에 두고 자연 선택을 하는지 아니면 죽는지를 시험해 보는 것도 좋은 실험일 것이다. 동물 학대가 우려된다면 실험실을 만들어보는 것도 한

가지 방법이다. 실험실 만들기도 어렵고 실험 비용이 많이 든다면 돈 들이지 않고 정답을 얻을 수 있는 효과적인 방법이 있다.

장기 진화를 염두에 두면서 적도 지역에 수천 년 동안 대대로 사는 사람들에게 물어보면 간단하다. 더운 날씨에 적응되어 쾌적하게 느끼는지 아니면 더워서 냉방기를 틀고 사는지 물어보라. 또 장기 진화의 가능성을 염두에 둔다면 북극에 수천 년 동안 대대로 살아가는 에스키모인들의 몸에 동물들처럼 피부에 털이 나와 있는지를 조사해 보라. 자연 선택설, 환경 적응설이 맞는다면 그들의 몸에서는 북극곰처럼 털이 많이 나와 있을 것이다.

4) 고산 식물

진화론자들은 장기 진화든지 전격 진화든지 불문하고 진화실험을 단 한 건이라도 한 적이 있는가?

추론할 능력이 부족한 과학자라면 실험으로 증명해야 할 것이다.

수십억 년 동안의 장기 실험은 이미 다 완료되었다. 그동안 여러 동식물이 멸종하였다. 화석은 진화의 증거가 아니고 생멸(生滅)의 증거이다. 고산지대의 식물 홀씨는 바람에 날려 낮은 곳으로 갔을 것이다. 여기서 홀씨로 번식하는 고산 식물은 개펄에서 자라지 못하고 죽는다. 그러므로 개펄에 고산 식물이 없다. 홀씨가 만약 자연 선택을 했다면 고산 식물은 저지대에서도 살아남기 위하여 몸부림쳤을 것이고 진화하여 생명을 이어갔을 것이다. 그러나 고산 식물은 저지대에 없다. 단 하나의 개체도 없다.

5) 고사리

고사리, 곰팡이, 버섯, 이끼 등의 식물은 포자(홀씨)로 생식한다. 자신의 몸에서 포자를 만들고 이 포자가 싹을 터서 새로운 개체가 되는 방식이다. 포자는 세포벽으로 둘러싸여 있어 환경변화에 견딜 수 있는 능력이 강해서 어려운 환경을 견디다가 알맞은 조건에서 싹이 터 새로운 개체가 된다.

포자가 바람에 날려 개펄에 떨어지면 살아남기 위하여 애쓴 결과에 따라서 개펄에서도 적응하여 살 수 있을까?

아니다. 수십 억 년 동안 태양과 바람과 바닷물이 시도하였지만 실패하였다. 수십억 년 동안 고사리의 장기 진화는 없다는 것이다.

6) 자연 불가 인공 불가

자연에서 관찰되지 않으면 실험실에서라도 재현되어야 할 것이다. 만약 자연에서 관찰되지 않고 실험실에서도 재현되지 않으면 그런 현상은 없는 것이다. 현상이 없으면 실체가 없고 실체가 없으면 현상이 없다.

4. 여러 가지 진화

1) 바이러스의 진화

바이러스는 세균보다 크기가 아주 작고 스스로 물질대사를 못 한다. 나 홀로 독립생활을 못 한다. 이 녀석은 살아 있는 세포 안에서만 생존한다. 그러므로 생물과 무생물의 중간쯤 된다.

바이러스의 변신 속도는 아주 빠르다. 자신의 모습을 쉽게 바꾼다. 이것을 진화라고 주장하는 사람도 있고 진화의 가능성에 무게를 두는 사람도 있다. 그러나 수십억 년 아니 수백억 년 동안 자신의 모습을 바꾸어가면서 변화하였지만, 바이러스라는 울타리를 벗어나지 못하고 여전히 바이러스라는 불명예를 안고 있다.

어떤 학자는 그중 유익한 바이러스도 있다고 하니 바이러스를 무턱대고 비난할 일은 아니다. 내가 바이러스를 너무 무시하고 있는지도 모른다.

진화 여부만 따지는 관점에서, 바이러스는 변신술이 뛰어나지만 세균이 되지 못하고 세균이 다세포 생물로 변신할 수 없다는 증거로 보면 충분하지 않을까?

2) 미생물의 진화

아메바는 나누어져도 아메바이다. 짚신벌레는 분열하여도 짚신벌레이다. 대장균은 복제하여도 대장균이다. 유산균, 포도상구균, 비브리오균 등등 미생물은 분화하면서 자신의 개체 수를 늘리는 것이지 다른 종으로 변신하지 않는다. 단세포가 조합되어 다세포 생물이 되고 다세포 생물이 지렁이(무척추 동물)로 변신한다는 말이 아니다. 적응이나 변이는 있지만, 세균이 고사리나 지렁이로 둔갑하는 진화란 없다.

사람이 먹는 음식과 함께 입 안으로 들어간 미생물은 위에서 분비되는 위산 때문에 대체로 죽는다. 미생물은 수십억 년 동안 진화를 거듭하였다면 위산에도 안 죽어야 한다.

예나 지금이나 사람이 식물을 먹으면 식물과 미생물을 함께 죽이게 된다. 속절없이 죽어가는 미생물은 억울하고 하염없이 눈물을 흘릴 뿐이다. 미생물이 진화한다는 주장도 틀렸고 살생을 금하는 가르침도 틀렸다. 이 가르침을 따른다면 사람은 동물과 식물과 미생물을 잡아 죽이거나 먹어서는 아니 될 것이다.

3) 무작위 진화

어떤 사람은 원숭이가 사람이 되었다고 주장하였다. DNA(유전자)를 발견한 이후에는 말을 조금 바꾸어서 침팬지가 진화하여 사람이 되었다고 주장한다. 지금은 공통 조상이 침팬지와 사람으로 나누어졌을 것이라고 주장한다. 진화론자들은 말을 수시로 바꾼다. 그들의 주장을 종잡을 수가 없다. 언제 말을 바꿀지 모른다. 어떤 사람들은 이런 진화는 매우 느리게 진행되지만, 신(神)이 의도하신 것이라고도 한다.

문제는 세포의 수가 늘어나고 유전 정보가 증가하고 점점 복잡해지면서 정교한 생명체가 만들어질 수 있느냐다. 무작위 과정(random processing)을 거쳐 고도의 정교한 생명체로 진화하였다는 말은 어불성설이다. 진화에서 무작위 과정은 없는 허구이지만 진화론자들의 주장이 그러하니 추산해 보면 무작위 과정은 무작위 생명체를 무한히 만들어낼 뿐이다.

단세포가 무작위로 진화한다면 만($10,000=10^4$)여 종의 생명체가 나타날 것이다. 세포의 수도 늘어나고 없던 유전자도 새롭게 탄생해야 하고, 아무튼 점진적인 변이에 변이를 거듭하여 만여 종의 생명체는 또 억($100,000,000=10^8$)여 종의 생명체로 진화되어야 한다.

억여 종의 생명체는 자연 선택 과정을 통하여 조($1,000,000,000,000=10^{12}$)여 종이 되고 이런 식으로 무작위 과정을 거치면 무한히 많은 종류의 생명체가 나타나게 될 것이다. 무작위의 결과는 무질서와 혼란, 혼동 그 자체이다.

콧구멍이 위로된 사람, 오른손과 왼손이 대칭이 아니고 똑같은 사람, 덩치가 코끼리만 한 사람, 덩치가 개미처럼 작은 사람, 수명이 만 년인 사람, 수명이 10년인 사람, 피부색이 파란 사람, 눈이 3개인데 사람 같은 생명체, 다리가 8개이고 머리는 사람인 생명체, 사람하고 침팬지하고 중간쯤 되는 생명체, 머리가 7인 괴물, 사자와 호랑이의 중간체, 소와 말의 중간체, 개와 늑대의 중간체, 고래와 멸치의 중간체, 토끼와 수리의 중간체, 소나무와 원숭이의 중간체 등 이런 식으로 무한히 많은 생명체가 존재해야 한다.

진화에 어떤 질서나 규칙이나 법칙이 없다. 아무렇게나 진화할 뿐이다. 무작위의 결과는 무질서만 낳을 것이 분명하다. 현재 동물의 종은 150만~770만에 불과하다고 한다.

무작위 진화가 맞는다면 동물과 식물의 수는 무한히 많아져야 할 것이 아닌가?

괴이(怪異)한 이론으로 인해 지금도 다양한 괴물(怪物)이 양산되고 있어야 한다.

4) 전부 진화

예컨대, 지구상의 모든 개구리가 뱀으로 진화하였다면 개구리는 없어져야 한다. 개구리는 한 마리도 보이지 않아야 한다. 마찬가지로 지구상의 모든 뱀이 원숭이로 진화하였다면 뱀은 지구상에서 사라져야 한다. 이런 식으로 추론하면 지구상에는 최종적 진화의 결과인 말단 종만 살아 있어야 한다.

아메바, 지렁이, 버들치, 개구리, 뱀, 황새, 원숭이, 침팬지, 이끼, 고사리, 코스모스, 사과나무, 소나무, 백향목 등은 모두 중간체가 아니고 말단 종이라는 주장이 된다. 원숭이를 사람의 조상으로 생각하는 사람도 있다. 양서류(개구리)가 변신하여 파충류(새)로 되었다고 주장하는 진화론자들도 있다. 진화론자들 스스로 전부 진화를 부인하고 있다.

5) 일부 진화

개체의 일부만 진화에 참여하였다고 가정해 볼 수도 있다. 예를 들자면 아프리카 개구리의 10%는 이런 형태로 진화하고, 아메리카 개구리의 10%는 천년 후에 저런 형태로 진화하는 경우이다.

주어진 환경에 만족하는 개구리는 자연 선택을 거부할 것이고, 환경에 불만이 많은 개구리는 우연한 시기에 진화를 결심할 것이기 때문에 진화의 시점도 개체마다 다를 것이 분명하다.

일부 진화를 주장하게 되면 하나의 종이 처한 환경이 지역마다 다르고 시기가 달라서 서로 다른 모습으로 변형되어야 한다. 환경이 다르고 시기가 다른데 동일한 모델로 변형될 수는 없다.

진화의 시공간(時空間)이 다른데 어떻게 동일한 모델로 변형될 수 있겠는가?

그러므로 미생물, 식물, 동물을 구별할 수 없을 정도로 무수히 많은 중간체가 나타나야 한다.

그러나 현재 동물의 종은 150만~770만이며 멸종 위기에 놓인 동물도 많다고 한다. 이런 개론만으로도 개체의 일부가 시공간을 달리하여 다양한 모습으로 진화하였다는 주장도 실체가 없는 허구이다.

6) 전격 진화

하룻밤 사이에 침팬지가 사람으로 변신하는 진화를 말한다. 점진적인 진화와 반대되는 개념이다. 이런 진화를 전기 충격이 가해지는 것처럼 순식간에 발생한다고 하여 전격(電擊) 진화라고 부르자. 침팬지가 갑자기 진화되는 경우도 허구이지만 만약에 이런 진화가 이루어졌다면 침팬지는 사라지고 없어야 한다.

침팬지 부부 중에서 암컷이 전격적으로 진화하였다면 수컷도 전격적으로 진화해야 한다. 전격 진화는 염색체의 수가 순간적으로 증가하거나 감소해야 가능하다.

7) 수렴 진화

지금 원숭이와 침팬지, 오랑우탄, 고릴라는 서식지가 각각 다르지만 사람과 동시대를 살고 있다. 진화를 믿는 사람들은 진화의 당위성을 환경에서 찾는다. 생물들이 열악한 환경 때문에 생존을 위하여 진화한다는 것이다.

그들의 주장을 수용하면 오랑우탄이 진화하여 사람이 되었으므로 오랑우탄에게 있어서 진화 당시에는 가혹한 환경이었다고 가정해야 한다. 그렇다면 지금의 환경은 일부 오랑우탄과 사람에게 좋은 환경이라는 뜻이다. 그렇다면 다음의 논리가 이어진다.

특정 지역의 열악한 환경 속에서 살던 오랑우탄 일부는 사람으로 진화하였고 일부는 거부하였다. 마찬가지로 열악한 환경 속에서 살던 고릴라 일부도 사람으로 진화하였고 일부는 거부하였다. 따라서 인종의 조상은 원숭이와 침팬지, 오랑우탄, 고릴라 등으로 여럿이다.

여러 조상으로부터 하나의 종이 되었으므로 이런 진화를 수렴 진화라고 부르자. 서식지가 각각 다른 원숭이와 침팬지, 오랑우탄, 고릴라가 영장류 총회를 개최하였고 사람이 되기로 의결하였던 것이다. 이같이 여러 종이 하나의 종이 되었다는 수렴 진화도 허구이다.

8) 장기 진화

장구한 세월 동안 천천히 변신하는 경우를 장기(長期) 진화라 하자. 장기 진화는 과학사(科學史)에 있어 최대의 거짓말이다. 가장 많은 사람이 장기 진화의 거짓말에 가장 잘 속는다. 조금만 생각하면 이 속임수에서 벗어날 수 있다.

100년이나 만 년 동안 아주 조금 변하고 또 100년이나 만 년 동안 아주 조금 진화하였다면 아무도 모르는 사이에 새로운 종이 된다고 상상하는 것이다. 그러나 암컷과 수컷은 동일 속도로 동일 형질을 바꾸어가야 한다. 다른 친구들과 진화 속도와 진화 형질을 일치시켜야 한다. 그래야 후손이 태어날 수 있기 때문이다. 예컨대 7,000쌍의 침팬지가 만 년 동안 손가락의 길이를 조금 짧게 되기로 약속하면 7,000쌍의 침팬지가 만 년 동안, 동일한 속도로 손가락만 짧게 해야 한다. 발가락은 변화시키면 안 된다. 손가락을 길게 해서도 아니 된다. 약속을 어기면 무작위 진화가 되기 때문이다. 이런 진화가 이루어질 수도 없지만 이런 과정을 거쳤다면 우연한 진화가 아니고 약속에 의한 필연적 진화이다.

설명을 좀 더 해 보자. 100년이나 수십만 년 동안 천천히, 조금씩 점진적으로 진화되었다면 진화 속도를 느끼지 못했을 것으로 생각한다. 그렇다. 침팬지 팔에서 털이 조금 사라지는데 100년이나 만 년이 걸렸다면 진화 속도를 느끼지 못할 것이 분명하다. 아주 느린 변화이므로 부모와 2세, 3세로 갈수록 아주 조금씩 사라지기 때문이다.

그런데 함정이 있다. 진화의 속도를 느끼지 못하려면 비교 대상인 원형이 사라져야 한다. 변신 기간의 장단에 상관없이 침팬지 원형은 사라져야 이행종(移行種)과 비교할 수 없다는 의미이다. 결국, 장구한 세월 동안 느리게 진화하더라도 침팬지 원형과 중간체는 전부 멸종되어야 하고 최종 상태인 사람만 생존하게 된다는 뜻이다. 따라서 침팬지 원형이 지금도 생존해 있으므로 아주 느리게, 조금씩 진화되었다는 주장은 모순이고, 반과학적이다.

장기 진화를 수치로 이야기해 보자. 예컨대 아홉 단계를 거치면서 침팬지에서 사람까지 진화하였다면 중간 제1단계까지 변하는 데 100년이나 수만 년이 걸리고 중간 제2단계까지 변하는 데 100년이나 수만 년이 걸리고 현재의 사람으로 변하는 데 100년이나 수만 년이 걸렸다면 아홉 단계의 중간체는 모두 살아 있어야 함은 물론 각 단계에서 다음 단계로 진화하고 있어야 한다.

더 쉽게 설명하자면 100년이나 수만 년이 지나면 중간 제9단계의 개체가 사람으로 변신해야 하고 100년이나 수만 년이 지나면 중간 제8단계의 개체가 사람으로 변신해야 한다.

침팬지와 사람 사이의 무수히 많고 다양한 중간체가 사람과 함께 살아가고 있어야 한다.

어디 이뿐이겠는가?

개구리도 뱀으로 진화해야 하므로 개구리와 뱀 사이의 무수히 많고 다양한 중간체가 사람과 함께 살아가고 있어야 한다. 무수히 많은 생명체가 현재 사람과 공존(共存)해야 하는데도 불구하고 단 하나의 종 하나의 개체도 없고 진화의 이행 모습이 전혀 발견되지 않는 것으로 보아 장기 진화는 과학사 최대의 속임수이다.

9) 역진화

유전 정보가 감소하는 진화를 역진화(逆進化)라고 부르자. 세포의 수가 늘어나면서 유전 정보가 증가하면서 정교한 생명체로 진화하는 것은 불가능하다. 유전 정보가 증가하여 점점 정교해지는 진화가 세상 어디에 있는지 진화를 신봉하는 사람들은 대답해야 한다.

반대로 무작위 진화를 신봉한다면 다세포에서 단세포로 변신하는 역진화도 상상해 보아야 한다. 사람이 원숭이를 낳고, 원숭이가 악어를 낳고, 악어가 개구리를 낳고, 개구리가 지렁이로 변신하고 지렁이가 아메바로 변신하는 과정을 상상해야 한다. 결국, 물질과 시간과 공간도 사라져야 할 것이다.

체세포 복제 과정에서 염색체의 수와 모양이 변하고, DNA(유전자)가 사라지는 현상이 있다면 진화론자들은 지구촌이 들썩이도록 나팔을 불어야 할 것이 아닌가?

진화론자들은 풍부한 상상력을 동원하여 역진화도 힘차게 주창해야 할 것이다.

10) 공진화

공진화(共進化, coevolution)는 하나의 종이나 생물 집단이 진화하면 관련된 종이나 생물 집단도 진화하는 현상을 말한다. 예를 들면 식물이 생존을 위하여 독을 생산하면 초식 동물은 해독제를 생산하여 자신을 방어한다는 개념이다. 미토콘드리아는 독립적으로 세포핵과 DNA를 가지고 있는데 진핵 생물의 세포 속으로 들어갔다는 주장도 공진화이다. 서로 다른 종이 생존하거나 번식하기 위해서 진화하는 현상이다. 포식자는 잡아먹으려 하고 피식자는 저항하고자 하는 메커니즘(Mechanism)을 말하기도 한다. 공생자가 서로 적응하는 것도 공진화이다.

그러나 위에서 충분히 설명했다시피 진화는 실체가 없는 허구이므로 공진화도 허구이다. 진화를 주장하고 해석하는 것에 불과할 뿐 자연 법칙이나 과학적으로 증명할 만한 근거가 없다.

11) 집단 선택설

여러 마리의 벌이 사는 벌집이 공격당하면 어떤 벌 한 마리는 공격자에게 침을 쏘아 방어하고 자신은 내장이 밖으로 나와 자신은 죽는다. 집단을 위하여 자신을 희생하는 것이다. 벌 집단이 살아남는 방식이다. 이를 집단 선택설이라고 한다. 벌이 그와 같은 의지가 있는 것이 아니라 결과적으로 그렇게 되었다고 해석한다.

집단 선택설에 있어서 몇 가지 오류가 있다. 벌은 애초에 방어용 침이 없었는데 포식자의 공격을 방어하기 위해서 침을 갖게 되었다는 전제가 깔린 것이다. 개체가 집단을 지키는 데 항상 성공한다면 벌 집단은 더 이상 변신할 이유가 없어지므로 현재의 벌은 진화의 말단 종임을 뜻한다. 또한, 벌은 진화하여 침을 갖게 되었으므로 더 이상 벌의 천적은 없어야 한다. 만약에 벌의 천적이 있다면 벌은 진화를 잘못한 것이다. 천적보다 더 강력한 방어 무기를 개발하면서 계속 진화해야 한다. 사실 그럴 필요도 없다. 포식자를 잡아먹을 수 있도록 공격적으로 진화해야 할 것이다.

12) 분화(分化)

지금까지는 어떤 생물종이 변하여 새로운 종으로 변하는 진화를 설명하였다. 진화를 함축하면 단세포에서 다세포로 진화되었으며 간단한 형질로부터 복잡한 형질을 가지게 되었으며 하등 동물에서 고등 동물로 진화되었다는 말이다.

이런 식의 진화는 DNA(유전자)가 변형되어야 가능하다. DNA(유전자)가 변하는 원리나 법칙이 따로 없고 막연하게 자연 선택과 우연으로만 설명하므로 실체가 없는 허구라고 지적하였다.

그러나 1950년 이후 새로운 변화가 나타났다. 진화론자들은 말을 바꾸어서 이제 분화(分化)를 주장한다. 분화란 하나의 생물종에서 두 개의 종으로 분리되어 새로운 종이 출현하고 원래의 종은 사라지는 진화를 말한다. 진화론자들은 단세포 아메바로부터 모든 생명체가 진화되었다는 주장을 유지하지만, 성능 좋은 전자 현미경과 DNA가 발견된 이후부터 DNA가 둘로 분리되었다고 주장한다.

예컨대, 다음 그림에서 X는 사라지고 없는 생물종을 의미한다. 어떤 알 수 없는 생물종 X 하나가 사라지면서 X 둘이 나타나고, X에서 X와 아메바(Ameba)가 나타나고, X에서 X와 짚신벌레(Paramecium)가 나타나고, X에서 지렁이(Earthworms)와 붕어(Crucian carp)가 나타난다. 개구리(Frog)와 뱀(Snake), 황새(Oriental stork)도 미지의 조상으로부터 분리된다. 말단에 이르면 마찬가지로 이미 사라지고 없는 생물종에서 침팬지(Chimpanzee)와 사람(Human being)이 출현했다는 주장이다.

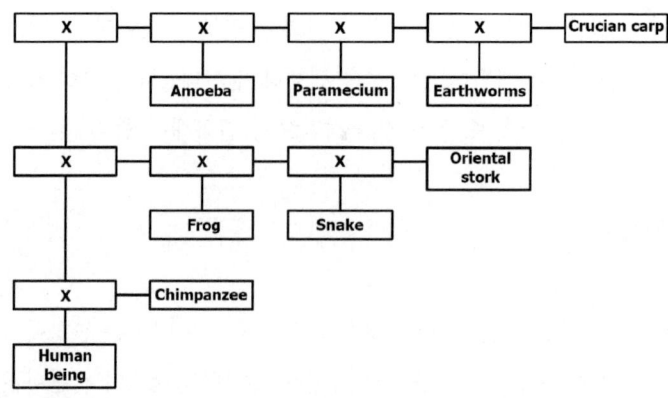

< 분화 >

진화론자의 상상력은 무궁무진하다. 환언(換言)하면 어떤 종 X에서 뱀과 악어로 분리되는데, X종은 온데간데없이 사라진다는 것이다. 조상은 없고 후손만 후손을 이어간다는 주장이다. 어떤 종에서 황새와 독수리로 분리되고, 어떤 종에서 침팬지와 사람으로 분리되었다는 것이다.

분화설에 의하면 유전자 분리로 생물종이 출현하였으므로 분화 과정에서는 하나의 종이 사라지면서 하나의 종이 나타나고 분화 말단에서는 하나의 종이 사라지고 두 개의 종이 나타난다. 결과적으로 멸종의 수와 살아 있는 생물종의 수는 동일하다. 따라서 현재의 생물종이 500만 종이라면 분화를 500만 번 한 것이고 500만 종이 사라진 것이다.

13) 분화는 허구다

하나가 둘로 나누어진다는 분화도 허구이다. 분화는 여러 문제점을 가지고 있다.

첫째, 하나의 종이 둘로 나누어지고 원래의 종이 사라진다면, 최초의 단세포 아메바는 어느 생명체가 둘로 나누어져서 출현하였는가?

어떤 종이 단세포로 나누어졌는가?

진화론자들은 대답할 수 없을 것이다. 다세포가 나누어져서 단세포로 되었다면 최초의 생명체는 다세포라고 해야 할 것이다. 단세포가 다세포로 진화되었다는 주장과 정면으로 배치된다.

둘째, 아메바가 무척추 동물이 되었다면 아메바 같은 단세포 생물은 지구상에서 사라져야 한다. 짚신벌레도 사라져야 한다. 아메바나 짚신벌레 같은 단세포 생물이 현존하고 있으므로 하나의 종이 사라지고 이종(二種)이 출현(出現)한다는 설은 허구이다.

셋째, 암수가 있는 동물의 어떤 특정 종이 새로운 종 둘로 쪼개지면서 서로 다른 두 종이 나온다면 무한한 종이 나와야 한다. 어떤 특정 종, 한

쌍에서 소와 말이 나오고, 소에서 코끼리와 하마가 나오고, 계속하여 말에서 호랑이와 사자가 나오는 식으로 무한히 많은 종이 마구 출현해야 한다. 이런 진화를 무작위 진화라 하며 이를 허구라고 이미 지적하였다. 멘델의 유전 법칙에 정면으로 반하는 엉터리다. 멘델의 유전 법칙은 언제 발생한 것이지 진화론자들은 대답해야 한다.

동물과 식물보다 먼저 생긴 것인가?

나중에 생긴 것인가?

더 어려운 질문을 퍼부으면 한마디도 대답하지 못할 것이다.

자연 법칙은 물질보다 먼저 생겼나?

물질보다 나중에 생겼나?

넷째, 왜 한 쌍만 둘로 나누어져야 하는가?

케냐에 살고 있고 특정 종에서 소와 말이 나오고 베트남에 사는 같은 종에서 코끼리와 하마가 나오고 러시아에 살고 있고 같은 종에서 호랑이와 사자가 나올 수 있다는 것이다. 이렇게 되면 무작위 진화가 된다.

다섯째, 어떤 특정 종에서 소와 말이 나왔다면 소와 말의 암수가 나와야 한다. 두 종과 두 종의 암수가 나와야 한다. 소의 암수도 나오고 말의 암수도 나와야 한다. 우연히 소의 수컷이 나왔다면 다른 하나는 필연적으로 소의 암컷이 출현해야 한다. 분화를 주장하는 사람들은 대단한 믿음을 가지고 있다. 우연히 이종(二種)이면서 암수가 나올 확률은 0%이다. 이종(二種)이면서 암수가 각각 출현(出現)하는 사건은 0%의 확률 사건이므로 기적이 발생한 것이다. 생물종의 수효만큼 5백만 번 발생하게 되니 기적이 일어나야 한다. 진화론자들은 기적을 믿고 있다. 이런 점에서 진화론은 우연한 사건이 500만 번 연속 발생하는 기적을 신봉하는 '우연 종교'이다. 우연과 필연을 구별하기 힘들면 이 책의 앞부분 '우연과 필연과 기적'을 보기 바란다.

여섯째, 특정 종의 손자에서 호랑이와 사자가 나왔다면 호랑이와 사자를 누가 기를 것인가?

부모가 사라지고 없는데 호랑이와 사자는 누구의 젖을 먹고 자랄 것인가?

만약 호랑이와 사자가 다 자란 후라면 부모의 친구들을 잡아먹을 것이 틀림없다. 살존살비의 양상이 사라지지 않는다.

일곱째, 코끼리, 하마, 물소 등은 3세대 이상이 무리를 지어 산다. 긴 수명에 비하여 가임기(可姙期)가 짧으면 여러 세대가 무리를 지어서 살게 된다. 특정한 종의 어느 한 부부가 둘로 분화된 후에도 특정한 종 나머지가 사라지지 않는다. 특정 종의 할아버지는 케냐에도 살고 있고 베트남에도 살고 있다. 특정 종의 손자는 러시아에도 살고 있고 브라질에도 살고 있다.

이들이 왜 모두 동시에 사라져야 하는가?

부모는 진화하였다는 이유로 사라지고 할아버지와 손자는 진화하지 않았다는 이유로 사라져야 하는가?

진화론자들은 특정한 종이 멸종을 예측하고 미리 분화되었다고 부득부득 주장해야 할 것이다. 좌우지간 지구촌 여기저기에 흩어져 있는 특정한 종은 분화를 이유로 사라질 수 없지만, 사라지게 하려면 누군가 모두 멸종시켜야 한다. 아니면 특정 개체가 모두 의지를 모아서 자살해야 한다.

여덟째, 다윈의 문법대로라면 전기뱀장어나 전기메기는 전기를 생산하는 어떤 공통 조상에서 유래되었으므로 형제종(兄弟種)이다. 형제종은 동시공간에서 출현했을 것이므로 외형이나 기능이 유사할 것이다. 인류가 정말로 공통 조상에서 둘로 분화되었고 그중에서 하나의 종이라면 사람과 유사하거나 동일한 정신적인 능력을 갖춘 형제종이 있어야 한다.

인종(人種)은 자동차와 비행기를 만들었으니 형제종은 수세식 변기라도 만들어야 할 것이다. 인종은 현미경을 만들었으니 형제종은 돋보기라도 만들어야 할 것이다.

인종은 옷을 입고 있으니 형제종은 수치심이라도 느껴야 하지 않겠는가?

동식물 중에서 수세식 변기와 돋보기를 만들고, 수치심을 느끼는 종이 있는가?

분화를 주장하는 사람들도 동식물 중에서 사람의 형제종을 찾을 수 없을 것이다.

이처럼 분화를 의미하는 이종출현설(二種出現說)의 허구성을 증명하는데 복잡한 실험도 필요 없고 관찰도 필요 없다. 12세 이상의 사람이 책상머리에 앉아서 12분만 생각해보면 알 수 있는 일이다. 하나의 종이 둘로 나누어진다는 분화(分化)도 새빨간 거짓말이다.

5. 돌연변이

1) 유전자 복제

DNA(유전자)가 복제될 때 염기서열(A, T, G, C) 1개가 뒤바뀔 확률은 10억분의 1이다. 역으로 환산하면 정확도는 99.999999%이다. 그러니까 유전형질이 엉뚱한 형질로 변질되거나 가감 수정될 수 없다는 말이다. 아주 쉬운 말로 콩 심으면 반드시 콩이 나오고 팥 심으면 반드시 팥이 나온다는 말이다.

유전공학이 발달하여 DNA(유전자)의 복제 원리를 간파한 학자들이 이제 말을 바꾼 것이다. DNA(유전자)가 변형되거나 가감 수정될 수 없지만 둘로 나누어지면서 진화하였다는 주장을 하게 된 것이다.

예컨대, 어떤 종의 염기서열 32억 쌍이 16억 쌍의 종과 14억 쌍의 다른 종으로 나누어졌다는 주장이다. 부족한 염기서열은 적당히 복제하고 분열시키면 두 개의 종이 된다는 주장이다.

어렵게 설명할 필요가 없다. 캐나다 지렁이가 사라지면서 붕어와 잉어가 되었다는 주장이다. 네덜란드 지렁이는 사라지면서 미꾸라지와 송사리가 되었다는 주장이다. 아시아 여러 나라를 경유하는 메콩강의 지렁이는 분화하면서 버들치와 가물치가 되었다는 주장이다.

이들은 우연이라는 마약을 마시고 고삐 풀린 상상력에 사로잡혀 있다. 좌우지간 사람의 조상은 사람이 아니라 아메바라는 주장을 고집한다. 자동차를 분해하여 그 부품으로 자전거와 오토바이를 만들고, 헌법의 문자를 분해하여 소설과 시를 만드는 과정이 더 쉬울 듯하다.

2) 염색체 돌연변이

사람은 세포로 되어 있고 세포 안에 염색체가 있다. 사람의 5번 염색체가 결실될 경우 아기가 태어나면 고양이 울음소리를 내게 된다. 정신지체나 심장 기형이 되어 출생 초기의 생존 확률이 낮다. 7번 염색체가 결실되면 윌리엄스증후군이 나타난다. 21번 염색체가 2개이면 정상인데 이에 반하여 3개이면 다운증후군이 된다. 머리가 작고 두 눈 사이가 멀다. 납작한 얼굴이고 눈꼬리가 약간 올라간다. 정신지체, 심장 기형이 나타나며 남녀 가리지 않고 발생할 수 있다. 18번 염색체가 2개이면 정상인 데 반하여 3개이면 에드워드증후군 환자가 된다. 입과 코가 작고 심장 기형, 정신지체, 발달 지연을 동반한다. 그리고 남녀를 가리지 않는다.

크라인펠터증후군도 염색체가 이상한 돌연변이이다. 외관상 남자이나 정소의 발달이 불완전하며 가슴이 발달한다. 터너증후군은 외관상 여자이나 난소의 발달이 불완전하며 신장이 작다. 이처럼 사람의 돌연변이는 염색체의 이상이며 비정상이다.

3) DNA 돌연변이

사람의 DNA 염기서열이 바뀌면 질환자가 된다. 정상적인 혈액의 적혈구는 원반 모양인 데 반하여 유전자 염기서열 중에서 티아민(T)이 아데닌(A)으로 바뀌면 낫 모양의 형상이 된다. 낫 모양 적혈구는 모세혈관에서 혈액의 흐름을 방해한다. 악성빈혈과 장기손상을 가져온다.

알비노증(Albinism)에 걸리면 피부나 머리카락이 백색으로 된다. 페놀케톤뇨증(Phenylketonuria, PKU)에 걸리면 흑색 오줌이 나온다. 낭포성 섬유증에 걸리면 폐나 간에서 과도한 점액을 분비한다. 헌팅턴무도병은 4

번 염색체의 이상으로 중년 이후 신경계가 퇴화하면서 근육이 멋대로 움직이는 병이다. 모두 유전자 이상에 의한 돌연변이이다.

초파리에 방사선을 쬐면 돌연변이가 생기는데 그 초파리는 일찍 죽는다. 유전자의 중복, 결실, 전환 모두 돌연변이이다.

4) 돌연변이 문제점

돌연변이는 염색체가 이상하거나 DNA가 이상한 개체이다. 질환자이고 비정상적인 개체이다. 진화론자들은 돌연변이가 정상적인 개체보다 생존력이 더 우수하여 살아남지만 정상적인 개체는 자연 선택을 못 하여 후손을 잇지 못하고 결국 멸종한다고 주장한다. 그러나 이런 주장은 자의(恣意)적인 주장이고 몇 가지 문제가 있다.

첫째, 돌연변이는 극소수인데 극소수가 살아남고 대부분은 멸종하게 된다는 주장인바 현재 인간의 경우 정상적인 사람의 수효가 염색체가 이상인 사람이나 DNA가 이상인 사람보다 더 많다. 정상적인 사람들이 멸종하고 사람 돌연변이가 번성할 것으로 예측하는 사람은 한 사람도 없을 것이다.

둘째, 사람의 경우, 돌연변이는 끊임없이 발생한다. 어떤 돌연변이가 출현하여 먼저 살고 있는 정상 개체들이 멸종하게 된다면 개체 수는 줄어들게 된다. 돌연변이에서 또 다른 돌연변이가 나오면 먼저 나온 돌연변이는 멸종하게 되므로 결국 개체 수가 줄어들게 된다. 사람의 경우 인구수가 늘고 있으므로 정상개체가 멸종하고 돌연변이가 살아남는다는 주장은 모순이다. 예를 들면, 송사리 10억 마리가 행복하게 살고 있다가 지금이라도 어떤 돌연변이 암수 한 쌍이 출현하면 돌연변이는 환경에 적응하여 살아남지만, 송사리 10억 마리는 자연 선택을 못 하여 멸종해야 한다. 정상적인 송사리가 멸종한다는 것도 허망한 이야기이지만 정상 송사리가 멸종하면 그 개체 수가 확연히 줄어들게 되는데 돌연변이는 개체 수에 있어서 지배적인 종이 될 수 없다.

셋째, 지금도 돌연변이가 있다. 쉬지 않고 계속 나온다. 어떤 사람들은 지금도 돌연변이를 통하여 진화가 이행 중이라고 주장한다.

그 주장이 맞는다면 침팬지가 돌연변이를 일으켜서 사람이 되려면 수십억 년 동안 돌연변이를 10번쯤 누적시킨 녀석도 있어야 하며, 100번쯤 누적시킨 녀석도 있어야 하고, 1,000번쯤 누적시킨 녀석도 있어야 하며, 성질이 급한 녀석은 10,000번 정도 누적시킨 녀석도 있어야 할 것 아닌가?

그것도 암수 간에 말이다.

진화론자들은 내가 하는 말이 무슨 말인지 못 알아들을 것이 분명하다. 침팬지와 사람 사이에 중간쯤 되는 돌연변이를 10억 년 동안 누적시킨 부부가 10,000종 10,000쌍이 있어야 한다는 의미이다. 침팬지 같은 사람과 사람 같은 침팬지 부부, 즉 돌연변이 부부가 무수히 많아야 한다는 말이다.

넷째, 설사, 돌연변이 송사리 한 쌍이 출현하여 번식하고 번식하여 지구촌 전 지역에 분포하려면 1,000년의 장구한 세월이 걸릴 것으로 가정하면 그 기간이 도래하기 전에 다른 돌연변이가 계속 발생할 것이므로 이전 돌연변이 송사리가 전 지구에 퍼지는 것이란 불가능하다. 지구촌 여러 곳에 분포하고 있는 지렁이, 토끼, 호랑이, 벼, 콩, 호박, 소나무 등의 생물종은 돌연변이의 결과가 아니라는 의미이다. 이처럼 돌연변이를 진화의 기전으로 보는 것은 무리이다.

5) 돌연변이 발생 비율

유전체학자인 에일린 스컬리(Aylwyn Scally)는 2012년에 "고릴라 유전체 서열을 통한 인류 진화에 대한 통찰"(Insights into hominid evolution from the gorilla genome sequence)이라는 논문을 학술지 「네이쳐」(*Nature*)에 게재하였다.

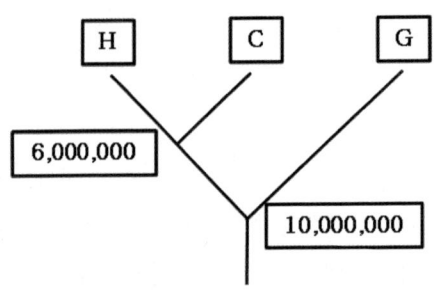

H = Human
C = Chimpanzee
G = gorilla

< 분기 시점 >

　이 논문은 현대 인류 집단에서 세대당 돌연변이 비율이 $0.5 \sim 0.6 \times 10^{-9}$/bp-year라고 가정하면서 10,000,000년 전에 공통 조상으로부터 고릴라(G)가 분기되었고 6,000,000년 전에 사람(H)과 침팬지(C)가 분기되었다고 주장한다. 그러나 이 논문은 분기 시점을 주장하고 있을 뿐, 유전자의 확산, 분리, 조합을 설명하지 못한다.
　이 논문을 보고 열광하는 진화론자들은 몇 가지 오류에 빠져 있다.

　첫째, 돌연변이의 발생 확률이 매우 낮지만 장구한 기간 누적되면 다른 종이 된다는 것은 허망한 상상력에 근거한다. 돌연변이의 발생 확률로 분기 시점을 구했다면 반과학적이다. 돌연변이를 일으킨 개체가 후손을 얻고 그 후손이 계속하여 돌연변이를 누적해 나갈 확률을 구해야 마땅하다.
　그러나 돌연변이를 누적시키고 있는 중간체가 없는데 이런 데이터를 어디에서 구한다는 말인가?
　둘째, 염색체의 수가 42개인 하나의 공통 조상에서 10,000,000년 전에 염색체의 수가 44개와 48개인 두 종으로 하루아침에 분기될 수 있는가?

염색체의 수가 44개인 하나의 공통 조상에서 6,000,000년 전에 염색체의 수가 46개와 48개인 두 종으로 하루아침에 분기될 수 있는가?

이런 분기가 발생할 가능성은 0%이다. 염색체의 수는 암수가 있으면 항상 짝수이다. 홀수로 된 염색체를 가진 개체는 생존 확률이 낮다.

셋째, 암컷의 돌연변이와 수컷의 돌연변이가 동시공간에서 동일한 속도로 이루어져야 후손을 얻을 수 있다. 중간체가 존재한다면 반드시 암수로 존재해야 한다는 의미이다.

넷째, 지금 인류는 정상적인 종과 돌연변이가 함께 섞여서 살고 있다는 관점이 바른 시각일 것이다. 정상적인 사람의 수가 훨씬 많다. 돌연변이를 진화의 작용기작으로 본다면 생물 500만 종이 모두 돌연변이의 결과인바 사람과 침팬지도 돌연변이의 결과이며 서로 형제이다. 그렇다면 지금 인류의 수를 78억 명으로 보아도 모두 돌연변이의 결과이다. 정상적인 수는 이보다 1,000배는 더 될 것이다.

7조 8,000억(=78억×1000)에 달하는 정상 종은 왜 안 보이는가?

정상 종은 누구인가?

정상 종은 어디에 있나?

한 종에서 한 개체라도 제시해 보라.

이처럼 돌연변이를 진화의 작용기작으로 보는 사람들은 반과학적 주장을 부끄러워하지도 않는다. 이들은 돌연변이이므로 세대를 거듭할수록 극소수로 전락하고 말 것이다.

6. 상생

1) 다윈의 이기적 진화

다윈은 『종의 기원』, 제6장 학설의 난점, 제7절에서 다음과 같이 말했다.

> 자연 선택은 반드시 어떤 종의 이익을 위해 다른 종에 어떤 변화를 만들어 낼 수는 없다. 어떤 한 종의 구조 가운데 어느 부분이 완전히 다른 종의 이익을 위해 형성되었다는 것이 증명된다면, 그것은 나의 학설을 부숴버리고 말 것이다. 왜냐하면, 그것은 자연 선택 때문에 만들어지지 않기 때문이다. 예를 들면 북아메리카산 방울뱀이 독니를 가지고 있는 것은 자신을 방어하고 먹잇감을 죽이기 위한 것이다.
>
> 방울뱀이 소리를 내고 코브라(Cobra)가 가슴벽을 부풀리고, 아프리카산 독사(Puff-adder)가 몹시 쉰 목소리를 내며 몸을 부풀리는 것은 새와 짐승들을 위협하기 위한 것이다. 개가 병아리에게 접근하면 암탉이 깃털을 세우고 날개를 펴는 것과 똑같은 원칙에서 행동하는 것이다. 자연 선택은 오직 각각의 생물의 이익에 의해, 또 이익을 위해 작용하는 것이므로 어떠한 생물이든 자신에게 해가 되는 것은 아무것도 생겨나지 않게 할 것이다.

2) 불리한 진화

다윈의 주장을 역으로 정리하면 자연 선택의 결과는 상대에게 먹히지 않는 결과만 가지고 있어야 한다. 예를 들면 토끼가 송골매나 다른 조류에게 잡아먹힌다면 토끼는 자신에게 불리한 선택을 한 것이므로 반성하고 잡아먹히지 아니할 다른 구조로 변신하였어야 한다. 만약 토끼가 강력한 방어 수단을 강구하여 구조를 바꾸면 토끼의 천적은 더 강한 구조로 변신해야 할 것이다.

다윈의 해석에 의하면 지금의 개구리나 쥐도 자연 선택의 결과인 것을 누구도 부인하지 않을 것이다. 지금의 개구리나 쥐도 결과적으로 자신에게 아주 불리한 선택을 한 것이다. 한시라도 빨리 반성하고 뱀에게 먹히지 않을 구조로 다시 태어나야 한다. 이러한 예는 독자들도 얼마든지 제시할 수 있다. 다윈은 약육강식과 살존살비 때문에 모든 생물의 끝없는 구조 변경을 강요하고 있다.

3) 침입(侵入)

침입은 한 종이 다른 종의 주거 영역을 침범하는 경우를 말한다. 딱따구리가 나무를 파고 그 안에 공간을 만들어 자신을 위한 집으로 삼아도 나무는 딱따구리를 문제 삼지 않는다. 아무런 공격도 하지 않는다. 딱따구리가 나무 속에 숨어 있는 애벌레를 잡아먹어서 나무에 무슨 이익을 주었는지 잘 모르지만 나무 입장에서는 아주 큰 집을 딱따구리에게 그저 제공해 주는 것처럼 보인다.

방아벌레는 개미가 높이 쌓아 올린 흙집에 자신의 집을 짓는다. 개미는 힘들게 흙을 쌓아 올리지만, 방아벌레는 흙으로 쌓아 올린 탑에 구멍 하나만 낸 것으로 손쉽게 자신의 보금자리를 만든다. 개미가 주거공간을 제공한 셈이다. 그도 그럴 것이 방아벌레는 1년에 한 번씩 개미를 잡아먹는다. 개미는 방아벌레를 위하여 집을 지어준 셈이고 1년에 한 번씩 사냥감이 되어준 것이다. 딱따구리와 방아벌레는 침입하였지만, 나무와 개미는 자신을 내준 경우이다.

4) 협공(挾攻)

양쪽에서 동시에 공격하는 것을 협공이라고 한다. 하늘의 포식자 '군함새'의 날개는 방수용이 아니다. 그러므로 물속으로 들어가지 못한다. 물속에 들어간다면 날개가 물에 젖어서 다시 나는 데 무겁고 마찰 저항이 커져서 곤란할 것이다.

군함새가 물고기를 잡아먹는 방법은 독특하다. 물속의 포식자 '만새기'는 물고기 '날치'를 공격한다. 날치는 만새기를 피하려고 열심히 헤엄치면서 물 위로 올라와 활공한다. 이때 높이를 조절하지 못하고 너무 높이 활공하면 군함새가 날치를 잡아먹는다. 만새기는 수중에서, 군함새는 공중에서 날치를 협공한 것이다. 이 둘이 무슨 선약이 되어 있는지 없는지는 모르지만, 결과적으로 이런 협동(協同) 공격을 하고 있다. 협공(挾攻)은 자신에게는 이기적이면서 타종에는 이타적이다.

5) 보복(報復)

두 종이 맞서 싸우다 저항하고 보복하는 때도 있다. 아프리카 암물소 한 마리가 사자 대여섯 마리에게 붙잡혀서 곤경에 빠지면 울부짖는다. 이 소리를 듣고 물소 수십 마리가 달려와서 사자를 쫓아버리고 곤경에 빠진 동료를 구하기도 한다. 이어서 물소 수십 마리가 어미 사자를 자신의 뿔로 보복하고 새끼 사자 여러 마리를 죽이기도 한다. 위험에 처한 동료 한 마리를 구하고 보복한 경우이다. 벌꿀오소리와 늑대는 상대의 새끼를 잡아먹으며 서로 보복한다. 무리가 연대하여 보복하는 것은 공동체 의식을 형성하고 있다는 증거이다.

6) 합동(合同) 작전

정어리는 무리 지어 산다. 그 무리의 길이가 1km에 달할 때도 있다. 정어리는 돌고래와 상어에게 먹히기도 한다. 바다사자에게 먹히기도 한다. 수십 마리의 바다사자는 정어리 떼를 그냥 공격하지 않고 해안선으로 밀어붙이지만, 수적 열세를 면치 못한다. 바다사자는 수백 마리의 다랑어

(참치)가 올 때까지 기다린다. 바다사자와 다랑어는 합동 작전으로 정어리 떼를 해안선으로 몰아붙이고 오갈 데 없는 상태로 만든 다음에 정어리 떼를 몽땅 잡아먹는다. 나는 서로 다른 두 사냥꾼의 합동 장면을 2020년 2월에 내셔널지오그래픽(NAT GEO WILD) 채널에서 방영한 자료를 고화질 컬러 텔레비전으로 보았다.

다윈의 차원에서 바다사자는 다랑어를 위해서, 다랑어는 바다사자를 위해서 진화되었다고 봐야 할 것이다. 이 점에 동의하지 아니할지라도 분명한 점은 합동 작전은 자신을 위한다는 점에서는 이기적 진화이지만 타종을 위한다는 점에서는 이타적인 진화이다. 진화는 없는 현상이지만 이타적 행동은 있다는 뜻이다.

7) 공생(共生)

공생이란 서로 다른 종이 이익을 주고받으며 함께 사는 일을 의미한다. 예를 들어보면 악어와 악어새의 관계이다. 악어가 입을 벌리고 있는 동안 악어새가 와서 악어의 이빨을 청소해 주고 악어새는 먹잇감을 얻는다. 개미와 진딧물, 말미잘과 집게, 충매화와 곤충, 콩과 식물과 뿌리혹박테리아 등을 공생 관계라고 한다. 그러나 나는 조금 더 엄밀한 의미를 부여해 보겠다. 공생이란 현재 서로 다른 종이 이익을 주고받으나 한쪽이 없어도 생존에 할 수 있는 경우로 제한하고 싶다. 한 예로 악어새가 없어도 악어는 존재할 수 있고, 악어가 없어도 악어새는 생존할 수 있으므로 이 두 종은 공생 관계이다.

그러나 식물이 없으면 동물이 죽고 동물이 없으면 식물이 존재할 수 없다. 이 양자 사이에는 이익을 주고받는 것도 사실이고 상대가 절대적으로 필요하므로 공생과 구별하여 상생이라고 하자.

8) 이타적 본능

원숭이는 여러 종이 있다. 각각 다른 동물이다. 어떤 원숭이는 나무의 열매를 따 먹으면서 나무 열매를 떨어뜨린다. 대략 20% 또는 30%를 아래로 떨어뜨린다. 그 열매를 나무 아래에 사는 물고기가 먹는다. 원숭이가 열매를 떨어뜨리는 것이 그의 의지인지 본능인지 알 수 없으나 결과적으로 타종을 위한 행동인 것은 분명하다.

9) 이타적 진화

이타적 진화도 있다. 바닷물 속에서 3종 간의 삼각관계 같은 행동이 목격되었다.

2009년, 남극해에서 범고래는 소리를 질러 동료들을 모으고 힘을 합쳐서 바다표범을 공격하기로 하였다. 혹등고래는 멀리서 범고래의 사냥 신호를 듣고 범고래가 있는 곳으로 즉각 출동하였다. 바다표범은 포식자 범고래의 공격을 피하고자 혹등고래를 향해서 필사적으로 헤엄쳤다. 이를 본 혹등고래는 범고래와 한바탕 육탄전을 벌이고 범고래 떼를 물리쳤다. 혹등고래는 자신의 몸을 뒤집어서 배가 하늘을 향하도록 하고 바다표범을 자신의 몸통과 지느러미가 연결되는 오목한 부위에 태웠다. 바다표범이 공기로 숨을 쉴 동안 패잔병 범고래가 괴롭히지 못하게 하려는 의도였다. 혹등고래는 20여 분 배영으로 헤엄쳤고 마침내 범고래 떼가 없는 얼음 위에 바다표범을 안전하게 앉혀주었다. 범고래와 서로 앙숙 관계인 혹등고래가 바다표범을 사지에서 구해준 것이다.

다윈의 후예들은 혹등고래가 포식자를 먹지 못하게 방해하여 간접적으로 자신이 이익을 얻었으므로 이기적인 진화라고 주장한다. 그러나 혹등고래가 적과 마주친 상태에서 위험을 감수하고 제삼자의 생명을 구해준 점과 혹등고래 자신은 어떠한 이익도 직접 얻지 못한 점을 고려한다면 이타적인 행동으로 보는 것이 좀 더 타당해 보인다.

10) 자기 복제

사람의 존재 이유를 유전자의 복제에 두는 사람도 있다. 이는 후손을 얻기 위해서 사람이 존재한다는 주장이다. 그러나 동성애자나 독신주의자는 자신의 유전자를 확산하여 후손을 퍼뜨리지 않는다. 자녀의 수를 한 명이나 두 명으로 제한하는 피임도 마찬가지로 후손을 제한하는 행동이다. 유전자를 복제하여 후손을 얻지 않으므로 이들에게 존재할 이유가 없는 것이다. 유전자의 복제가 사람의 존재 이유라고 주장한다면 유물론의 한계를 벗어나지 못한 증거이다.

11) 상생(相生)

다윈은 자연을 잘못 관찰하였고 추론도 잘못하였다. 모든 생물이 자연스럽게 선택하는 방식으로 진화하는바 구조 변경의 목적은 자신을 위한 것으로 본 것이다. 그러나 다윈은 틀렸다.

예를 들면, 엽록체를 가지고 있는 식물은 광합성 작용을 한다. 다윈의 논리대로라면 광합성 작용은 진화의 결과이며 지금도 하고 있으므로 틀림없이 자연 선택의 결과일 것이다. 식물은 광합성 작용으로 산소와 포도당을 만들어낸다. 초식 동물은 산소를 마시고 호흡하며 식물의 잎이나 줄기를 뜯어 먹고 산다. 식물은 초식 동물에게 저항하지 않고 자신의 일부를 기꺼이 제공한다. 동식물의 배설물과 사체를 일부 미생물이 분해한다. 이처럼 동물, 식물, 미생물이 상생하기 때문에 생태계가 유지되는 것이다. 상생은 이기적 진화에 앞선 생존의 원리이다.

다윈의 추론은 너무 이상하다. 식물의 경우 수십억 년 동안 점진적으로 진화한 결과가 자신을 방어하지 못하고 초식 동물을 위한 것이 되어버렸다. 결과적으로 상대를 위한, 서로를 위한 자연 선택이 되어 버린 셈이다. 즉, 다윈은 이기적 진화를 주장하였지만, 정반대로 이타적 현상이 생태계에서 발견된다는 것이다.

사람도 동물이지만 타종을 위한다. 나무를 심고 멸종 우려가 있는 동물들을 보호한다. 고래잡이를 제한한다거나 작은 물고기는 잡지 않는 것은 타종의 멸종을 막는 행동이다. 이러한 행동이 결국에 인종을 위하는 결과를 가져올 것은 명백하지만 멸종을 막는다는 측면에서는 타종을 위한 것이다.

요약하자면 식물과 동물과 미생물은 각각 이기적이고 상대에게 이타적이며 서로 의존적이다. 약육강식과 살존살비로 점철된 생태 환경의 근저에 상생의 원리가 있다는 것을 바르게 이해해야 할 것이다.

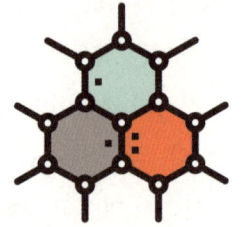

제5장

진화와 멸종

다윈의 주장대로 환경 때문에 자연 선택으로 모든 생물종이 진화하고 있다면 다양한 생물종이 계속 나타나야 한다. 그러나 멸종 소식만 들려온다. 인류는 다양한 생물의 멸종을 염려해야 한다. 진화의 속도가 멸종 속도보다 빠르다면 멸종을 염려할 필요가 없다.

1. 번식과 적응

1) 대나무의 번식

대나무는 난대성 식물이고 뿌리줄기(지하경, Rhizome)로만 번식한다. 지금은 중국, 한국, 일본, 베트남, 인도네시아 등에 널리 분포하고 있지만, 애초에는 인도네시아 자바(Java)섬 어디에 한 그루만 존재하였다고 가정해 보자. 최초의 대나무는 맨 처음에는 오직 한 그루였다. 하나의 서식지에 있는 대나무는 뿌리가 모두 연결되어 있다. 대나무꽃은 60년 또는 수백 년에 한 차례 피우고, 한 서식지에 있는 대나무 모두가 말라 죽는다.

뿌리로만 번식하고 수명이 제한적인 식물은 어떻게 전 세계에 퍼졌을까? 몇 년이 걸렸을까?

2) 다람쥐의 번식

다윈의 상상력에 기초하여 어떤 특정의 공통 조상이 호주에서 다람쥐 암컷을 낳았고 이듬해에는 수컷을 낳았다면 지구상에 출현하는 최초의 다람쥐 부부가 되었을 것이다.

호주에서 애초에 태어난 다람쥐 부부가 번식하여 브라질과 유럽대륙까지 지구 전 지역으로 퍼지는 데 몇 년이 걸렸을까?

다람쥐가 바다를 어떻게 건넜을까?

3) 딱따구리의 적응

생태 환경이 열악하게 변하고 있어서 모든 생물이 죽을 것 같지만 자신의 정체성과 구조를 변경하지 않고 아직 꿋꿋하게 살아가고 있는 생물종이 많다. 예로 딱따구리이다. 딱따구리는 현재 아프리카에도 살고 있고 북아메리카에도 살고 있다.

< 딱따구리 >

다윈은 『종의 기원』, 제6장 학설의 난점, 제2절에서 개체의 습성이 구조의 변경을 가져왔다고 추측한다. 마치 환경이 변하기 때문에 생물종의 습성도 변하며 이로 말미암아 구조도 변경될 것처럼 추측한다. 다윈은 딱따구리의 예를 든다. 딱따구리는 보통 나무에 기어 올라가서 나무의 껍질을 쪼아댄다. 나무껍질을 날카롭고 강한 부리로 1초에 16번이나 빠른 속도를 쪼아서 구멍을 만들고 구멍 속의 애벌레를 긴 혀로 찔러서 잡아당겨 먹는다. 그런데 북아메리카에는 주로 열매를 먹고 사는 딱따구리와 곤충을 잡아먹으며 날개가 큰 딱따구리가 있다고 하면서 부리의 구조가 변경되었다고 추측한다.

그러나 다윈은 자연을 잘못 관찰하고 추론하였다.

첫째, 북아메리카에도 딱따구리의 종류가 아주 많다. 물론 아프리카에도 종류가 많다. 습성이 달라지면 마치 부리의 모양이 변경될 것처럼 상상한 것은 지나치게 단순한 발상이다. 아프리카 딱따구리나 북아메리카 딱따구리나 부리의 모양이 별반 다르지 않다.

둘째, 대한민국 오대산국립공원에는 청딱따구리가 살고 있다. 나무껍질에서 먹이를 구하기도 하지만 잘 익은 감을 먹기도 한다. 어떤 딱따구리는 바닥에 떨어진 낙엽에서 먹이를 쪼아 먹는 것도 발견되었다. 딱따구리의 습성은 환경에 따라서 조금씩 다른 것이 분명하지만 부리의 모양이 현저히 달라질 수는 없고 나아가 구조를 현저히 달리한 다른 종으로 변신할 수는 없다.

진화 여부를 판단하는 기준은 아주 간단하다. 우선 염색체의 수와 모양이 같으면 동종이다. 나아가 DNA(유전자) 염기서열을 분석하면 아주 명쾌하게 진화 여부를 판단할 수 있을 것이다. 습성이 다르다고 하여 구조가 점진적으로 변경되어 결국 진화되었다고 주장하는 것은 전자 현미경이 없을 때의 자유로운 상상력에 기초한다. 추측하는 것은 누구나 누릴 수 있는 자유이지만 과학적으로 증명되어야 할 것이다.

4) 기관의 차이

인도네시아 보르네오섬 바자우족의 비장 크기는 보통 사람의 2배라고 하며 물속에서 3분 동안 숨을 참을 수 있다고 한다. 그래서 잠수 사냥을 직업 삼아 30년 정도 바다 집시로 살아간다고 한다. 나는 숨을 잠시 멈추는 능력과 비장의 크기가 비례하는지 의학적으로 잘 모르겠다. 습관이 비장을 크게 만들었는지, 큰 비장이 수중에서 3분 동안 머물게 하는지도 모른다. 2배로 큰 비장은 물속에 적응한 결과일 수도 있고, 크기의 다양성일 수도 있고, 애초의 크기로 복원된 것일 수도 있다. 어쩌면 우성이나 열성이 발현되었을 수도 있다. 분명한 점은 바자우족이 비장 크기가 보통인 사람과 결혼하여 후손이 이어진다면 같은 인종이라는 것이다.

5) 구조 변경

중국 친링산맥에 사는 판다는 소화 기관이 곰을 닮아서 육식할 것 같지만 지금은 대나무 잎을 먹는다. 다윈의 논리에 따르면 머지않아 소화 기관이 채식형으로 바뀌어야 한다. 습관이 구조를 바꾸어야 한다는 말이다.

이런 문제는 수백 년 동안 관찰하면서 기록해야 하는 지난(至難)한 문제임이 틀림없다. 다윈의 논리에 따른다면 백 년 후에는 판다의 소화 기관이 채식형으로 바뀔 것이다. 인내심 있는 과학자는 지금이라도 판다 위의 구조를 그리거나 사진을 찍어두는 등 증거를 만들어야 한다. 그때 비로소 진화론은 법칙으로 우뚝 설 것이다. 지금의 다윈 추종자들도 무작위 진화를 상상하고 있는 것이 틀림없다. 환경에 따라서 습관이 제각각이라면 각각의 구조로 진화한다는 말이 된다.

6) 적응의 한계

생물은 변화하는 환경에 잘 적응하지 못하면 죽는다. 쉽게 멸종한다.
열대 식물을 아열대 지역으로 천천히 옮기고, 한랭한 지역으로 천천히 옮기면 환경에 적응하여 잘 살게 되는가?
그렇지 않다. 적응하지 못하고 쉽게 죽는다. 만약 산다면 식물도 금성이나 화성의 환경에 적응하여 살게 될 것이다.
환경에 적응하느냐 못하느냐의 문제는 아주 쉬운 문제이다. 답도 간단명료하다. 생명체는 환경에 맞으면 살고 환경이 바뀌면 멸종한다. 환경에 적응하여 자연 선택으로 생명체가 진화한다는 진화론은 억지이다.

7) 급변과 몰살

어떤 천문학자들은 생명의 기원을 소행성의 충돌로 설명하기도 한다. 생명이 우주 어디서 왔다는 주장이다. 충돌은 생물에게는 순식간에 밀려오는 변화이다. 소행성이 지구를 향해서 힘차게 달려온다면 지구에 있는 공기 때문에 소행성과 공기는 마찰하고 그 마찰열에 의하여 소행성은 불덩어리가 되어 혹여 존재한 생명체마저 소멸할 것이다.

만약 그때 지구에 공기가 없다면 산소 역시 없을 것인데 생명체가 어떻게 살 수 있겠는가?

지구에 산소가 없다면 이미 있던 생명체도 사라질 것이다. 공기가 없는 상태에서 소행성이 지구로 달려온다면 그 속도는 무한히 빨라질 것이고 충격 에너지는 마치 수소폭탄이 터지는 것과 같을 것이다. 그래서 생태계는 갑작스럽게 변화될 것이며 충격파와 고열이 발생하고 먼지가 하늘을 가려서 태양 빛이 지구로 오지 못하여 저온 현상이 발생할 것이다. 생태계는 끙끙 앓을 것이 분명하다. 미생물들이 갑작스러운 대이변을 기회 삼아 "때는 이때다" 하면서 자신의 DNA를 변화시킬 것이라고 상상하는 것은 무리(無理)이다.

1945년에 일본 히로시마와 나가사키에 핵폭탄이 떨어져 터졌다. 생태계는 순식간에 변화되었다. 환경의 급변 때문에 진화한다고 주장하면 이러한 변혁기 이후에 새로운 종이 나타났어야 한다. 히로시마와 나가사키에는 새로운 생명체가 지금도 많이 있어야 한다는 것이다. 나는 이런 소식을 들어본 적이 없다. 새로운 생명체는커녕 핵폭탄 재앙으로 각종 불치병 환자와 수많은 주검만 증가하였다.

빙하기이든지 소행성의 충돌이든지 핵폭탄이 터지든지 급작스러운 변화가 DNA를 바꾸고 염색체의 수와 모양을 정교하게 바꿀 수 없다. 급작스러운 변화에 생명체는 적응하지 못하고 멸종할 뿐이다. 갑자기 생태계가 교란되면 적응보다는 멸종이 더 쉽다는 말이다. 지금까지 생물 98%가 멸종되었다는 보고가 더 설득력이 있다. 환경이 급변하면 어떤 미생물과 특정 바이러스는 생존할 수는 있지만, 대부분 생명체는 몰살당할 것이다.

2. 생물의 수효

1) 생물의 개체 수

생물의 개체 수는 아무도 정확히 모르지만, 예를 들어가면서 개체 수를 추측해 보자. 전 지구에 사는 고래의 개체 수는 2,000마리, 원숭이 2,000마리, 정어리 10억, 소나무 1,000억, 새우 1,000억, 이름 모를 풀 1,000조, 플랑크톤 1,000조, 사람의 현재 인구를 78억이라고 추산하고, 생물종의 총 중량을 사람의 10,000배로 하고, 사람이 가지고 있는 박테리아의 수를 12조 개라고 하면 생물종 전체에 있는 박테리아의 수는 78억×10,000배×12조=1,000조 조(10^{27})이므로 천체의 수조 조(10^{24})보다 1,000배 많다. 이 수치는 가정하여 추산한 결과이므로 꼭 그렇다는 것이 아니라 수효가 매우 많다는 의미이다.

2) 500만 종의 진화

진화는 생물에 관한 것이며 생물은 물질이므로 진화는 결국 물질이 변화되는 현상이다. 물질이 존재할 때부터 모든 자연 법칙이 존재하였는바 물질이 존재할 때부터 진화와 관련된 자연 법칙이 존재했어야 한다. 진화를 주장하는 사람들은 현재 모든 생물이 진화 과정에 있다고 주장한다. 바꿔 말하면 어떤 자연 법칙이 진화를 설명하고 진화는 어떤 자연 법칙을 발견하는 현상이 되어야 한다. 지금의 생물종이 500만 종이라면 수십억 년 동안 진화는 500만 번 이상 반복적으로 발생했고 현재 상태에서 각종의 개체 수를 1,000조 조(10^{27})라고 하면 1,000조 조(10^{27}) 건의 진화가 이행(移行) 중이어야 한다.

3) 동물의 수효와 윤회 사상

석가모니 부처님의 근본 가르침, 즉 초기 불교의 핵심 내용은 수행을 통하여 고통(苦)에서 벗어나는 것이다. 탐욕(貪欲, 탐욕)과 노여움(瞋恚, 진에)과 어리석음(愚癡, 우치) 이 세 가지가 인간을 번뇌(煩惱)하게 만든다. 세 가지 독소, 탐·진·치(貪瞋癡)가 고통의 원인이다. 수행을 통하여 이를 깨닫고 속박에서 벗어난 상태를 해탈이라고 한다. 일체의 번뇌가 소멸하여 자유로운 상태를 열반이라고 한다.

윤회 사상은 5,000년 전 남인도(South India)의 토착 세력 드라비다족의 사상이다. 사람이 죽으면 끝이 아니라, 영원히 환생한다는 사상이다. 악행이 많으면 짐승으로 태어나고, 선행이 많으면 천상에 태어나고, 선악이 반반이면 사람으로 태어난다는 인도의 토착 사상이다. 그러므로 사람은 과거의 삶인 전생이 있으며 현재의 삶인 현생이 있으며 죽음 이후에도 내생이 있다는 것이다. 생명은 모습을 바꾸어가면서 계속되므로 동물은 자신의 옛 모습이거나 미래의 모습이다. 그래서 동물을 잡아먹을 수 없다. 사람과 동물의 생명을 본질에서 동일하다고 보는 것이다.

인도의 초기 불교가 중국으로 전래하면서 이 윤회 사상이 묻어서 갔다. 초기 불교와 윤회 사상이 결합하면서 사람의 본질은 생각이나 습관이고 이 본질이 죽은 후에도 사라지지 않고 환생한다는 괴상한 사상이 되어버렸다.

불교가 대한민국으로 전래하면서 전생과 윤회를 수용하였는바 고려 시대에 몽골을 물리치기 위해서 만들어진 팔만대장경에는 수행해서 해탈하는 내용뿐 아니라 전생과 윤회에 관한 내용이 혼재되어 있다. 그리고 대한민국 백성들은 불교가 전래하기 전부터 여러 신을 믿고 있었는데 불교가 전래하자 불교에 흡수되었다. 예컨대 북두칠성 신(神)을 믿고 있었는데 북두칠성 신을 모시는 칠성각(七星閣)을 사찰에 세웠다. 또, 산을 지배하는 신(神)이 산에 있다고 믿었는데 산신을 함께 봉안하는 삼성각(三聖閣)을 사찰에 세웠다. 또 불법을 보호하는 여러 신을 그려놓은 신중도(神衆圖, 귀신 무리의 그림)를 법당의 좌·우측에 봉안하였다. 지금은 보름달이 떠오르면 정화수를 떠 놓고 천지신명에게 소원 성취를 빌거나, 성난 파도를 잠재우기 위해 바다 신에게 제사하는 미신들은 많이 사라졌지만, 오히려 사찰에는 토속신앙의 잔재가 남아 있다.

요약하자면 한국불교는 석가모니 부처님의 가르침에 전생과 윤회, 토속신앙이 더해져 종교의 형태를 갖추게 된 것이다.

지금은 전생과 윤회가 마치 불교의 근본 교리인 것처럼 굳어져 버려서 많은 사람이 그렇게 믿고 있지만, 전생과 윤회는 석가모니 부처의 원래 가르침이 아니다. 토속신앙이나, 사주팔자, 관상, 부적 등은 석가모니 부처의 관심거리가 아니다. 윤회 사상은 사람의 본질은 죽어도 사라지지 않고 영원하다는 점에서는 타당한 면이 있는 것 같지만 동식물로 태어나서 반복되고 순환한다는 말은 반과학적이다.

윤회 사상을 진화론과 연관시키면 우스꽝스러운 일이 벌어진다. 사람이나 소, 돼지, 개, 고등어, 바퀴벌레, 향나무, 연꽃 등은 모두 생명체이다. 윤회 사상에 의하면 모든 생명은 불생불멸(不生不滅, 태어남과 멸망함이 없음)하여 형태만 바꾸어서 환생한다. 소나 개나 향나무나 연꽃은 모두 본질에서 사람과 같은 생명이다. 따라서 생명의 개체 수는 증가하지도 않고 감소하지도 않아야 한다. 생물 개체의 총 수효는 생멸을 떠나 항상 일정하다는 뜻이다.

그러나 진화론에서는 생물의 개체 수가 애초에 아메바 한 마리였다고 주장한다. 지금은 생물의 수효가 사람만 계산해도 78억이다.

생물의 수효는 정확히 모르지만 1,000조 조라고 가정한다면 아메바 단 한 마리가 지구촌에 존재하였을 때 1,000조 조에 이르는 생물은 어디에 있었나?

무엇이었나?

진화를 믿고 있는 중생들이 대답해야 할 것이다. 대답할 수 없으니 내가 대신하여 정답을 제시해 보겠다. 1,000조 조에 이르는 생물은 무생물이었다. 이처럼 석가모니 부처님의 가르침을 빙자하여 윤회를 주장하면

첫째, 생명의 본질이 발현되는 생물과 무생물이 동일하다는 괴변이 만들어진다.
둘째, 동물과 식물과 미생물의 생명은 본질이 다르므로 식물과 미생물은 죽여도 좋다는 괴변이 만들어진다.
셋째, 식물과 미생물도 생명이다. 윤회 때문에 살생을 금한다면 식물과 미생물을 먹지 말아야 한다.

윤회 사상과 진화론은 충돌한다. 양쪽 모두 반과학적이다. 반과학적인 종교는 사라질 것이다. 진화론은 부처님의 가르침 앞에 무릎을 꿇게 될 것이다.

3. 멸종

1) 양서류의 멸종

개구리, 두꺼비, 맹꽁이 따위를 양서류라고 한다. 어떤 환경에서 개구리가 순식간에 뱀으로 변신하였다면 그 지역에 사는 두꺼비나 맹꽁이는 모두 뱀으로 변신하거나 멸종하게 된다. 그들이 사는 환경이 동일하고 천적이 동일하기 때문이다. 만약에, 개구리가 뱀으로 변신하면 뱀은 양서류가 먹잇감이므로 두꺼비를 잡아먹을 것이다. 두꺼비도 개구리처럼 뱀으로 변신하면 뱀의 개체 수는 점점 많아지고 양서류 개체 수는 점점 줄어들 것이므로 맹꽁이는 순식간에 뱀에게 멸종하게 될 것이다. 이와 같이 양서류는

뱀(파충류)의 먹잇감이므로 파충류로 변신하든지 아니면 파충류에게 몰살당하게 된다.

지금도 양서류가 존재하는 사실을 어떻게 설명할 것인가?

마찬가지 방식으로 추론하면 파충류는 조류(새)로 변신하든지 조류에게 몰살당하게 된다. 다윈의 상상력은 과학사에 있어서 으뜸이었다.

2) 생물은 멸종되기 쉽다

환경 전문가들은 이구동성으로 지구 평균 기온이 1˚C 상승하면 생물 30%가 멸종할 것이라고 한다. 점진적인 온도 변화에도 멸종한다는 말이다. 내가 이를 역설(力說)할 필요는 없을 것이다. 일반인들은 선뜻 믿기 어렵지만 대다수 학자의 설명이다.

예컨대, 대나무는 아열대 및 열대에서 온대 지방까지 널리 서식하는 식물이다. 추운 지방에서는 살지 못한다. 대한민국의 경우 금강산 이북에서는 생존하기 어렵다. 지구의 평균 기온을 1˚C 올리면 대나무의 서식지는 북쪽으로 옮아가고 1˚C 낮추면 남쪽으로 옮아갈 것이다. 대나무는 1˚C의 차이에 반응하지만 적응하지 못하면 죽을 것이다. 사과, 명태, 파인애플, 커피, 꼬막 등도 기온이 점점 올라가면 북반구에서는 생물의 서식지가 북극 쪽으로 옮아갈 것이다. 그러나 적응하지 못하면 죽을 것이다.

평균 온도의 상승은 대기의 문제로 이어진다. 최근 이산화탄소 농도가 급증하고 있다. 이산화탄소를 바다가 흡수하여 바닷물이 탄산수가 될지도 모른다. 산성으로 바뀔 수도 있다는 말이다. 그렇게 되면 어패류는 멸종 가능성이 높아질 것이다. 자연 선택이나 진화가 옳다면 지구의 평균 기온은 아주 천천히 상승하므로 생물 30%는 1˚C 온도의 상승에 죽지 않고 적응하며 살아남아야 할 것이다. 훌륭한 생물학자들이 평균 기온 1˚C의 상승도 생태계에는 재앙이며 1˚C의 하강도 재앙이라고 주장하는바 자연 선택이나 진화를 부인하고 있는 것이다.

요약하자면, 환경의 변혁에는 몰살하고 작은 변화에도 여러 종이 멸종하기 쉽다는 뜻이다. 생명은 위대한 걸작이지만 쉽게 사라진다는 것은 서글픈 현상이다. 환경 변화가 빠르든지 느리든지 진화는 없으나 멸종은 필연적이다.

3) 멸종 생물

멸종한 동물을 인터넷에서 찾아서 모아 보았다. 여러 동물학자가 연구하여 만든 자료이므로 참고할 수 있을 것이다. 대부분 덩치가 큰 동물들이다. 덩치 큰 동물들은 아주 먼 과거에 멸종하였을 가능성이 높다. 무엇인가 많이 먹었으며 산소도 많이 소모하였을 것이다. 요즘 말로 생존 유지비가 비싼 동물들이다. 멸종 동물이 다양하다는 점을 찾아본 이유는 진화보다 멸종의 속도가 훨씬 빠르다는 것을 보여 주기 위해서이다. 인터넷에서 검색하면 이미 사라진 생물종을 여기저기서 쉽게 찾을 수 있다. 매머드, 도도새, 오타칸투스(Orthacanthus), 티타노보아, 공포새, 기간토피데쿠스, 아르젠타비스, 타이탄보아, 메갈로돈, 타이라신 등이다.

과거에 이미 멸종한 생물도 많지만 현재 멸종 위기에 처한 생물도 많다. 대한민국 인천광역시에 있는 국립생물자원관의 자료에 의하면 한국에서 멸종 위기에 처한 야생 생물의 수는 2017년 기준하여 267종이다.

1989년에는 92종이었으나 2017년에는 267종으로 증가하였다. 해마다 점점 증가하는 추세이다. 포유류는 20종인바 늑대, 대륙사슴, 반달가슴곰, 붉은박쥐, 사향노루, 산양, 수달, 스라소니, 여우, 작은관코박쥐, 표범, 호랑이, 담비, 무산쇠족제비, 물개, 물범, 삵, 큰바다사자, 토끼박쥐, 하늘다람쥐이다. 곤충류는 26종인데 그중에서 멸종 위기 1급은 6종인바 붉은점모시나방, 비단벌레, 산굴뚝나비, 상제나비, 수염풍뎅이, 장수하늘소이다. 식물은 88종인데 그중에서 육상 식물은 11종인바 광릉요강꽃, 금자란, 나도풍란, 만년콩, 비자란, 암매, 죽백란, 털복주머니란, 풍란, 한라솜다리,

한란이다. 위의 자료를 상세히 설명하지 않아도 멸종 생물은 증가하지만 진화 생물은 전혀 없다는 것을 알 수 있다.

아프리카 치타는 2020년 현재 8,000마리에 불과하다고 한다. 산고릴라는 멸종 직전에서 1,000마리로 회복되었다고 한다. 흰코뿔소는 암컷이 두 마리뿐이라고 한다.

4. 화석

1) 화석은 급조된다

화석이란 지질시대의 고생물이 죽어서 남긴 유해·인상(印象)·흔적 따위를 말한다. 생물이 남긴 유해·흔적은 퇴적 작용이 활발한 곳에서 퇴적물과 함께 묻히게 되며, 묻혀 버린 생물의 유해·흔적은 파괴되거나 분해되지 않고 보존된다. 이와 같이 자연현상을 견디며 현재까지 지층 속에 보존되어 온 생물의 유해 또는 흔적들이 화석이 되는 것이다.

화석은 생명체가 존재하였다가 죽어 오래되었다는 물증이다. 동물이 흙 속에 묻히면 살은 흙으로 쉽게 돌아가고 뼈는 오랫동안 남는다. 동물의 살은 탄수화물, 단백질, 지방으로 형성된 유기질인데 땅에는 짐승, 곤충, 미생물이 있기 때문에 보통 1년을 넘기지 못한다. 물속에서는 공기 중에 노출될 때보다 부패나 분해 속도가 느려진다. 흙 속에서는 더 느려진다.

이와 대조적으로 동물의 뼈는 칼슘, 칼륨, 마그네슘 등 무기질로 되어 있어서 잘 분해되지 않고 흙 속에서도 보통 10년 이상 오래가지만 기름진 땅에서 20년 정도 더 느리게 분해되어 사라진다. 건조한 모래 속에서는 100년 이상 오래갈 수도 있다. 온도와 습도가 가장 중요한 변수이다. 건조하고 산소가 없는 환경에서는 화석처럼 되기도 한다.

지층은 급격히 생성되었을 가능성이 높다. 어떤 생명과학 교과서에 실려 있는 내용에 따르면 지층이 30cm 쌓이는 데 5,000년 걸린다. 그런 추세라면 1cm 쌓이는 데 166년 걸린다. 1mm 쌓이는 데 16.6년 걸린다. 그런데 식물이나 동물의 살 같은 유기물은 흙이나 물속에서 10년을 못 넘기고 분해된다. 물고기는 죽으면 수면으로 떠오른다. 수면에서 살은 뜯어 먹힌다. 가라앉더라도 뜯어 먹힌다. 뼈는 가라앉을 것이다. 따라서 식물이나 동물의 살은 천천히 생성되는 화석을 만들 수 없다. 가느다란 뼈나 작은 뼈도 형태가 상세한 화석을 만들 수 없다. 식물이나 동물의 외형이 상세한 화석은 급조된 것일 가능성이 높다. 즉, 살아 있는 생물이 갑자기 묻혔을 가능성이 높다.

2) 거짓 화석

1863년 앵글로 아이리시(Anglo Irish)의 해부학자 윌리엄 킹(William King)이 사람을 닮은 뼈를 보고 네안데르탈인(Neanderthal man)이라고 부르기 시작하였다. 나중에 구루병에 걸린 소녀의 뼈로 판명되었다. 이후로 교과서에서 네안데르탈인이 사라졌다.

1891년 인도네시아 자바(Java)섬 트리닐(Trinil)에서 발견된 자바원인(Java Man)은 원숭이 뼈와 사람 뼈를 조합하여 유인원이라고 속인 거짓으로 판명되있다. 외젠 뒤부아(Eugene Dubois) 박사가 사람들을 감쪽같이 속였고 죽기 직전에 거짓이라고 고백하였다.

1912년 영국 잉글랜드 서식스(Sussex)의 필트다운(Piltdown) 하상 퇴적지에서 발견된 두개골은 인간의 두개골과 원숭이 턱뼈를 조합하고 화학 처리하여 오래된 것처럼 조작한 사기극이었다. 40년 동안 학교 교과서에 있었다.

1917년 해롤드 쿡(Harold Cook)이 콜로라도주 옆에 있는 네브래스카(Nebraska)주의 수우카운티에서 이빨 하나를 발견하였다. 이를 헨리 페어필드 오스본(Henry Fairfield Osborn)이 유인원의 이빨이라고 주장하고 남자와 여자를 상상하여 그림으로 그렸다. 나중에 이것도 돼지 이빨로 들통나고 말았다.

1974년 11월 24일 아프리카 에티오피아의 아파르 삼각지역(Afar Triangle) 아와시강에 위치한 하다르(Hadar) 마을 근처 강가에서 루시(Lucy)라는 화석을 발견하였다. 그 후 2,000년에 이르러 과학논문지인 「네이처」(Nature)와 「사이언스」(Science)에서 몸통은 원숭이 뼈를, 다리는 사람 뼈를 조합하여 만든 거짓으로 판명되었다고 밝힌 바 있다.

몇 년 전의 일이다. 수십억 년 전에 살았고 지금은 멸종하였다는 공룡의 뼈에서 유기물이 발견되었다. 유기물은 말랑말랑한 살점을 말한다. 동물의 살이 유기물이다. 뼈는 무기질이다. 유기물인 살점은 공기 중에서 10년이면 분해되고 사라진다.

공룡 화석에서 유기물이 발견되면 이를 어떻게 해석할 것인가?

공룡이 수십억 년 전에 존재했던 생물이므로 유기물이 분해되지 않고 수십억 년 되었다고 고집할 것이 분명하다. 합리적인 과학자라면 공룡이 죽은 지 얼마 안 되었다고 말할 것이다.

3) 선(Line)

선(Line)이란 조상과 여러 단계의 중간체와 후손을 연속적으로 이은 생물종의 선(線)이다. 생물종이 진화하면서 일렬로 이어지는 선(線)은 본디 없는 것이지만 진화론의 허구를 비판하기 위하여 내가 만든 용어이다. 예컨대 아메바가 진화하여 지렁이로, 지렁이가 개구리로, 개구리가 뱀으로, 뱀이 황새로, 황새가 진화하여 침팬지가 되었다면 "아메바 → 지렁이 → 개구리 → 뱀 → 황새 → 침팬지"가 침팬지선(線)이다.

4) 인간선(人間線)

인간선이란 단세포에서 인간까지 여러 중간체로 연결된 선이다. 인간선 중간체는 인간을 말단으로 하는 중간체 생물종을 지칭한다. 예컨대 악어, 황새, 오랑우탄, 침팬지를 순차적으로 사람의 조상이라고 가정하면 이들은 인간선 중간체이다. 이들의 화석은 인간선 화석이다.

5) 화석과 두개골

모든 화석과 두개골은 진화의 증거가 될 수 없는데 예를 들어서 설명하는 것이 좋을 듯하다.

첫째, 생물종이 500만 종이고 모두 진화된 결과라면 진화선(進化線)이 500만 개여야 한다. 500만 개의 진화선이 있는데도 진화론자들은 지금까지 인간선도 구성하지 못하였으며 개구리선도 구성하지 못하고 있는 실정이다. 500만 개의 선(線) 중에서 단 하나의 선이라도 구성하고 제시해야 할 것이다. 원숭이의 상체 뼈와 사람의 하체 뼈를 조합해서 유인원이라고 속이지 말고 500만 개의 선을 먼저 구성해야 한다. '진화나무'(나무처럼 그린 진화 계통도)는 너무 막연하다. 지성인의 주장이 아니라 몽상가의 작품이다.

둘째, 진화론자에 의하면 악어, 황새, 오랑우탄, 침팬지 등은 모두 인간을 말단으로 하는 중간체이고 현재까지 모두 살아 있다. 이들 생물종은 현재 살아 있으므로 살아 있는 생명체의 DNA를 비교하면서 진화를 입증해야 할 것이다.

살아 있는 유기물에서 진화의 단서를 찾지 못하면서 무기물인 화석이나 두개골에서 진화의 단서를 찾으려는 것인가?

따라서 인간선 화석이나 두개골을 찾아 이곳저곳의 지층을 조사할 필요가 없다. 발견해도 의미가 없다.

셋째, 염색체와 DNA를 발견한 이래 공통 조상을 특정하여 상정하는 것은 불가능하다는 사실을 학자들도 잘 알고 있을 것이다. 사람의 공통 조상 X(엑스)를 특정하지도 못한 상태에서 화석이나 두개골을 찾아 헤매는 모습이 심히 안타깝다.

넷째, 곰팡이, 버섯, 향나무, 코끼리, 하마, 공룡 등등 무수히 많은 생물이 인간선 중간체가 아니라면 이들의 화석이나 두개골은 결코 사람의 조상이 될 수 없다. 이들 화석은 아메바가 사람으로 진화하였다는 것을 증명하는 근거가 될 수 없다. 따라서 엉뚱한 화석이나 두개골을 찾아 여기저기 지층을 조사할 필요가 없다.

요약하자면 살아 있는 인간선(人間線)에서 진화의 증거를 차지 못하면서 말라비틀어진 화석이나 두개골 등 무기물에서 진화의 증거를 찾는 것은 부질없는 짓이라는 것이다.

6) 연대측정 방법

대기 중에 질소14가 있다. 질소는 양성자의 수가 7개이고 중성자의 수가 7개이다. 양성자의 수와 중성자의 수를 더하면 14가 된다. 양성자의 수 7에 따라서 질소라고 부르고 7을 좌측 하단에 부기하고 14를 좌측 상단에 부기($^{14}_{7}N$)한다. 질소14는 대기 중에서 안정적인 원소이다.

대기 중에 탄소12가 있다. 탄소는 양성자의 수가 6개이고 중성자의 수가 6개이다. 양성자의 수와 중성자의 수를 더하면 12가 된다. 양성자의 수 6에 따라서 탄소라고 부르고 6과 12를 좌측에 부기($^{12}_{6}C$)한다. 대기 중에서 안정적인 원소이다. 표로 정리하면 아래와 같다.

원소 이름	양성자의 수	중성자의 수	표기
질소14	7	7	$^{14}_{7}N$
탄소12	6	6	$^{12}_{6}C$
탄소14	6	8	$^{14}_{7}C$

< 원소 >

    그런데 태양에서 날아온 우주선(宇宙線)이 질소14와 부딪히면 하나의 양성자가 중성자로 바뀐다. 양성자가 하나 감소하고 중성자가 하나 증가한다. 양성자는 6개, 중성자가 8개로 되고 서로 더하면 14가 된다.

    원소의 이름은 양성자의 수를 따르므로 탄소라 부르고 탄소14로 표기한다($^{14}_{6}C$). 탄소14는 매우 불안정하며 탄소12의 동위원소라고 한다. 대기 중에서 불안정한 탄소14와 안정한 탄소12의 비율은 1:1조이다. 안정한 탄소12가 대부분이고 불안정한 탄소14는 농도가 아주 낮다는 뜻이다. 탄소(C)는 대기 중에서 산소(O_2)와 결합한 이산화탄소(CO_2)의 형태로 존재한다.

    식물이 광합성 작용을 할 때 이산화탄소를 받아들인다. 식물 안에 탄소가 존재하게 되는데 탄소14와 탄소12가 1:1조의 비율로 공존하게 된다. 동물이 식물을 섭취하면 탄소는 동물의 몸속으로 들어간다. 동물 안에 탄소가 존재하게 되는데 탄소14와 탄소12가 1:1조의 비율로 공존하게 된다.

    살아 있는 동물은 식물을 끊임없이 먹으므로 몸속 탄소의 비율은 일정하게 유지된다. 그런데 동물이 죽으면 탄소를 섭취하지 못하게 된다. 안정한 탄소12는 그대로 몸속에 있지만 불안정한 탄소14는 원래의 모습 질소14로 되돌아간다. 탄소14의 양이 50% 줄어드는 기간을 반감기라고 한다. 탄소14의 반감기는 약 6,000년이다. 따라서 오래된 동물의 뼛속에 남아 있는 탄소14와 탄소12의 비율을 측정하면 경과 기간을 알 수 있다.

    뼛속의 탄소14와 탄소12의 비율이 1:1조이면 죽은 지 0년 된 뼈이다. 비율이 1:2조이면 죽은 지 6,000년 된 뼈이다. 비율이 1:4조이면 죽은 지

12,000년 된 뼈이다. 이를 표로 만들어보자.

Radiocarbon dating			
Amount of ^{14}C [ea]	Amount of ^{12}C [ea]	Ratio [^{14}C / ^{12}C]	Elapsed Time [Year]
1,024	$1,024 \times 10^{12}$	$1/(1 \times 10^{12})$	0
512	$1,024 \times 10^{12}$	$1/(2 \times 10^{12})$	6,000
256	$1,024 \times 10^{12}$	$1/(4 \times 10^{12})$	12,000
128	$1,024 \times 10^{12}$	$1/(8 \times 10^{12})$	18,000
64	$1,024 \times 10^{12}$	$1/(16 \times 10^{12})$	24,000
32	$1,024 \times 10^{12}$	$1/(32 \times 10^{12})$	30,000
16	$1,024 \times 10^{12}$	$1/(64 \times 10^{12})$	36,000
8	$1,024 \times 10^{12}$	$1/(128 \times 10^{12})$	42,000
4	$1,024 \times 10^{12}$	$1/(256 \times 10^{12})$	48,000
2	$1,024 \times 10^{12}$	$1/(512 \times 10^{12})$	54,000
1	$1,024 \times 10^{12}$	$1/(1,024 \times 10^{12})$	60,000

< 연대 계산 >

이처럼 방사선 동위원소 탄소14와 탄소12의 비율로 화석의 경과 연수를 측정하면 화석의 나이를 알 수 있다. 그러나 화석이 오래될수록 탄소14의 농도가 점점 희박해지므로 60,000년 이상의 연대 측정은 곤란하다. 시료의 크기가 크거나 측정 시간을 길게 하면 최대 75,000년까지도 가능하다. 탄소 동위원소 측정법은 물리학자 윌러드 프랭크 리비(Willard Frank Libby)가 1949년에 개발했다.

이와 같이 탄소14를 이용한 방사성 탄소 연대 측정법(放射性炭素年代測定法, Radiocarbon dating)은 위에서 밝힌 바와 같이 동물 뼛속에 들어 있던 탄소14가 점점 사라지면 측정이 곤란해지므로 6만 년까지만 가능하다. 이런 이유로 동물의 두개골을 발견하여 나이가 60만 년 되었다면 아무도 믿지 않을 것이다. 동물의 갈비뼈를 보고 600만 년이나 6,000만 년 되었다고 주장한다면 삼척동자도 웃을 일이다. 따라서 새롭게 발견된 뼈를 분석하면서 6억 년 전의 공룡의 뼈라고 주장하면 억지이다.

제6장

공통 조상

공통 조상(共通祖上)은 하나의 종에서 여러 종으로 분화될 때 여러 종의 조상을 지칭한다. 진화론자들은 지구상에 있는 모든 생물의 공통 조상은 단세포인 아메바이고 아메바에서부터 모든 동물, 식물이 분화되었다고 주장한다. 이들에 따르면 소나무의 조상도 아메바이고, 코스모스의 조상도 아메바이고, 침팬지의 조상도 아메바이고, 사람의 조상도 아메바이다. DNA 발견 이후에는 DNA 염기서열의 유사성에 근거하여 공통 조상을 상정한다. 공통 조상의 개념은 그럴듯한 논리 체계를 가지고 있는 것처럼 보이지만 조금만 생각해보면 자의(恣意)적으로 해석한 결과이다.

1. 생물의 공통점

1) 애초의 생명

진화론자들은 최초의 공통 조상을 상정(想定)한다. 애초의 공통 조상을 루카(LUCA, The Last Universal Common Ancestor)라고 가정하여 부른다. 루카는 모든 생물의 공통 조상이다. 루카가 분화되어 모든 생명체가 되었다. 시원세포가 반복적인 자가 분열로 루카가 되었다고 주장한다.

2) 생명의 기원

생물종은 세포에서부터 분열하고 복제되고 성장하여 성체가 된다. 성체는 수분이나 수정으로 세포를 발생시킨다. 부인할 수 없는 순환 원리이다. 생물학자들을 비롯하여 거의 모든 사람이 순환 고리를 끊고 직선으로 펼친 다음에 세포를 생명의 시작점으로 보고 있다. 세포를 생명의 기원으로 찰떡같이 믿고 있으니 생명의 기원을 찾을 수 없을 것이다. 세포는 생명의 기원이 아니라 생명체의 가장 작은 단위이다. 물질을 쪼개도 물질이고 모아도 물질이다. 생명의 기원은 아무도 모르는 일이다.

3) 유사한 형태

겉모양이 아주 비슷한 생물종이 많다. 일반인의 눈에는 거의 동일하게 보인다. 광어(넙치)와 도다리는 겉모습이 아주 비슷하다. 광어는 잡식 동물이라서 이빨이 있고 도다리는 풀만 먹고 살기 때문에 이빨이 없다.

올빼미와 부엉이도 외형이 비슷하다. 구분하는 법이 분명하지 않다. 영어로는 모두 오울(owl)이라고 부른다. 머리에 귀처럼 보이는 깃이 있으면 부엉이이고 귀깃(ear tuft)이 없으면 올빼미라고 하지만 꼭 그런 것은 아니다.

담비와 족제비도 모양새가 비슷하다. 담비는 털이 부드러워 모피로 사용할 수 있다. 반려 동물로 키우는 것도 가능하다. 족제비는 예쁘고 깜찍하게 보이지만 매우 포악한 동물이다. 쥐나 닭, 토끼를 잡아먹고 사람도 공격한다.

그러나 형태가 유사해도 유의해야 할 사항이 있다. 외형이 유사하다 해도 동일한 종이 아닐 수도 있다. 염색체의 수와 모양이 서로 다르다면 동종이 아니다. 동종이 아니면 교배해도 후손으로 대물림되지 않는다.

4) 사람과 박쥐의 공통 조상

사람의 손은 5가락이다. 박쥐의 날개 뼈도 5가락이다. 바다사자의 앞다리도 뼈도 5가락이다. 침팬지의 앞다리 뼈도 5가락이다. 잣나무의 잎은 5가닥이다. 척추 동물의 앞다리는 형태와 기능이 다르지만 해부학적으로 구조가 유사하다. 진화론자들은 이런 식으로 상동 기관에서 공통 조상을 상정하면서 신대륙을 발견한 것처럼 열광하고 흥분한다. 일견(一見) 바른 추론으로 보이지만 엉터리 이론이라는 것을 쉽게 지적할 수 있다.

첫째, 5가락 공통 조상의 5가락은 어디로부터 유래되었는가?
아메바를 조상으로 지적할 것이 뻔하다.
아메바는 5가락이 없지 않은가?
둘째, 공통 조상의 후손은 출현 시기가 같아야 한다.
사람과 잣나무의 출현 시기는 같은가?
셋째, 사람의 특이점은 예나 지금이나 동일하게 옷을 입고 있는 것인데, 어떤 동물이 옷을 입고 있는가?
모든 동물은 사람을 제외하고 옷을 입지 않으므로 동물은 사람의 조상이 될 수 없다.
넷째, 해부학적인 구조보다 공통 유전자를 보고 공통 조상을 찾는 것이 더 흥미로운 일일 것이다.

5) 사람과 침팬지의 공통 조상

모든 포유류 동물은 비타민 C를 체내에서 생산하는데 유독 사람(human being)과 침팬지(chimpanzee)만 생산하지 못한다. 따라서 사람과 침팬지 위 선에는 공통 조상(common ancestor)이 있을 것이라고 한다. 한마디로 줄이자면 종이 다르더라도 동일 유전자가 있으면 동일 유전자를 가진 공통 조상이 있을 것이라는 주장이다. 마찬가지로 특정 유전자가 없으면 특정 유전자가 없는 공통 조상이 있을 것이라는 주장이다. 공통 조상을 아래에 그림으로 나타냈다.

O : 비타민C를 생성하는 유전자가 있는 생명체
X : 비타민C를 생성하는 유전자가 없는 생명체

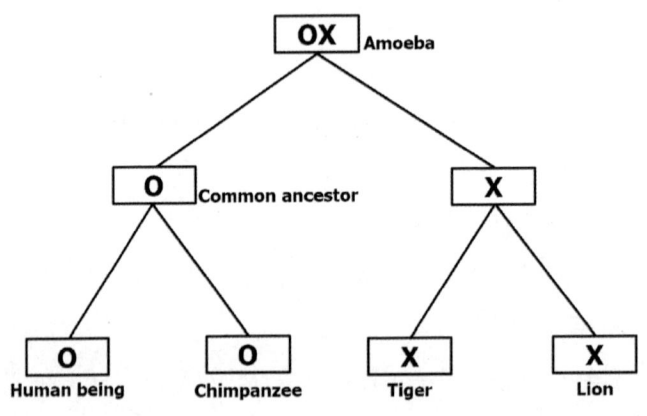

< 공통 조상 >

사람(human being)과 침팬지(chimpanzee)에 비타민C를 생성하는 유전자가 없으면 비타민C를 생성하지 못하는 공통 조상(common ancestor)이 있을 것이라고 주장하는 것이다. 위로 거슬러 올라가면 애초의 조상은 비타민C를 생성하는 유전자가 없었다는 말이다. 참으로 한심한 주장을 하고 있다. 그들은 무슨 소리를 하고 있는지 모르고 있다. 비타민C를 생성하지 못하는 동물들 애초의 조상은 비타민C를 생성하는 유전자를 가지고 있지 않았다는 주장이 된다.

마찬가지로 비타민C를 생성하는 호랑이(tiger)와 사자(lion)의 공통 조상은 비타민C를 생성하는 유전자를 가지고 있다는 주장이 된다. 진화론자들은 모든 생물은 단세포 하나에서 진화되었다고 주장하므로 최초의 단세포 아메바는 사람과 침팬지의 조상이므로 비타민C를 생성하는 유전자가 없어야 한다. 동시에 아메바는 호랑이와 사자의 조상이 되므로 비타민C를 생성하는 유전자가 있어야 한다.

진화란 원래 없었고 공통 조상도 없었기 때문에 이런 모순이 발생한 것이다. 공통 유전자를 가진 공통 조상을 운운(云云)하면서 진화론을 주장하는 사람들은 스스로 무슨 말을 하고 있는지 모르고 부끄러운 줄도 모른다. 공통 유전자에 대한 몰이해(沒理解)에서 이런 엉뚱한 주장이 나오게 된 것이다.

다른 측면에서도 검토해야 할 것이다. 말을 바꾸어서 이제는 애초의 조상은 하나가 아니고 둘이라고 주장한다. 비타민C를 생성하는 조상과 생성하지 못하는 조상이 따로따로 있었다는 주장이 되고 만다. 즉, 애초의 조상이 단세포 아메바 하나였다고 주장하더니 이제는 애초에 조상이 둘이었다는 주장을 스스럼없이 하고 있는 것이다. 진화론자들은 멘델의 유전 법칙을 빌려 진화를 주장하고 있다. 진화는 틀리고 멘델의 유전 법칙이 맞는다는 방증이다. 애초의 조상이 비타민C를 생성하는 유전자가 없으면 후손도 없고, 있으면 있게 된다는 것이 멘델의 유전 법칙이다.

6) 공작과 황새의 공통 조상

다른 동물의 예를 들어보아도 마찬가지이다. 예컨대 공작과 황새이다. 양쪽 발을 자세히 보면 발가락은 8개이다. 발가락 사이에 물갈퀴는 없다.

진화론자들은 공작과 황새의 발가락은 8개이므로 발가락이 8개인 공통 조상이 있을 것이라는 주장을 하고 있다. 이들의 공통 조상과 그 위의 조상은 역시 발가락이 8개여야 한다. 이와 같이 애초의 조상은 발가락이 8개여야 한다. 이런 식으로 생각하면 발가락이 8개인 조상이 따로 있으며 발가락이 10개인 조상이 따로 있게 된다. 물론 물갈퀴가 있는 조상도 따로 있어야 한다. 결국, 형질이 각각 다르면 다른 종류대로 애초의 조상이 따로따로 있게 된다는 주장이다. 진화론자들은 멘델의 유전 법칙이 맞다고 강력하게 주장하고 있는 것이다.

< 공작 >

< 홍부리황새 >

7) 나팔꽃과 메꽃의 공통 조상

식물도 마찬가지이다. 나팔꽃과 메꽃의 꽃잎은 하나이다. 피튜니아의 꽃잎과 고구마의 꽃잎도 마찬가지이다. 얼핏 다섯 개처럼 보이지만 자세히 관찰하면 하나이다. 이런 꽃잎을 통꽃이라고 부른다.

< 나팔꽃 >

< 메꽃 >

< 피튜니아 >

진화론자들은 나팔꽃, 메꽃, 피튜니아, 고구마꽃은 통꽃이므로 통꽃을 가진 공통된 조상이 있을 것이라는 주장을 하고 있다. 이들의 공통 조상과 그 위의 조상은 역시 통꽃이어야 한다. 이와 같이 애초의 조상은 통꽃이어야 한다는 것이다. 이런 식으로 생각하면 통꽃 조상이 따로 있으며 꽃잎이 8개인 조상이 따로 있게 된다. 물론 꽃잎의 수에 따라서 조상도 따로따로 있어야 한다. 결국, 어떤 형질이 다르면 다른 종류대로 애초의 조상이 따로따로 있게 된다는 주장이다. 진화론자들은 멘델의 유전 법칙을 빌려서 진화를 주장하고 있다.

이와 같이 특정 유전자를 보고 공통 조상을 상정하면 단세포 아메바로 귀결될 것이라고 상상하지만 오히려 수없이 많은 조상으로 귀결된다. 즉, 동물은 수많은 종류대로, 식물도 수많은 종류대로, 미생물도 수많은 종류대로 애초의 조상이 각각 있었다는 것으로 귀결된다. 애초의 조상이 단세포 아메바 하나가 아니고 현재의 종만큼 무수히 많게 된다. 진화론자 스스로 이 전제된 진화 이론을 부인하고 있으니 인간의 어리석은 실존을 나팔꽃이 보고 웃을 일이다.

8) 척추 동물의 공통 조상

에른스트 헤켈(Ernst Haeckel, 1834-1919년)의 진화에 대한 재연설에 의하면 척추 동물들의 배아는 서로 매우 흡사하다고 하면서 척추 동물의 공통 조상이 있다고 주장한다. 그렇다면 척추가 없는 지렁이 등 무척추 동물의 조상이 따로 있다는 주장이 된다. 결국, 조상이 하나가 아니라 척추의 유무에 따라 조상이 둘이라는 것이다. 척추 동물 조상이 따로 있고 무척추 동물의 조상이 따로 있다는 주장을 하는 셈이다. 생명의 기원은 단세포 아메바 하나가 아니라는 주장이다. 공통 조상을 주장하면서 다수의 공통 조상을 상정하고 있는 것이다. 헤켈도 자신의 논리적 사고(思考)에 하자가 있는 것을 몰랐다.

9) 전기뱀장어의 공통 조상

다윈은 『종의 기원』 제6장 학설의 난점, 제5절에서 다윈은 다음과 같이 주장한다.

> 발전 기관(發電器官)을 가지고 있는 어종이 있다. 10여 종에 불과하다. 전기뱀장어나 전기메기 같은 물고기이다. 자신의 몸에서 전기를 발생시켜서 자신을 방어하거나 먹이를 취하는 데 사용할 것으로 보지만 정확한 기능이나 용도를 잘 모른다. 잘 모른다고 하여 점진적인 변이 또는 변화 과정 없이 발전 기관이 생겨났다고 주장하는 것은 참으로 대담한 일이다.

다윈에 의하면 발전 기능이 어느 조상으로부터 점진적으로 변화 과정을 거치면서 유전되었는바 전기뱀장어와 전기메기의 공통 조상으로부터 유전된 것으로 생각한다. 진화론의 원조 다윈부터 공통 조상 함정에 빠져버렸다.

10) 조상 다수설

최근에는 애초의 조상이 하나가 아니고 여럿이라는 주장이 대두되고 있다. 진화론자들은 이말 저말 입에서 나오는 대로 아무렇게나 주장한다. 애초에 하나의 단세포에서 시작하였다는 진화론자에 비하면 조금 합리적이다. 예컨대 유기물이 1,000종의 시원세포가 되었다는 주장이다. 시원세포 1,000종이 애초의 조상이고 이 조상들로부터 다양한 동물과 식물로 나누어졌다는 조상 다수설(祖上多數說)이다. 그러나 여러 생물종이 변신하여 지금의 다양한 생물종이 되었다는 주장이므로 다윈이 주창한 진화론과 별반 다르지 않다.

무기물이 유기물로 되는 과정에 대한 설명은 실험실에서 가능하지만 유기물이 생명체인 최초의 아메바 같은 단세포가 되는 실험은 아직 불가능하다. 생명의 기원은 아직도 모른다. 해저 열수구(熱水口, hydrothermal vent)에서 발생했다는 설이 있고 외계의 운석에서 왔다는 설도 있지만 이들 모두 가짜 이론이다. 가짜 이론은 몇 가지만 지적해도 허구로 드러난다.

첫째, 애초의 조상은 하나라고 부득부득 우겼는데 이를 부인해야 하는 부담이 따른다.
둘째, 아메바 하나도 출현 과정을 상세히 모르는데 많은 조상의 출현 과정을 알아내야 한다.
다양한 조상의 출현 시기와 장소는 각각 어디인가?
생명의 기원이 둘이라면 더 이상하다.
셋째, 조상이 다르면 공통점이 없어야 할 것 같은데 모든 생명체가 공통적으로 세포와 DNA를 가지고 있는 이유는 어떻게 설명할 것인가?

이와 같이 애초의 조상이 하나가 아니고 다수라는 조상 다수설도 실체가 없는 허구이기는 마찬가지이다. 고삐 풀린 상상력은 허구를 실체로 만드는 필요한 조건이며 충분한 조건이다.

2. 생물의 특이점

1) 특이점

500만에 이르는 생물종은 서로 공통점을 가지고 있으면서 동시에 각각 특이점을 가지고 있다.
살모사와 독사는 열을 감지하는 센서(sensor)를 가지고 있어서 27°C 이상의 온도를 가진 새, 영양, 쥐 같은 먹잇감을 1.5m 이내에서 감지할 수 있다. 먹잇감의 체온을 감시하므로 야간에도 공격이 가능하다. 대부분의 포유류 체온은 사람의 체온 36.5°C보다 조금 낮다.

고양이와 쥐는 뿔이 없다. 수사슴과 수노루는 뿔이 있다. 코끼리의 코는 자신의 앞다리의 길이만큼 길다. 주걱철갑상어는 이마가 아주 많이 앞으로 튀어나와 있다. 히말라야 산맥 고지대에서 사는 '깡충거미'는 눈이 6개이고, '게거미'(Crab spider)는 눈이 8개이다.

'회색곰'(Grizzly Bear)은 1.6km에서도 먹잇감의 냄새를 맡는다. 먹잇감으로 풀이나 새끼사슴, 연어, 새끼들소, 순록 등 동물의 사체를 먹는다.

2) 하마의 특징

하마는 초식 동물이다. 덩치가 크다면 보통 초식 동물이다. 하마는 큰 몸집에 비해 꼬리는 아주 작다. 배설물을 배출하면서 꼬리를 좌우로 흔들면서 흩뿌린다. 자신이 강한 지배자라고 선포하는 행동이다. 하마는 낮에 육상에 있으면 탈수 현상이 쉽게 일어나고 피부가 마른다. 그렇기 때문에 낮에는 주로 물속에 있어야 한다. 밤에는 육지에서 풀을 뜯어 먹는다. 하마의 특이한 점이다. 하마는 여타의 동물들과 비교하여 공통점도 있지만 특이한 점을 기초하여 살펴보면 하마의 조상은 하마의 특징을 가져야 하기 때문에 하마의 조상은 하마 자신이다.

3) 코뿔소의 특징

코뿔소는 뿔이 하나 또는 둘인데 좌우로 배열되지 않고 머리의 상부에 전후(前後)로 배열되어 있다.

코뿔소처럼 뿔이 좌우 대칭이 아닌 동물의 조상은 무엇인가?

코뿔소의 조상은 자연스럽게 코뿔소 자신이다. 이와 같이 모든 생물종은 서로 공통점을 가지고 있고 동시에 각각 특이점을 가지고 있다. 공통점에서 공통 조상을 상정해도 조상은 따로따로 있어야 하며 특이점에서 조상을 상정해도 조상은 각각 따로따로 있어야 한다.

4) 사람의 특이점

사람도 다른 동물과 비교하여 공통점이 있으며 동시에 특이점이 있으므로 사람의 조상은 사람이다. 사람과 여느 동물의 공통점은 무수히 많다. 사람은 사지와 오장육부, 눈(眼), 귀(耳), 코(鼻), 입(舌), 몸(身), 머리(意) 등을 가지고 있다. 사람의 신체적인 특이점으로는 직립 보행을 하며 눈에 흰자를 가지고 있다. 사람의 공통 조상이 있다면 신체적인 측면에서 그는 직립보행을 해야 하며 눈의 흰자가 보여야 한다. 지적인 측면에서 그는 도구를 사용하며 불을 이용해야 할 것이다. 정신적인 측면에서 그는 지혜와 양심이 있어야 하므로 수치심을 느끼고 옷을 지어서 입으며 무덤을 만들어야 할 것이다.

3. 공통 조상의 허구

1) 공통점의 오류

각 생물의 공통점에 착안하여도 공통 조상은 없고 모든 생물종 자신이 각각 조상이다. 동시에 특이점에 착안하면 각각의 특이점을 가진 생물종 자신이 각각 조상이다. 그러므로 공통점이나 특이점이나 무엇을 기초로 하든지 공통 조상은 실체가 없는 허구이며 생물종 자신이 각각 조상이다.

모든 생명체의 조상은 단세포 하나가 아니다. 식물도 종류대로, 동물도 종류대로, 미생물도 종류대로 각각 조상을 가지고 있었다. 진화론자들도 이런 과학적 사실을 모르는 것이 아닐 것이다. 종의 변신은 불가능하다는 것을 누구보다 더 잘 알고 있을 것이다. 만물만상의 기적을 과학적으로 해석할 수 없기 때문에 허구를 과학적 사실로 포장하여 믿고 있는 것이다.

2) 유전 형질과 획득 형질

'조상 때문에' 가지고 있는 생물의 특징은 유전 형질이다. '나 때문에' 가지고 있는 생물의 특징은 획득 형질이다. 출생 시에 부모로부터 겉모양, 내부 기관의 구조, 밖으로 나타나는 기능을 이어받는다. 밖으로 보이는 외모나 신체 기관이나 보고 듣고 먹고 마시고 숨 쉬는 기능은 부모로부터 받는다. 선천적인 것들을 말한다. 출생 후 늦게 나타나는 능력이나 질병도 유전 형질이다. 고혈압 당뇨병 같은 유전병은 출생 후 오랜 시간이 지난 후에 나타날 수도 있다. 죽음도 출생 후 오랜 시간이 지난 후에 나타나는 유전병의 일종이다. 면역이 약해서 발생하는 질병도 죽음의 사촌이므로 유전의 결과이다.

순환 논리로 이해하면 더 쉽다. 생물 특징의 원인이 조상에게 있다면 유전 형질이다. 반면에 출생 후에 자신의 노력으로 얻은 향상된 구조나 기능, 습관을 획득 형질이라고 한다. 외국어 능력, 수영 능력, 등산 습관, 멋진 근육, 신체의 일부 절단, 예방접종으로 얻은 면역 기능 등 후천적으로 얻은 것들을 말한다.

3) 획득 형질의 예시

다윈은 획득 형질이 자녀에게 유전된다고 주장하였다. 술(알코올)을 한두 잔만 마셔도 얼굴이 빨개지는 사람이 있다. 선천적으로 알코올 분해 효소(아세트알데하이드)가 결핍된 사람이다. 유전되기 때문에 술을 자주 마셔도 익숙해지지 않는다.

우유를 조금만 마셔도 배가 부글부글 끓고 탈이 나는 사람들이 있다. 우유를 소화시키는 효소(락타아제)가 없기 때문이다. 젖먹이는 모두 락타아제를 만들 수 있는 유전자를 가지고 태어나지만 어른이 되기까지 우유를 계속 먹지 않게 되면 소화효소를 만드는 유전자의 활동이 멈추게 된다. 어른이 되어 우유를 다시 마시면 일부 사람들에게만 소화효소가 나오게 된다. 그러므로 우유를 잘 마시는 사람은 번성하고 우유를 잘 못 마시는 사람은 멸종할 것이라는 주장은 터무니없는 주장이다. 다시 말하자면, 아기들은 모두 락타아제를 만들 수 있는 유전자를 가지고 태어나기 때문이다.

자전거를 예로 들면 더 간단하다. 부모가 자전거를 잘 탔기 때문에 자녀도 잘 타는 것으로 착각하기 쉽다. 그러나 조금만 유의하면 진실에 접근할 수 있다. 부모의 탁월한 운동 신경이나 신체 기능은 유전되어서 자녀의 연습 시간이 적을 수는 있겠으나 부모가 가지고 있는 완벽한 능력이나 습관은 유전되지 않는다. 모든 사람은 자전거를 연습해야 잘 타게 된다. 외형이나 구조, 기능은 유전되나 완벽한 능력이나 습관은 유전되지 않는다는 것이다. 완벽한 능력이나 습관은 유전되지 않고 후대에서는 바람과 함께 사라져 버린다. 다윈은 일상에서도 사람의 능력이나 습관을 관찰하고 분석하는 능력이 부족하였다.

4) 지난(至難) 기록

장기간의 변이기록 없이 외형의 유사점 또는 동일한 점을 눈으로만 보고 공통 조상과 변이와 유전을 단정한 것은 너무 성급한 일이었다. 다윈이 지난(至難)한 작업이지만 획득 형질을 잘 관찰하고 기록해 두었더라면 150여 년이 지난 지금은 단 한 건이라도 획득 형질이 유전되었다는 것을 쉽게 증명할 수 있을 것이다. 수천만 건의 획득 형질이 그 당시에도 있었으니 말이다. 진화론자들은 지금이라도 늦지 않았다. 획득 형질을 관찰하고 꼼꼼히 기록하여 두면 길게 잡아도 30년이면 유전 여부를 알 수 있다. 30년만 흐르면 수천만 건의 획득 형질이 유전되는 과정이 증명될 것이고 획득 형질이 누적되어 후손에게 유전된다는 진화론은 위대한 자연 법칙으로 우뚝 설 것이다.

5) 획득 형질과 공통 조상

획득 형질과 공통 조상은 상반된다. 다윈에게 있어서 획득 형질은 조상에게 없던 구조나 기관, 기능 등이 생기고 후손에게 유전된다는 형질이다. 후대로 갈수록 변이가 점진적으로 누적되는바 후대로 갈수록 새로운 유전자가 증가한다는 말이다.

이와 대조적으로 공통 조상은 두 종의 구조나 기관, 기능을 공통적으로 가진 조상을 지칭한다. 이는 조상으로 거슬러 올라가거나 후손으로 내려가거나 유전자가 보존된다는 말이다. 다윈은 자신도 이해하지 못한 말을 하였다. 획득 형질처럼 세대를 거듭할수록 유전 정보가 증가된다는 주장을 하면서 동시에 공통 조상처럼 유전 정보가 보존된다고 주장한 것이다. 전자 현미경으로 DNA를 관찰하지 못하였기 때문에 이런 엉뚱한 말을 한 것이다.

제7장

자연 선택

　자연 선택이란 생명체가 강자나 자연 환경으로부터 살아남기 위하여 자신의 형상, 능력, 크기, 색상 등을 선택한다는 이론이다. 다양한 개체 중에서 생존에 유리한 개체는 살아남고 불리한 개체는 점점 사라진다는 의미이다. 달리 말하면 모든 생물종은 우발적으로 생존에 유리한 형질을 자연스럽게 선택(Natural selection)한 결과 생존에 유리한 종은 왕성하게 번식하지만 불리한 종은 번식 속도가 떨어져서 결국 멸종한다는 것이다.
　과연 그러할까?
　자연 선택의 실체가 없다면 현상도 없을 것이다.

1. 기관의 발생

1) 검은색 나방의 자연 선택

　예를 들면, 검은색 나방은 공장의 검은색 매연에 잘 보이지 않아서 천적으로부터 살아남게 되고, 흰색 나방은 눈에 띄어 쉽게 잡아먹혀서 멸종한다는 이론이 자연 선택 이론이다. 자연 선택 이론이 맞는다면 흰색 나방은 멸종하고 보이지 않아야 한다.

그런데 흰색 나방이 지구촌 곳곳에 지금도 살아 있지 않은가?

2) 자연 선택

검은색 나방이 천적으로부터 살아남게 된다는 사상에서 자연 선택이라는 용어에도 문제가 있다. 이 용어의 의미는 자연이 주체가 되어서 검은색 나방을 선택하였다는 말이 아니다. 검은색 나방이 자신에게 유리한 형질을 선택하였다는 말도 아니다. 천적으로부터 흰색 나방이 선택되었다는 말도 아니다.

자연 선택이란 원래부터 없는 실체이기에 어떤 문장도 성립되지 않는다. 아래 문장은 모두 실체가 없는 허구를 묘사한 명제이다.

- 자연이 검은색 나방을 선택하였다. 자연은 의지가 없으므로 이 명제는 거짓이다. 이 명제가 참이라면 자연은 지금도 의지적으로 유리한 형질을 선택하였어야 한다. 자연이 선택하는 주체라면 흰색 나방도 자연이므로 의지적으로 매연이 없는 곳으로 피할 것이 틀림없다.
- 검은색 나방이 자연스럽게 검은색을 선택하여 살아남게 되었다. 흰색 나방이 현재 살아 있으므로 이 명제는 거짓이다.
- 검은색 나방이 자연스럽게 선택하였다. 목적어가 없어서 이 명제는 거짓이다.

   검은색 나방이 무엇을 선택하였나?

   생존에 유리한 검은색을 그대로 가지고 있었을 뿐, 무엇을 선택한 것이 아니다.
- 천적이 검은색 나방을 자연 선택하였다. 이 명제는 전도되어서 거짓이다. 천적이 검은색 나방을 살려주게 되므로 전도된 문장이다.

위와 같이 자연 선택이라는 용어도 의미가 모호하다. 이 장에서는 자연 선택을 가정하여 동물, 식물, 사람의 자연 선택을 제시하고 자연 선택이란 애초부터 없는 현상이며 자연 선택과 우연에 기초한 진화론은 허구임을 드러낸다.

3) 열악한 환경

환경이 예나 지금이나 일정하였다고 가정하면 적합한 환경 때문에 진화는 없었으므로 예컨대 개구리(양서류)가 뱀(파충류)으로, 뱀이 돼지(포유류)로 진화할 이유가 없다. 지금 돼지가 사는 환경은 개구리와 뱀과 돼지에게도 좋은 환경이다. 환경이 예나 지금이나 동일하다고 가정하면 지금은 뱀과 돼지가 없고 개구리만 살고 있어야 한다.

다른 가정도 할 수 있다. 과거의 환경이 열악해서 개구리가 변형되어 뱀이 되었고 뱀이 살던 환경이 열악하여 돼지로 변형되었다면 지금의 환경은 돼지에게만 유리하고, 개구리와 뱀에게는 불리한 환경이다. 따라서 개구리와 뱀은 멸종해야 하며 환경 때문에 자연 선택으로 진화하였다는 주장은 거짓이다.

진화를 주장하는 사람들의 반론도 있을 것 같다. 그들의 상상력을 대신하여 내가 동화를 써보겠다.

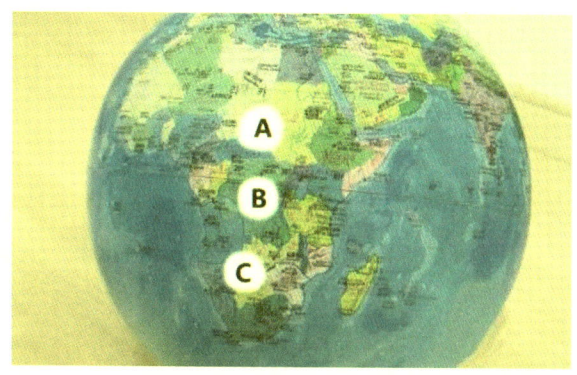

< 지구 >

어떤 A 지역에 개구리가 살고 있었는데 환경이 열악해졌다. 대부분의 개구리는 환경이 좋은 B 지역으로 옮겨갔다. 이주를 거부한 일부 개구리는 A 지역에서 뱀으로 진화하기로 하고 실행에 옮겼다. A 지역의 환경이 더 열악해져서 대부분의 뱀은 C 지역으로 이주하였다. 이주를 반대한 일부 뱀은 A 지역에서 돼지로 변형되기로 하고 돼지가 되었다. 그래서 A 지역에는 돼지가 살고 있으며, B 지역에는 개구리가 살고 있으며, C 지역에는 뱀이 살고 있다.

진화론자들이 이런 식으로 환경 때문에 자연 선택으로 진화한다고 상상한다면 이런 상상력은 망상일 뿐이다. 한 지역에 지금도 돼지와 뱀과 개구리가 함께 살고 있기 때문이다. 한 지역에 여러 종이 살고 있다면 여러 종은 서로의 조상이나 후손이 될 수 없다. 환경 때문에 자연 선택으로 진화한다는 주장은 허구이다.

4) 사람 눈

사람의 눈은 아주 정교하다. 형상과 원근, 명암을 느낄 수 있다. 색상은 1만 7,000가지를 구별할 수 있다고 한다. 물체 표면이 거칠고 매끄러운 정도를 한 번에 알아차릴 수 있으며, 물체의 겉모양을 보고 딱딱한 나무껍질인지 부드러운 꽃잎인지 질감까지도 알아차릴 수 있다. 나아가 표정을 보고 그 사람의 감정도 아주 섬세하게 읽을 수도 있다.

사람의 눈은 아주 고도의 기능이 있는 것이 분명하다. 그러나 사람의 눈으로 세균처럼 아주 작은 것이나 바람 같은 것이나 아주 밝은 태양 같은 것은 보지 못한다. 멀리 있는 물체 온도도 감지하지 못한다. 야간에는 시력이 아주 낮아진다. 눈에서 적외선이나 자외선을 발사하지 못하며 받아서 느낄 수도 없다. 초음파를 발사하거나 감지하는 어떤 기능도 없다.

이러한 사람의 눈이 저절로 만들어진 것인가?

애초부터 그대로인가?

자연 선택으로 점진적으로 발전하면서 고도의 기능을 갖추게 되었는가?

생각해 볼 일이다.

진화론자들은 신체 모든 기관이 애초에는 없었으나 진화된 것이기 때문에 사람도 진화된 것이며 동물이나 식물, 미생물 등 모든 생명체가 진화된 것으로 확대하여 적용하려고 몸부림을 치고 있다. 사람의 눈 하나가 진화된 것이라면 모든 생명체가 진화된 것으로 보아야 한다는 것이다. 그들은 진화를 과학적으로 증명하기가 아주 쉽다.

많고 많은 생물종 중에서 어느 기관 하나만 골라서 진화를 증명하면 모든 생물종이 애초부터 단세포로부터 진화되었고 지금도 진화되고 있다는 것을 증명하게 될 것이니 말이다. 다윈의 머릿속에는 이러한 확신으로 가득 차 있었다.

다윈은 『종의 기원』 제6장 학설의 난점, 제3절에서 사람의 눈은 다양한 거리에 초점을 맞추고 여러 가지 양의 빛을 받아들이며 구면수차(球面收差)와 색수차(色收差)를 교정하는 눈이 자연 선택 때문에 만들어졌다고 상상한다. 애초에는 매우 불완전하고 단순한 눈일지라도 소유자에게는 유용한 눈이었지만 생활 조건이 변하면 변이나 변화를 일으키고 그 변이가 유전되어 완전하고 복잡한 눈으로 탈바꿈되었다고 믿는다.

한마디로 애초에는 시신경이 없었는데 빛을 받아서 살다 보니 감각적 요소가 축적되어서 시신경이 만들어졌고 점진적인 단계를 거치게 되었다는 뜻이다. 색소세포의 집합체가 시신경이 되지만 시신경은 불가사리처럼 명료한 시각은 불가능하고 다만 명암만 식별할 수 있다. 시신경에 점진적인 단계를 거쳐서 수정체와 굴광체 같은 장치가 부가되면 이행 과정을 모르지만 완벽한 독수리의 눈처럼 될 것이라고 믿었다.

그러나 다윈은 자연을 잘못 보고 추론하였다.

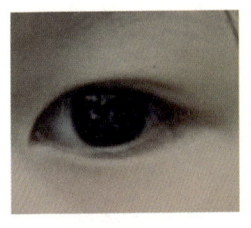  

< 사람 눈 >　　　　< 개구리 눈 >　　　　< 독수리 눈 >

첫째, 빛을 느껴서 시신경이 생겨났다면 빛에 민감한 식물은 왜 시신경이 없는 것일까?

식물은 동물에게 먹히므로 식물도 생존하기 위해서, 자신을 방어하기 위해서 눈이 있어야 하며 이동할 수 있는 다리가 있어야 한다.

둘째, 개구리나 쥐는 대략 1m 앞에 있는 뱀을 발견하지 못한다. 시각이나 청각이나 어떤 감각으로도 포식자를 감지하지 못한다. 뱀은 숨죽이고 기다렸다가 대략 1m 이내로 가까이 오는 개구리나 쥐, 도마뱀, 민달팽이를 잡아먹는다.

개구리나 쥐의 눈은 왜 뱀을 감지하지 못할까?

그들이 생존하기 위해서는 점진적인 변이를 거쳐서 고성능 눈으로 진화되어 있어야 한다.

셋째, 다윈이 사람 눈의 변이 과정을 몇 년 정도 관찰하였는지도 의문이다. 모든 생물종이 변이 또는 구조의 변화를 이행하고 있다면 이행 과정이 단계별로 각각 관찰되어야 한다. 사람의 눈은 1,000년 전부터 또는 10,000년 전부터 변이를 거듭하고 있는 것이라면 다윈이 살고 있었던 시대나 지금이나 단계별 이행 과정이 순차적으로 관찰되어야 한다는 말이다. 사람의 눈은 어떤 눈에서 어떻게 변이되었는지를 말해야 한다. 사람의 눈이 어느 눈으로부터 점진적으로 변이되고 유전되었는지 이행 과정을 밝혀야 한다. 막연하게 복잡하고 고성능으로 우연히 완성되었다고 주장하는 것은 과학자의 면모가 아니다.

넷째, 현재 독수리의 시력은 5.0이라고 한다. 사람의 눈이 독수리의 눈에서 진화되었다면 시력이 오히려 떨어졌다. 사람의 시력은 독수리의 시력의 20%에 불과하다. 진화가 아니라 퇴보한 것이다. 고양이의 야간 시력은 사람보다 수십 배 좋다. 빠른 움직임을 포착하는 능력도 월등하다. 고양이와 비교하면 오히려 시각 능력이 퇴보하였다. 말의 눈은 양쪽 측면에 있어서 가시 범위가 350도라고 한다. 자기 꼬리를 제외하고 뒤를 볼 수도 있다. 사람의 시야는 180도 정도인 점을 고려하고 시각 능력을 비교하면 오히려 퇴보한 것이 분명하다. 다윈은 사람의 눈이 고도로 발달하여 있어서 여타의 눈과 비교하여 최고의 기능이 있는 것으로 착각하였거나 그렇게 믿고 전제하였다.

다섯째, 여러 동물이 각각 가지고 있는 강점을 모아놓은 다기능 고기능의 눈이 있는지도 의문이다. 나는 그런 만능 눈을 도무지 모른다. 그런 눈이 있다면 너무 많은 정보 때문에 피곤해서 잠을 자지 못할 것이다.

여섯째, 진화론자들은 사람 눈의 구조와 기능이 동일한 동물의 눈이 있다면 환호하면서 공통 조상을 상정할 것이 틀림없다. 만약 사람처럼 1만 7,000가지의 색상을 구별하는 능력이 동일한 동물의 눈이 있다면 환호하면서 공통 조상 X1을 상정할 것이 틀림없다. 사람처럼 흰자가 있는 공통 조상 X2를 상정할 것이 틀림없다. 시신경이 눈에서 뇌까지 연결될 것인바 그 구조가 사람과 동일한 공통 조상 X3를 상정할 것이 틀림없다.

그런 식으로 논리를 전개한다면 사람의 눈의 조상은 X1, X2, X3 중에서 누구란 말인가?

따라서 사람 눈의 조상은 사람이 된다. 사람의 눈은 예나 지금이나 같다.

다윈은 자연을 관찰하는 능력에 하자가 있었던 것이 분명하다. 그에게서 사물과 현상을 관찰하고 실험하고 증명하는 과학자의 면모를 찾아볼 수 없다. 그는 상상과 추측에 경도(傾倒)되어 있었다.

5) 다양한 기관의 발생

다윈은 빛이 피부를 자극하니 눈이 만들어졌다고 상상한다. 빛을 보고 싶어서 눈이 만들어졌다고 상상하는 것이다. 다윈은 기원에 있어서 아주 중요한 주체를 빠뜨렸다. 누군가 눈을 설계하고 만들려면 빛의 특성을 알아야 한다.

그런데 눈이 없는 어떤 주체가 빛의 특성을 어떻게 이해할 것인가?

눈은 빛이 입자인지 파동인지 그 특성뿐 아니라 동시에 세포의 특성을 이해하고 응용할 수 있어야 만들 수 있을 것이다. 저절로 눈이 만들어졌다는 주장은 우연히 만들어졌다는 주장과 다르지 않다. 우연히 만들어질 확률은 번개가 고철 무더기에 떨어져서 자동차가 만들어질 확률보다 작다.

마찬가지로 미꾸라지처럼 날개가 없는 상태에서, 날개를 경험해보지 못한 상태에서 어떻게 날개를 이해하고 설계할 수 있겠는가?

날개는 항공역학과 만유인력의 법칙을 이해하고 응용할 수 있어야 누군가가 만들 수 있지만, 우연히 나타날 수 없다. 팔은 좌우대칭과 신경계통을 이해하고 응용할 수 있어야 누군가가 만들 수 있지만, 저절로 생겨날 수 없다. 생물은 발생과 변이에 대한 어떠한 지식과 의지와 능력이 없으므로 스스로 만들 수도 없고 우연히 생겨날 수도 없지만, 설령 생겨난다면 돌연변이거나 괴물이 될 것이다.

생물의 모든 기관이 필요와 자극으로 만들어질 수 있다고 상상하는 것은 발생에 대한 이해가 현저히 낮은 증거이다. 모든 생물이 지금도 필요를 느끼고 자극을 받고 있으므로, 다윈의 추론이 맞는다면 지금도 끊임없는 새로운 기관의 발생과 변이가 500만 종에서 여전히 '진행 중'이어야 하고 관찰되어야 한다.

6) 용불용설(用不用說)

용불용설은 개념이 간단하다. 늘 사용하면 점점 발달하고 강해진다는 이론이다. 기린이 높은 곳의 먹이를 자꾸 먹기 때문에 목이 점점 길어진다는 이론이다. 1809년 J. B. 라마르크(J. B. Lamarck)는 생물이 특정한 기관을 많이 사용하면 할수록 그 기관은 발달하여 후손에게 전달되지만, 사용하지 않으면 약화하고 결국 퇴화한다고 주장하였다. 그러나 이 이론은 폐기되었다.

용불용설에 의하면 목이 긴 기린을 진화한 형태로 해석한다. 기린의 목은 짧게 태어났지만 높은 곳에 있는 나뭇잎을 먹기 위해 목이 조금씩 길어져서 지금과 같이 길어졌다는 것이다.

그렇다면 코끼리의 코는 왜 길어졌는가?

이 질문에 어떻게 대답할 것인가?

용불용설은 틀린 이론이다.

다윈은 『종의 기원』 제6장 학설의 난점, 제2절에서 날개가 작은 오리는 단순히 날개를 파닥거리는 데 사용한다고 주장한다. 펭귄은 날개를 물속에서는 지느러미로 사용하고, 타조는 날개를 돛으로 사용하고, 키위(새)는 날개를 사용할 목적을 가지지 않는다고 설명하면서 이는 모두 불용(不用)의 결과이고 개체마다 구조가 각각 다르고 환경에 적합한 구조이나 최상의 구조는 아니라고 주장한다.

즉, 환경에 따라서 날개를 사용하면 다양한 구조로 변하고 환경에 따라서는 최상의 비행 능력을 갖추게 될 것이라고 주장한 것이다. 생물종이 출생한 후에 환경에 따라서 어떤 기관을 자꾸 사용하면 점진적으로 변모하고 발달하지만 사용하지 않으면 퇴보한다는 용불용설을 주장한 것이다.

출생 이후에 얻은 형태나 능력이나 습관은 후손에게 유전되지 않는다는 평범한 진리를 다윈은 몰랐다. 획득 형질은 후손에게 유전되지 않는다는 점을 일상의 경험으로도 얼마든지 알 수 있었음에도 다윈은 이조차 오해하고 용불용설을 주장한 것이다. 자연을 잘못 관찰한 것이다. 진화론의 원조 다윈은 일상의 주변을 잘 살펴보기만 하였더라도 훌륭한 생물학자가 될 수 있었을 것이다.

2. 퇴화

1) 닭의 날개

닭의 날개는 몸집에 비하여 좀 작다. 그래서인지 몰라도 공중을 나는 능력이 별로 시원스럽지 않다. 어쩌다 집안에서 키우는 개에게 쫓기면 빠른 속도로 달아나다가 양쪽 날개를 상하로 요동하면서 공중으로 잠시 피하는 정도이다. 공중으로 올라간다 해도 단층집 지붕으로 올라가는 정도이니 높이는 5m 이내 이고 비행 거리는 20m 이내일 것 같다.

야생 닭은 200m 정도까지 난다고 한다. 많은 사람이 이를 보고 닭의 날개는 과거에 독수리처럼 힘차게 날았지만 퇴화하여서 지금처럼 되어버렸다고 설명한다. 정말로 그럴듯한 설명이다. 그러나 조금만 더 생각하면 오류가 있음을 알 수 있다.

첫째, 닭의 날개는 점점 작아지는 퇴화 과정을 밟고 있으므로 더 작아져서 결국 없어질 것으로 예측한다면 지금도 퇴화가 이행(移行) 중이라는 셈이다. 닭뿐 아니라 여타 생물들의 강한 기능은 더 강화되고 약한 기능은 더 약화할 것으로 보게 되는 오류이다. 이 오류를 확대하면 모든 생물의 강한 기능은 더 강해지는 방향으로 진화하고 있으며 약한 기능은 더 약해지는 방향으로 퇴화하고 있다는 주장이 된다. 다시 한번 강조하건대, 이와 같은 용불용설은 오래전에 폐기된 이론이다.

둘째, 네발짐승은 보통 사지를 가지고 있다. 새(조류)도 두 개의 날개와 두 개의 다리를 합하여 계산하면 사지(四肢)를 가지고 있다.

두 개의 날개가 퇴화하면 동시에 두 개의 발이 추가로 나와야 하지 않겠는가?

닭은 현재 두 개의 다리를 열심히 사용하고 있으므로 두 개의 다리가 추가되어야 하지 않겠는가?

날개 두 개가 퇴화한 만큼 그것을 대신하여 발 두 개가 새로 생겨나야 한다는 말이다. 날개는 퇴화하여 사라지고 다리만 두 개 남는다면 괴상한 동물이 될 것이다. 다윈의 상상력을 충족시켜줄 만한 아주 경이로운 동물이 될 것이다.

셋째, 짱뚱어, 펭귄, 청어, 연어, 날치, 쥐가오리, 타조 따위의 생물들은 어중간한 비행 능력을 가진 생물이다.

다윈의 상상력에 기초하면 이들은 날려고 몸부림치므로 점점 발달하여 이들 모두는 독수리처럼 날게 될 것이다.

닭의 날개도 진화되어 독수리의 날개처럼 강력해질 것으로 상상해야 하지 않겠는가?

2) 키위

날개가 아주 작아서 날지 못하는 새가 키위(Kiwi)이다. 닭과 비교하면 부리가 길쭉하지만 이렇다 할 완벽한 날개가 없고 꽁지깃도 없다. 후각, 촉각, 청각은 뛰어나나 시력은 보잘것 없다. 이를 두고 많은 사람은 날개가 퇴화하였다고 설명한다.

< 키위 >

그러나 여기에도 몇 가지 오류가 숨어 있다.

첫째, 날개가 퇴화한 것이라면 시력도 퇴화한 것으로 보아야 한다. 머지 않아 키위는 눈도 없어져야 한다. 이런 논리를 발전시키면 약한 기능은 퇴화한다고 보게 되므로 용불용설이 된다. 용불용설은 폐기된 지 오래되었다. 여타의 생물들에서도 약한 기능은 얼마든지 있다. 상대적으로 약한 기능은 모두 퇴화할 것으로 보는 것은 우스꽝스러운 관점이다.

둘째, 퇴화를 주장하면 애초에는 비행 능력이 독수리만큼 훌륭했다는 말이 된다. 자연 선택에 의하면 생존에 유리한 개체는 살아남을 것인바 비행 능력이 있는 키위가 지금까지 생존해야 한다.

비행 능력이 없는 키위가 살아 있다는 점을 어떻게 설명할 것인가?

셋째, 시력도 마찬가지이다. 자연 선택에 의하면 생존에 유리한 개체는 살아남을 것인바 시력이 좋은 키위가 생존해야 한다.

그렇다면 시력이 안 좋은 키위가 지금까지 살아 있다는 점을 어떻게 설명할 것인가?

용불용설이나 자연 선택 이론이나 둘 다 틀린 이론이다.

3) 하마의 꼬리

하마의 꼬리는 몸집에 비하면 아주 짧다. 멀리서 보면 보이지 않을 정도로 짧다. 그 꼬리의 기능이라고 하는 것이 고작 배설 후에 꼬리를 좌우로 흔들어서 항문을 씻어내는 것이다. 사실 안 씻어도 물속에 들어가면 자연스럽게 희석되어 깔끔해질 것 같은데 무슨 위대한 일이나 하는 것처럼 열심히 꼬리를 흔들어서 씻는다. 그런 기능 외에는 다른 기능이 없는 듯하다. 다른 기능을 찾는다면 4지 동물이라는 표시이다.

좌우지간 하마 꼬리의 길이가 짧아지고 있나?

길어지고 있나?

퇴화를 주장하는 사람은 점점 짧아지고 있으며 언젠가는 사라질 것으로 상상할 것이다. 반면에 자연 선택을 주장하는 사람은 점점 길어지고 있으면서 그 기능이 강화되고 있는 과정으로 이해할 것이다.

4) 코끼리의 코

코끼리의 코는 아주 길다. 대략 앞다리의 길이만큼 길다. 기다란 코를 이용하여 먹이를 움켜쥐어 입으로 가져가기도 하고 물을 들이마신 후 다시 분사하는 역할도 한다. 심지어 앞발을 들고 코를 수직으로 세워서 높은 곳에 있는 나뭇잎을 뜯기도 한다. 코끼리 코의 기능이 대단하다.
그런데 그 코의 길이가 길어지고 있나?
짧아지고 있나?
퇴화를 주장하는 사람은 점점 짧아지고 있으며 언젠가는 사라질 것으로 상상할 것이다. 반면에 자연 선택을 주장하는 사람은 점점 길어지고 있으면서 그 기능이 강화되고 있는 과정으로 이해할 것이다.

5) 호랑이의 퇴화(退化)

퇴화는 생물의 특정 기관의 구조나 기능이 약해지거나 사라지는 것을 말한다. 엉뚱한 사람들은 퇴화를 퇴행적 진화로 보고, 사지 동물(四肢動物)이 물속으로 들어가면서 팔과 다리가 사라지고 지느러미를 가진 고래가 되었다고 주장한다. 그 반대로 주장하는 사람들도 있다.
퇴화는 자연 선택 이론과 상극이다. 실제 동물의 이름을 예로 들먹이면서 설명해 보겠다. 애초의 두 팔과 두 다리를 가진 포유류를 호랑이라고 가정하자. 호랑이의 두 팔과 두 다리, 즉 사지(四肢)가 점점 퇴화하면서 발의 기능과 지느러미의 기능을 겸비한 동물, 즉 호랑이와 고래 중간에 있는 '퇴화 생물'이 되었다. 퇴화 생물이란 없는 것이지만 설명하기 위해서 그렇게 가정하는 것이다.

호랑이가 퇴화 생물로 변경되면 육상에서 걷는 것도 가능하고 물에서 헤엄치는 것도 가능하다. 퇴화 생물이 변화에 변화를 거듭하여 점점 지느러미를 가진 고래가 되었다고 하자. 사지(四肢) 구조의 흔적이 고래의 지느러미에 남아 있다는 것을 근거로 하여 퇴화를 주장하니 말이다.

이들의 주장을 조금 더 구체화하면 아프리카의 호랑이도 사지의 훌륭한 기능을 약화하면서 퇴화 생물로 변신하였으며 100년 후에는 시베리아의 호랑이도 다리 기능을 약화하면서 퇴화 생물이 되었으며 지구상의 모든 호랑이가 시차를 두고 점진적으로 퇴화 생물이 되었다는 셈이다.

조금 다르게 구체화하면 호랑이 중에서 한 쌍의 부부만 발과 지느러미의 구조가 중간쯤 되는 퇴화 생물이 되기로 하여 그렇게 되고, 수만 년의 세월이 흐른 후에 퇴화 생물의 개체 수가 수만, 수억이 된 후에 또 퇴화 생물 중에서 한 쌍의 부부만 고래가 되기로 하여 그렇게 되었고, 한 쌍의 고래 부부가 자손을 퍼뜨려서 수많은 고래가 번성하게 되었다고 주장하는 셈이다.

퇴화 과정을 어떻게 상상하든지 그들의 자유이지만 호랑이와 퇴화 생물은 어떤 시기에 반드시 공존하게 된다는 말이다. 그런데 퇴화 생물의 다리는 달리는 기능이 약화하였으므로 사냥하는 데 치명적인 약점으로 작용한다. 호랑이와 경쟁하여 살아남을 가능성은 전혀 없다. 퇴화 생물의 다리 기능이 퇴화하였으므로 호랑이 같은 놈은 자연 선택으로 생존하고 퇴화 생물은 멸종하게 된다는 말이다.

만약에 퇴화 생물이 물속으로 들어가서 어줍은 지느러미로 헤엄치기 시작하면 상어와 경쟁하여 살아남을 가능성은 전혀 없다는 뜻이다.

강한 기능을 가지면 포식자가 되고 약한 기능을 가지면 피식자(被食者) 신세로 전락하고 멸종하지 않겠는가?

이처럼 퇴화 현상을 주장하면 약화한 기능을 가진 놈이 강화된 기능을 가진 놈과 경쟁하여 살아남는다고 주장하게 되어 자연 선택과 정반대의 주장이 된다. 이런 괴상망측(怪常罔測)한 이론을 괴리(怪理)라고 한다.

6) 꼴찌의 도태

적자생존(適者生存)이란 사전적인 의미로 "환경에 적응하는 생물은 살아남고 그렇지 못한 생물은 도태되는 현상"이다. 생존 능력에 있어서 꼴찌가 적응하지 못하고 생존에 위협을 받은 나머지 도태된다는 뜻이다. 꼴찌는 생태계에서 사라진다는 뜻이다. 이 이론도 일견(一見) 그럴듯하다.

예를 들어보면 실감할 수 있다. 소화 기관이 가장 약한 개체는 영양소의 소화 흡수 기능이 떨어져 성장이 더디고 생존에 위협을 받는다. 번식을 점점 못하여 멸종하게 된다. 생존 경쟁에 있어서 꼴찌가 도태된다는 것이다.

그러나 적자생존은 허무맹랑한 것이다. 차근차근 반박해 보자. 소화 능력이 가장 떨어진 개체 하나는 그것 때문에 멸종할 수도 있다. 그런 가능성이 있다. 그런데 그 개체가 시력이 가장 좋을 수도 있다. 최상의 시력 유전자도 사라질 수 있다.

또한, 소화 능력이 떨어지는 유전자는 여러 개체에 분산되어 있다. 시력이 중간쯤 되는 개체에 분산되어 있을 수 있다. 따라서 소화 능력이 최악인 유전자를 가진 개체만 모아서 일거에 멸종할 수 없는 노릇이다.

생존 능력에 있어서 꼴찌가 사라지고 적자(適者)가 생존(生存)한다는 주장은 생태 환경에서 아주 제한적으로 사용되어야 한다. 적자생존보다는 약육강식이 오히려 보편적인 현상일 것이다.

7) 사슴뿔의 용도

암사슴은 뿔이 없다. 수사슴은 뿔이 있다. 이 뿔은 먹이를 구하는 데 도움이 되지 않는다. 오다가다 나무 사이에 걸리므로 오히려 거추장스럽다. 포식자를 공격하거나 방어하는 수단도 못 된다. 수사슴의 뿔을 퇴화나 점진적인 변이의 이행 과정으로 보는 사람은 없을 것이다. 뿔이 불필요하여 퇴화로 본다면 암컷은 퇴화를 완료한 것으로 보아야 하는 문제가 대두된다.

이와 반대로 차등 번식을 위한 자연 선택으로 보면 암컷도 머지않아 뿔이 돋아나야 하는 문제가 대두된다.

진화론자들은 상상력이 풍부하니 둘 중의 하나로 단정하고 싶을 것이다. 어떤 사람들은 암수를 구분하기 위해서 그렇게 진화하였다고 말할지도 모른다. 그렇다면 고라니는 암수 모두 뿔이 없는데 수고라니 뿔이 돋아나야 하는 문제가 제기된다.

3. 자연 선택

1) 변이

다윈의 진화론을 요약하면 변이, 유전, 생존 경쟁, 차등 번식 이 네 가지가 있으면 진화가 일어난다는 것이다.

변이(變異, variation)는 개체 간의 조금 다른 차이를 말한다. 동일한 종에서도 신장이나 체중, 행동 양식, 수명 등이 개체마다 다르다. 유전변이는 생식세포를 통하여 부모로부터 받은 형질의 차이를 말한다.

환경변이는 출생 후 성장 과정에서 개체가 얻은 겉모습이나 학습 능력, 생활습관 등을 말하므로 주로 후천적으로 얻은 형태나 기능의 차이를 의미한다. 그렇지 않으면 공장에서 생산되는 상품처럼 동일한 개체가 태어나고 일생 동일한 형태와 동일한 행동을 하게 될 것이다. 생로병사의 과정이 똑같을 것이다.

사람을 예로 들면 각 사람의 부모가 다르고 성장 과정이 달라서 78억 인구는 각각 다른 특성이 있는 다른 사람이다. 외형, 구조, 기능, 능력, 습관이 조금씩 다르다. 그러나 서로 결혼하면 후손이 태어나므로 78억 인류는 하나의 인종(人種)이다. 그래서 종과 변이의 차이를 간단명료하게 구별할 수 있다. 수정이나 수분을 통하여 후손이 계속 이어지면 동일한 종이다.

이상을 요약하면, 변이를 다양성으로 이해한다면 변이는 일어나야 한다. 유전변이든지 환경변이든지 일어나야 한다. 변이를 변종의 단계로 이해한다면 오해이다. 점진적인 변이가 거듭되어 종의 울타리를 뛰어넘는 일은 결코 발생하지 않을 것이다.

2) 우성과 열성

예를 들어서 설명하면 이해가 빠르다. 머리카락이 곱슬머리인 사람도 있고 직모인 사람도 있다. 곱슬머리 유전자가 있고 직모 유전자가 있다. 유전자는 부모로부터 각각 하나만 물려받는다. 곱슬머리로 되느냐 직모로 되느냐는 두 개의 유전자가 결정하게 된다.

한 사람이 곱슬머리 유전자 2개를 가지면 곱슬머리가 된다. 곱슬머리 유전자 1개와 직모 유전자 1개를 가지면 곱슬머리가 된다. 그래서 곱슬머리가 우성이다. 유전자 둘이 병존할 때 먼저 나타나는 특징이 우성이고, 나타나지 않는 특징이 열성이다. 직모 유전자 2개를 가지면 직모가 된다. 즉, 하나의 형질을 결정하는 데 두 개의 유전자가 필요하다. 두 개의 유전자 중에서 먼저 발현되는 것이 우성이며, 발현되지 않는 것이 열성이다.

< 날다람쥐 >

혀를 파이프처럼 동그랗게 말 수 있는 유전자가 우성이다. 말 수 없는 유전자가 열성이다. 눈에 쌍꺼풀 있으면 우성이다. 없으면 열성이다. 귓불이 동그랗게 있으면 우성이다. 없으면 열성이다. 이처럼 우성과 열성은 하

나의 형질이 나타나는 우선순위를 나타내는 것이므로 우등이나 열등을 나타내는 말이 아니다. 우월감이나 열등감을 가질 필요도 없다. 우성유전자가 후손에게 유전되고 열성유전자는 유전되지 않고 멸종된다는 말은 틀린 말이다. 우성유전자도 후손에게 그대로 유전되고 열성유전자도 유전된다.

3) 다람쥐의 자연 선택

다윈은 『종의 기원』의 제6장 학설의 난점, 제2절에서 다람쥣과(科) 동물은 자신을 먹잇감으로 생각하는 새나 짐승으로부터 달아날 수 있게 하거나, 먹이를 재빨리 모을 수 있게 하거나, 나무에서 추락하더라도 날기 위하여 날개가 생겨났다고 주장한다. 다람쥣과(科) 동물들은 살아남기 위하여 옆구리의 피부막이 점점 더 발달함에 따라 마침내 날개를 갖게 되었지만 각 동물은 자신이 처한 환경이 다양하고 계속 변하므로 모든 다람쥐가 날개를 갖는 것은 아니라고 주장한다.

그러나 다윈은 자연을 잘못 관찰하고 추론하였다.

첫째, 모든 다람쥣과 동물은 모든 환경에서 잡아먹힐 위험을 안고 살아간다. 마음이 편안하고 일생 안전한 동물은 세상에 한 마리도 없을 것이다. 그래서 모든 다람쥣과 동물이 진화에 진화를 거듭하여 점진적으로 날다람쥐가 돼야 했다. 그리고 현재도 진화하고 있어야 한다. 진화를 모두 종료하였다면 다람쥐는 보이지 아니해야 한다.

둘째, 특별히 다른 자연 환경 때문에 자연 선택으로 날다람쥐가 되었다면 날다람쥐 서식지에는 다람쥐가 없어야 한다. 날다람쥐만 살고 있어야 한다.

셋째, 날다람쥐는 아래로 10m가량 난다.

위로 날아오르는 다람쥐는 왜 없는가?

땅에서 위험을 느낄 때 위로 날아오르면 더욱 안전하지 않겠는가?

넷째, 살아가는 환경에 따라서 자연 선택을 하므로 환경 자체가 생존에 안전하다면 날개가 사라지고 원래 상태로 복원되어야 한다. 즉, 다람쥐가 사는 환경은 안전하므로 날다람쥐는 다람쥐가 사는 환경에서 원래의 모습으로 복원되어야 한다. 역진화가 있어야 한다는 뜻이다. 현재까지 역진화는 단 하나의 종에서도 발견되지 않았다. 다윈은 동물 외형의 유사성에 이성을 잃고 말았다.

4) 자연 선택은 없다

현재의 식물, 동물, 미생물, 사람 등 모든 개체는 살기 위하여 상대의 생명을 빼앗는다. 포식자는 먹잇감을 못 구해서 굶어 죽을까 걱정하며, 피식자는 잡혀 죽을까 걱정한다. 식물은 동물에게 일방적으로 뜯어 먹힌다. 식물이 스스로 살아남기 위해서 자연적으로 자신을 방어할 어떤 조처를 내렸다면 동물은 모두 굶어 죽었을 것이다. 현재에도 동물의 개체 수가 많은 것을 보면 식물은 자신의 생명을 보호하는 어떠한 선택을 하지 않았던 것이 분명하다.

지금의 상태를 다윈의 관점에서 보면 동물은 자연 선택을 하여 식물을 먹고 살지만, 식물은 자연 선택을 하지 않아서 자신을 방어하지 못하고 있다. 만약 식물이 수십억 년 동안 진화하였다면 식물이 동물을 죽이고 잡아먹는 현상도 보여야 한다. 마치 창과 방패가 성능을 겨루며 상대를 제압하기 위해서 끝없이 경쟁하는 것과 같다.

마찬가지로 소도 진화하여 사람을 잡아먹어야 하지 않겠는가?

이처럼 자연 선택이란 본래부터 없는 실체이고 다윈의 머릿속에만 자리 잡고 있었던 현상이었다. 실체도 없고 현상도 없는 진화를 증명하는 공로로는 노벨 생리의학상을 결코 수상할 수 없을 것이다.

한 가지 평화를 찾는 방안은 모든 식물은 자신을 동물에게 기꺼이 제공하며, 모든 동물은 식물만 먹으며, 동물도 식물에 이산화탄소를 제공하는 상생 관계가 회복되면 평화를 찾을 수 있게 될 것이다. 이렇게 되면 생태계는 생명을 죽이고 빼앗는 전쟁에서 벗어나 평화를 되찾을 수 있을 것이다. 어린아이가 독사의 굴에 손을 넣어도 물리지 않는 상태가 생태계의 평화로운 상태이다.

4. 자살 선택

1) 살존살비(殺尊殺卑)

개구리가 진화하여 뱀이 되었다면 개구리는 변신한 자신을 잡아먹는 녀석이 된 것이다.

이것을 우연이라고 할 수 있을까?

다세포 생물보다 고등 동물인 개구리가 이런 어리석은 결정을 내렸다는 것은 있을 수 없는 일이므로, 이는 하등 동물이거나 실수로 진화한 것으로 볼 수밖에 없다. 계속하여 뱀이 황새로 진화하였다면 뱀도 자신을 잡아먹는 고등 동물로 진화하였다는 말이 된다.

개구리가 생존해 있는데, 개구리를 잡아먹는 뱀이 나타나고 개구리를 잡아먹는 황새가 나타나다니 …. 자연 선택의 목적은 환경에서 살아남기 위해서, 자신이 오래 생존하려고, 자신의 유전자를 더 퍼뜨리려고, 더 행복해지려고 변신하는 것이다.

그러나 여기서 개구리는 죽는 길을 선택했으니 자연 선택이 아니라 자살을 선택한 꼴이다. 개구리(양서류) 이후의 종은 뱀(파충류)이다. 다음은 황새(조류) 또는 쥐(포유류)이다. 다음은 침팬지이다. 다음은 사람이다.

뱀도 황새에게 잡아먹히니 자살을 선택한 것이다. 개구리 이후의 종은 모두 개구리를 잡아먹는다. 개구리는 장수하려고 진화하였지만, 장수는커녕 자살을 선택한 것이 틀림없다.

개구리 입장에서는 자살을 선택한 것이지만 뱀 입장에서는 조상인 개구리도 잡아먹고 후손인 쥐도 잡아먹는다. 뱀은 조상도 죽이고 후손도 죽이는 살존살비(殺尊殺卑)를 선택한다는 것이다. 살존살비가 진화의 양상이다. 동식물이 생존하려고 장수 형질을 자연스럽게 선택한 것이 아니고 살존살비를 선택한 것이다. 간단히 말할 수도 있다. 약자가 살아남기 위하여 죽음을 선택하였으므로 진화론은 허구이다.

다윈의 후예들은 이러한 도착(倒錯) 현상을 과학적으로 설명할 과제가 있다. 양식(良識) 없는 학자들이 허구를 믿으라고 무작정 강요하기 때문에 알게 모르게 고통당하는 사람이 한두 명이 아니다.

2) 자연에 의지가 없다

사람은 누구나 자신보다 커 보이면 두려워하고, 능력이 있어 보이면 의지하고, 무한해 보이면 공경하는 마음이 생기나 보다. 두려워하고 의지하고 공경하는 마음을 경외심이라고 한다. 자연에 대한 경외심은 본능일 것이다. 경외심은 자연을 보자마자 고민이나 갈등하지 않고 느끼므로 본능임이 틀림없다는 의미이다.

태양이 사람보다 능력이 있어 보이고 무한해 보이는 것은 사실이다. 태양 때문에 광합성 작용이 일어나고 만물의 양식이 태양으로부터 끊임없이 나온다. 생존의 원천이 태양이다. 그러므로 태양은 사람보다 크고 무한한 존재로 보인다. 그래서 태양을 신으로 섬기는 사람들도 있다.

바다도 풍성한 먹을거리를 제공하는 삶의 터전이지만 광풍은 배를 뒤집어엎고 사람을 쉽게 죽인다. 바다는 사람보다 크고 능력이 있어서 두려운 존재로 보인다. 그래서 바다를 향해 제사하는 사람들도 있다.

깊은 산 속에서 큰 나무를 발견하면 나무처럼 건강하고 오래 살기를 기원한다. 그러므로 큰 나무를 보고 절하는 사람들이 더러 있다. 산 속 큰 바위 사이에 촛불을 켜 놓고 절하는 사람들도 더러 있다.

그렇다. 자연은 사람보다 크고 능력이 있어서 두렵고 무한한 존재로 보인다. 그러나 자연을 조금 더 관찰하면 자연은 정해진 길을 반복적으로 걸어간다. 한눈을 팔지 않는다. 자신에게 정해진 사명을 일편단심 수행할 뿐이다.

어려운 말로 기술하자면 자연은 물질과 자연 법칙을 스스로 만들거나 폐기하지 못하고 변경시키지도 못한다. 소유권과 처분권도 가지고 있지 않다. 더 짧게 말한다면 자연은 권리는 없고 의무만 있는 것이다. 그래서 자연은 권리를 행사하는 주체가 아니라 피조물이라는 것이다.

다윈은 자연을 잘못 관찰하였다. 자연에 의지가 없다. 자연은 스스로 변화하고 변신하는 주체가 아니다. 자연은 스스로 진화를 결정하거나 진화 모델을 정하지 못한다. 그래서 자연 선택이라는 실체도 없으며 현상도 없는 것이다. 자연에 능동성과 주체성을 부여하며 우연히 진화한다고 주장하는 것 자체가 바로 우연을 신봉하는 종교이다. 이성을 가지고 있는 과학자라면 원인과 결과의 관계에 있어서 명확한 필연과 100% 확률을 신봉해야 할 것이다.

자연(自然)이라는 말도 사실 틀린 말이다. 자연이란 용어의 의미는 스스로 그러하다. 스스로 존재하고 움직인다. 물질이 저절로 존재하고 저절로 움직인다. 이런 의미이다. 그래서 자연이라는 단어를 생태계와 주변 환경이란 의미를 가진 생태 환경으로 대체되어야 한다.

3) 인간의 의지 선택

사람은 스스로 면역이 안 된다. 결핵, B형 간염, 디프테리아, 파상풍의 면역이 자녀에게 유전되지 않는다. 사람과 사람 서로 간 음식을 나누어 먹지 못하여 지구 한편에서는 굶주리고 다른 편에서는 비만에 시달린다. 사람의 욕심도 스스로 다스리지 못하고 있다. 사람끼리 전쟁하면서 동종(同種)을 죽이는 것을 보면 사람의 지혜나 양심도 사람을 널리 이롭게 하지 못한다.

자신의 이성이나 양심도 더 진보하여 욕심을 줄이고 살인과 전쟁을 억제할 줄 아는 고품격 종으로 진화해야 한다. 인간의 정신적인 측면도 자연 선택을 통하여 진화할 여지가 많다는 것이다.

이처럼 진화론자의 주장을 기초로 하면 인간의 몸을 바꾸어 면역이 후손에게 유전되게 하고, 정신을 바꾸어 고품격 인간으로 바꿀 수 있어야 한다. 그러나 인간 스스로 자연스럽게, 우연히 인간의 유전자를 변형시킬 수 없다. 인간은 몸을 변형시킬 수 없을 뿐 아니라 정신도 변형시킬 수 없다.

다윈의 주장을 빌리면 인간은 최종적인 진화 생물이 아니다. 진화 중이다. 진화할 의지도 갖추고 있다. 인간은 자연 선택을 수십만 번 해서 현재까지 왔으니 변신의 달인이다.

얼마나 능력 있고 위대하고 똑똑하고 지혜로운 생물인가?

유엔(UN) 사무총장은 질병에 안 걸리도록 면역 체계부터 후손에게 유전되도록 하고 살인과 전쟁을 모르는 인간으로 지금 당장 진화의 목표를 수정하길 바란다. 아울러 진화에 착수할 시점과 완성될 시점도 유엔에서 결정하고 발표하길 바란다.

제8장

염색체와 DNA

다윈은 멘델의 유전 법칙을 몰랐다. 염색체와 DNA(유전자)를 모르는 시대를 살다 생을 마감하였다. 지금 시대에 세포 속에 있는 염색체를 공부하는 중학생만 되어도 다윈보다 더 많은 생물학 지식을 가지고 있을 것이다. 세포 속에 들어 있는 염색체와 DNA(유전자)는 진화를 부인하는 증거이다.

1. DNA

1) 유전

유전 형질은 부모로부터 반반씩 물려받고, 후손에게 물려준다. 태어난 후에 획득한 형질은 후손에게 물려주지 않는다. 유전 형질은 자연스럽게 증가하지도 않고 감소하지도 않으며, 자연에서 타종 간에 조합되지도 않고, 하나의 종에서 둘이나 셋으로 분리되지도 않는다. 유전 형질은 자연 상태에서 변형 불가(變形不可)하다.

2) 사람의 유전자

동식물의 세포 안에 핵이 있는데 핵을 현미경으로 관찰하면 염색체(Chromosome)가 보인다. 염색해서 보면 잘 보이는 물체라고 해서 염색체이다. 염색체는 가느다란 실이 뭉쳐있는 것처럼 보인다.

실타래에서 실을 한 줄로 풀어보면 2중 나선 구조로 되어 있다. 이것을 DNA(Deoxyribo Nucleic Acid)라고 하고 DNA 중에서 특정 형질을 결정하는 부분을 유전자(Gene)라고 부른다. 유전자(Gene)가 모이면 DNA이므로 일반인에게는 DNA를 유전자라고 해도 무방하다.

DNA는 4종의 염기로 되어 있다. 4종의 염기를 A, T, G, C라는 네 개의 철자로 상상하면 편리하다. A(Adenine, 아데닌), T(Thymine, 티아민), C(Cytosine, 사이토신), G(Guanine, 구아닌)라는 염기의 배열 순서가 구체적인 유전 정보이다.

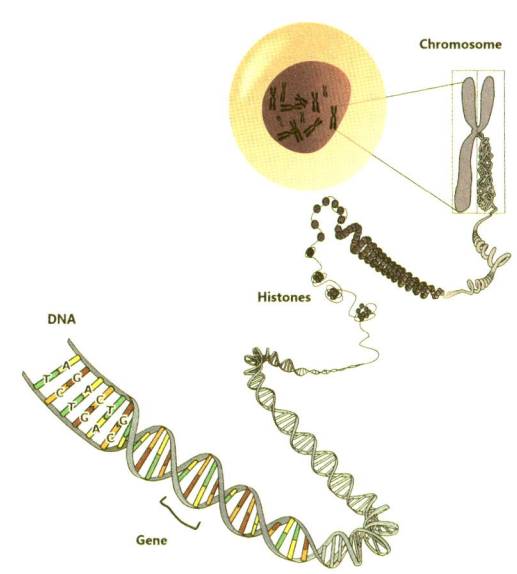

< DNA >

동식물마다 염색체의 수와 모양이 다르다. 동일한 종의 동식물은 염색체의 수와 모양이 같다. 사람의 염색체를 다른 동식물의 염색체의 수와 모양을 비교하면 다르다. 사람의 염색체 수는 46개이다. 아버지와 어머니가 있어야 후손이 태어난다. 아기는 아버지의 염색체 23개와 어머니의 염색체 23개를 받아서 46개의 염색체를 갖게 된다. 조금 더 구체적으로 설명하자면 정자에 들어 있는 23개의 염색체와 난자에 들어 있는 23개의 염색체가 합해져 46개의 염색체를 가진 아기가 태어난다. 대한민국에서 중등교육을 받는다면 다윈보다 더 깊은 생물학 지식을 얻을 수 있다.

쉽게 설명하자면 아주 많고 정교한 유전 정보가 정자와 난자에 반반씩 들어 있는데 정자와 난자가 합쳐져서 아기가 된다는 것이다. 부모 중에서 한쪽만 있으면 후손은 태어날 수 없다는 말이다. 따라서 남자와 여자는 동시에, 같은 장소에, 같은 염색체를 가지고 존재해야 한다. 그래야 후손이 태어날 수 있다.

수정체부터 사람의 염색체는 46개로 결정되고 그 속에 있는 DNA와 그 속에 있는 유전 정보는 죽을 때까지 변하지 않는다. 어떤 가혹한 환경에 노출되거나 반대로 더 좋은 환경에 매혹되어도 유전자는 변하지 않는다는 것이다.

예를 들자면 운동하여 근육이 커지는 경우, 운동선수가 특정 운동을 반복적으로 하는 경우, 우유를 소화하는 효소가 분비되지 않아 설사하다가 꾸준히 먹은 후에 소화효소가 분비되는 경우, 교통사고로 팔이 잘린 경우, 자전거를 타지 못하고 넘어지다 훈련 끝에 잘 타게 되는 경우, 성형 수술로 코를 높이는 경우, 나이가 들어 늙는 경우, 고문을 받는 경우, 더운 지역에서 태어나서 추운 지역에서 살게 되는 경우, 채식하다 육식을 하게 되는 경우, 다른 사람의 장기를 이식받는 경우, 타인의 혈액을 받는 경우 등 어떤 상황에서도 유전자는 수정 이후 죽을 때까지 변형되지 않는다.

부모로부터 받은 유전 정보는 절대로 변형되거나 손상되지 않고 증가하거나 감소하지 않고 후손에게 물려준다. 생명체는 환경과 관계없이 획득

한 형질은 유전되지 않고 부모로부터 물려받은 것만 후손에게 물려준다는 것이다.

3) 유전 정보(염기서열)

사람의 눈을 설계해 보자. 전지전능한 창조자의 입장에서 사람의 눈을 설계하려면 먼저 구상해야 한다. 대충대충 만들 수는 없는 노릇이다. 빛의 성질도 알아야 하고 뇌의 기능도 알아야 한다. 즉, 아래와 같이 눈을 아주 상세히 구상해야 한다.

○ 눈의 수효를 두 개로 해야 한다.
○ 눈을 코 위에 배치해야 한다.
○ 좌우 대칭이어야 한다.
○ 안구가 건조해지면 눈물을 공급해 주어야 한다.
○ 홍채를 동그랗게 만들어야 한다.
○ 17,000가지 색상을 구별해야 한다.
○ 시신경을 뇌로 연결해야 한다.

위와 같이 눈을 설계하기 위해서 7가지를 항목으로 구상했는데 이 7가지는 필요하지만 충분하지 않다. 아마도 70,000가지의 구상 항목이 더 필요할 것이다. 구상항목 하나하나가 유전 정보이다. 이 중에서 "눈의 수효를 두 개로 해야 한다"라는 정보를 T, G, A, C 네 개의 문자를 여러 차례 나열하여 나타낸다.

아래 표는 유전 정보를 아주 단순하게 모식화한 표이다. 예컨대 유전자의 복제 전에 눈이 두 개여야 한다는 유전 정보를 염기를 나타내는 T, G, A, C의 문자 32개의 순서로 표시한다면 체세포 복제 후에도 눈은 두 개여야 하므로 32개의 문자가 같아야 한다. 이렇게 까다로운 조건에서 염기

번호 1에서 전과 후의 유전 정보가 C로 일치할 확률은 1/4이다. 염기 번호 2에서 전과 후의 유전 정보가 G로 일치할 확률도 1/4이다. 그런데 1번부터 2번까지 일치할 확률은 $1/4^2$(1/16)이다. 마찬가지로 염기 번호 1번부터 3번까지 일치할 확률은 $1/4^3$(1/64)이다.

No.	1	2	3	4	5	6	7	8	...	32
Before	C	G	T	A	G	A	T	C	...	G
After	C	G	T	A	G	A	T	C	...	G

< 염기서열 >

염기는 순서가 아주 중요하다. 염기 순서가 1번부터 32번까지 일치할 확률은 $1/4^{32}=1/(1.84\times10^{19})$이다. 복제 전에 눈이 두 개면 복제 후 눈이 두 개일 확률은 거의 0이다. 사람의 모든 유전 정보를 32억 쌍이라고 하면 1번부터 32억 번까지 연장하면 일치할 확률은 $0(1/4^{32억})$이다. 수학적으로 따지면 사람이 사람을 낳을 확률은 0이므로 사람은 고래를 낳을 수도 있으며 토끼를 낳을 수도 있으며 고사리를 낳을 수도 있다. 정확하게 표현하자면 아무것이라도 낳을 수 있고 동시에 어떤 것도 낳을 수 없다.

그런데도 사람은 사람을 낳고 있지 않은가!

이를 어떻게라도 해석해야 할 것이다.

유전 정보 32억 쌍을 복제하여 전달하는 과정에서 32억 번의 기적이 연속으로 일어나면서 사람이 사람으로 된다는 의미이다. 이런 일은 계획하지 않는 한 발생할 수 없다. 유전 정보를 보존하는 정교한 법칙이 생물을 지배하고 있다. 사람 세포가 복제되면서 사람으로 되는 사건은 어떤 필연적인 원인과 정교한 과정을 거쳐서 발생했다고 해석해야 마땅하다.

4) 동일한 유전자

인간은 2만 1,500개의 유전자(Gene)와 32억 쌍의 염기서열을 가지고 있다. 초파리는 1만 3,600개의 유전자를 가지고 있다. 박테리아의 유전자와 사람의 유전자는 200개가 비슷하다고 한다. 쥐의 유전자와 사람의 유전자는 95%가 일치한다고 한다.

사람과 바나나의 유전자도 상당 부분 일치한다고 한다. 겉모습과 기능을 결정하는 설계도면이 95% 동일하다는 말이다. 귀가 둘, 눈이 둘, 입이 하나, 젖꼭지, 4지, 내부 장기 등 95% 일치한다는 의미이다.

염기서열은 분자로 되어 있고 분자는 원자로 되어 있고 원자는 삼자로 되어 있다. 모든 생물마다 물을 이용하고 공기를 이용하고 … 기온이 같으며 생존 환경이 동일하다. 눈이 있고 귀가 있고 생존 방식이 동일하다. 수정하고 수분하는 생멸의 원리가 동일하다. 줄여서 말하자면 생명 현상이 동일하다는 것이다. 그래서 유전자의 많은 부분이 일치한 것은 당연하다 하겠다. 이를 기이한 것으로 여기지 말아야 할 것이다.

모든 물체의 원료가 삼자로 동일하고 자연 법칙이 모든 물질에 적용되듯이 식물, 동물, 미생물을 막론하고 모든 생물이 DNA를 가지고 있으며 동일한 원리의 염기서열을 갖는 것은 필연적인 현상으로 보아야 할 것이다.

5) 다른 동물

대부분 원숭이는 일반적으로 꼬리가 있다. 그러나 긴팔원숭이는 꼬리가 없다. 사람, 고릴라, 오랑우탄, 침팬지도 꼬리가 없다. '긴팔원숭이 속'의 이배체 염색체 수는 44개이다. '큰긴팔원숭이 속'은 50개, '흰눈썹긴팔원숭이 속'은 38개, '볏긴팔원숭이 속'은 52개이다. 사람, 소, 감자는 46개이다. 골릴라, 오랑우탄, 침팬지는 48개이다.

소와 감자의 염색체 수가 같다 하더라도 모양이 다르므로 다른 종이다.

원숭이의 종은 헤아려보지 못하였지만 수백 종에 이르고 염색체의 수와 모양이 서로 다른 것으로 보인다. 서로 다른 동물을 하나의 이름 원숭이로 불렀다. 과거의 진화론자들은 원숭이를 사람의 조상이라고 주장하였지만, 요즈음은 그렇게 주장하지 않는다. 원숭이의 종이 다양하여 서로 다른 동물인바 염색체의 수와 모양이 사람의 것과 달라서 어느 원숭이를 사람의 조상이라고 특정하기 어렵기 때문이다.

6) 동일한 동물

이와는 반대로 하나의 동물인데 이름을 각각 다르게 부른 예도 있다. 염색체의 수와 모양이 같아서 교배할 수 있으며 후손을 이어가는 경우이다. 늑대, 딩고, 코요테, 자칼, 개는 서로 자유롭게 교배할 수 있으며 이들은 후손을 이어갈 수 있다. 과거에는 동물의 외형만 보고 계통을 분류하였으나 지금은 염색체의 수와 모양을 살피고 후손을 이어 가는지의 여부를 중시한다. 혹자는 늑대가 개의 조상이라고 주장한다. 그러나 염색체의 수와 모양이 동일하고 후손이 이어진다면 늑대와 개는 동일한 종이다. 좌우간 염색체의 수와 모양이 같고 후손을 이어가면 동일한 종이고 후손을 이어가지 못하면 다른 종이다. DNA를 똘똘 뭉치면 염색체라는 점을 잊지 말아야 할 것이다.

7) DNA도 삼자로 되어 있다

모든 식물과 동물의 세포에서 동일한 유전자를 발견하였다는 것은 참으로 놀랄만한 사건이다.

누가 언제부터 식물과 동물의 공통점을 예상하였겠는가?
누가 언제부터 식물과 동물과 자동차의 공통점을 상상이나 하였겠는가?

어느 누가 감히 식물과 동물과 자동차와 달의 공통점을 상상이나 하였겠는가?

인간이 현미경으로 유전자를 발견하고 삼자를 발견한 것은 정말이지 감탄하고 감격할 사건이다. 현미경으로 만 가지 사물과 현상, 즉 만물만상(萬物萬象)의 조성 원리와 궁극(窮極)을 발견한 것이다. 만물이 삼자로 구성되어 있다면 우주는 하나의 원료와 하나의 원리로 조성된 것이 분명하다.

8) 세포 소기관

세포 소기관은 세포 내부에 있는 작은 기관이다. 현미경으로 보면 보인다. 식물 세포의 경우 미토콘드리아와 엽록체 등이 있다. 일부 대형의 세포 소기관은 세균이 다른 세포에 공생한 것으로부터 유래했을지 모른다는 내부 공생설이 있다. 미토콘드리아와 엽록체 같은 세포 소기관은 세포의 DNA와는 별도로 자신만의 이중 막과 DNA를 지니고 있기 때문이다.

9) 세포 내 공생설

원핵세포 안에는 핵이나 핵막이 없다. 진핵세포 안에는 핵이 있다. 세포 내 공생설(細胞內共生說, Endosymbiotic theory)은 서로 다른 원핵 생물들이 생존하기 위해서 진핵 생물로 진화하게 되었다는 가설이다. 가설(假說)은 가짜 주장이다. 원핵 생물이 다른 원핵 생물 안으로 들어가서 소화되지 않고 살아 있다가 공생(共生, 같이 삶)하게 된 것으로 상상하는 사람도 있는 것 같다.

조금 구체적으로 설명해 보자. 지금의 동물 세포 안에는 미토콘드리아가 있으나 엽록체가 없다. 식물 세포에는 미토콘드리아와 엽록체가 있다. 미토콘드리아와 엽록체는 공통으로 자체에 DNA, RNA, 리보솜을 가지고 있다. 자체적으로 유전 정보(DNA, RNA)를 가지고 있으며 자체적으로 리보솜에서 단백질을 합성할 수 있다는 의미이다.

미토콘드리아와 엽록체는 이중 막(二重膜, 내막과 외막)으로 둘러싸여 있다. 이 둘은 원래 독립된 개체였는데 애초에 원시세포 속으로 들어와서 공생하게 되었다는 주장이다. 조금 다른 주장도 있다. 호기성 세균이 진핵세포 안으로 들어가서 미토콘드리아가 되고 남세균 같은 광합성 세균이 엽록소를 가진 상태에서 진핵세포 안으로 들어가서 엽록체가 되었다는 주장도 있다. 이를 세포 내 공생설이라고 한다. 좌우지간 세포 내 공생설은 독립된 생물종 개체가 세포에 들어가서 자신의 정체성을 유지한 채 잘 살게 되었다는 가설이다.

학자들이 자유로운 상상력으로 가설을 세우는 것을 나무랄 수는 없지만 생명의 기원을 찾는 과정에서 그 공통점에 착안하였다는 점을 부인할 수 없을 것이다.

그러나 이것들이 참신한 아이디어 같지만, 미토콘드리아와 엽록체가 독립적으로 잘 살고 있는데도 불구하고 진핵세포 안으로 들어가 행복하게 살고 있다는 가설에는 몇 가지 문제가 있는 것이다.

첫째, 들어갈 이유나 목적이 없다.

미토콘드리아와 엽록체가 먼저 생겼나?
원핵세포가 먼저 생겼나?
미토콘드리아와 엽록체가 행복하게 잘 살고 있었는데 무엇 때문에 진핵세포 안으로 들어갔느냐?

이런 질문이다. 들어갈 이유나 목적이 없다는 것이다. 사실 들어갈 방법도 없다. 막연(漠然)히 들어갔다고 짐작하고 있다.

둘째, 지금도 미토콘드리아와 엽록체의 DNA, RNA, 리보솜과 이중 막은 독립생활을 가능하게 하는 이유가 된다. 그렇다면 지금도 독립적으로 생존해 있어야 한다. 그러나 지금은 독립적으로 생존하지 못하므로 이 또한 괴이(怪異)한 주장이다. 반대로 독립생활이 어렵다면 진핵세포 안에서 애초부터 공생해야 한다. 독립성을 가정해도 무리이고 의존성을 가정해도 괴리이다.

셋째, 호기성 세균과 미토콘드리아가 공통으로 호흡하는 것에 착안하고, 엽록소와 엽록체가 광합성 작용을 한다는 것에 착안한 나머지, 호기성 세균이 원핵세포 안으로 들어갔다면 호기성 세균은 미토콘드리아로 변신한 나머지 종적을 감추어야 한다. 지구촌에서 사라져야 한다는 것이다.

호기성 세균이 독립된 개체로 지금도 많이 살아 있다는 것을 어떻게 설명할 것인가?

넷째, 모든 호기성 세균이 원핵세포 안으로 들어가지 않고 일부이지만 다양한 호기성 세균들이 들어갔다면 미토콘드리아의 모양이나 기능은 다양해야 한다.

동물과 식물의 진핵세포 안에 있는 미토콘드리아의 모양이나 기능이 한결같은 점을 어떻게 설명할 것인가?

다섯째, 생존의 문제다.

식물 세포 안에 미토콘드리아와 엽록체가 없는 상태에서 식물 세포가 생존할 수 있는 것인가?

생존할 수 있었다면 생존 가능한데 무엇이 아쉬워서 그것들을 받아들이겠는가?

받아들일 이유나 목적이 없다는 것이다. 생존할 수 없었다면 식물 세포가 없는데 어디로 들어간다는 말인가?

여섯째, 선택의 문제다.

미토콘드리아가 먼저 들어갔나?
엽록체가 먼저 들어갔나?
동시에 들어갔나?
미토콘드리아와 엽록체가 무슨 의지가 있어서 약속했다는 말인가?

생명체는 자신의 운명을 결정하는 주체가 될 수 없고 능동성이 없다. 생명체 자신이 주체라면 들어가겠다는 의사 표현과 들어와도 좋다는 승낙이 역시 있어야 한다.
의사 표현과 승낙이 우연히 동시에 이루어질 수는 없다. 자동으로 들어가게 되어 있고 받아들이게 되어 있다면 지금도 자유로운 출입(出入) 현상이 나타나야 한다.
일곱째, 진화론자들은 우연을 좋아한다. 설명할 길이 없으면 우연으로 둘러댄다.
우연히 들어갔다면 우연히 나올 수도 있어야 하지 않겠는가?
진핵세포 안에서 밖으로 나와서 독립생활을 하는 개체도 있어야 하지 않겠는가?
호기성 세균이 수백 수천 종은 될 것이다.
동식물 세포 안에 공생하고 있는 미토콘드리아나 엽록체가 밖으로 나와서 독립생활을 하는 개체가 왜 하나도 없는가?
세포 공생설을 비판하는 질문은 더 있다. 세포 공생설이 사실이고 과학이라면 위의 일곱 중에서 한 가지라도 대답해야 할 것이다. 자연에서 관찰되지도 않고, 실험실에서 재현되지도 않고, 책상머리에서 턱을 괴고 추론해도 증거가 없다면 실체가 없는 것이 분명하다.

10) 세포설

모든 생물은 세포로 이루어져 있다. 동물과 식물과 미생물은 모두 세포로 구성되어 있다. 세포는 생명체의 최소 단위이다. 대부분 세포는 육안으로 보이지 아니할 정도로 작다. 아메바와 짚신벌레는 하나의 세포이다. 단세포 생물이다. 정자와 난자도 하나의 세포이다.

큰 세포도 있다. 개구리알과 계란은 하나의 세포이다. 세포는 기존에 살아 있는 세포로부터만 만들어진다. 이를 세포설이라고 한다. 실험실에서 물, 공기 따위의 무기물에서 유기물을 만들 수는 있지만, 유기물에서 생명체의 최소 단위인 세포를 만들 수 없다.

생명체를 만들 수 없다는 말이다. 생명체가 스스로 존재할 수도 없다는 말이다. 생명체가 우발적으로 존재할 수도 없다는 말이다. 최초의 세포는 어디에서 왔는지 아무도 모른다. 생명의 기원은 생명체가 아닌 것이 분명하다.

2. 유전자 조작

1) 염색체의 구조 변경

< 거위 >

< 군함새 >

오랜 습관으로 신체의 구조가 변경되려면 염색체의 수와 모양이 변경되고 DNA(유전자)의 염기서열이 변경되어야 한다. 습관은 태어난 후에 얻은 행동이므로 염색체의 수와 모양을 변경시킬 수 없다. 다윈은 멘델의 유전법칙을 몰랐다.

다윈은 『종의 기원』의 제6장 학설의 난점, 제2절에서 오리와 거위의 발에 물갈퀴가 있는데 물에서 명백히 헤엄치기 위한 것이라고 한다. 그러나 거위 중에서 육지에서만 사는 거위가 있고, 군함조(軍艦鳥, frigate bird)도 물갈퀴가 있는데 좀처럼 물가를 찾지 않고 있다고 설명한다.

반면에 쇠물닭(Water hen)은 물갈퀴가 없는데도 물에서 산다고 설명하면서 습성이 변했으므로 구조도 변할 것이라고 주장한다. 즉, 뭍에서 사는 거위와 군함새의 물갈퀴는 결국 사라지는 구조로 변하기 시작하였다고 주장하는 것이다. 다윈은 거위와 군함새는 물갈퀴가 사라지고 생존 경쟁과 자연 선택으로 육지를 지배하게 될 것을 전망한 것이다.

그러나 다윈은 자연을 잘못 관찰하고 추론하였다.

첫째, 습성이 구조를 변경시키고 종의 변신으로 이어진다면 모든 생물종은 끊임없이 변신하고 지금도 변신하고 있어야 한다. 생존 경쟁은 기나긴 지구의 역사만큼 오래된 것이므로 변신의 역사는 지구의 역사와 같게 된다. 따라서 지금도 생존 경쟁은 계속되고 있으므로 무수히 많은 진화 현상이 보여야 한다. 그러나 현재 단 한 종, 단 한 개체에서도 진화의 과정을 찾아볼 수 없다. 뭍에 사는 거위나 군함새는 1,000년 전부터 또는 10,000년 전부터 습성이 그렇게 변하였다면 지금쯤은 물갈퀴가 사라지고 없어야 한다는 뜻이다.

둘째, 물에 사는 거위와 뭍에 사는 거위의 염색체가 같은 여부를 먼저 조사할 일이다. 교배해서 후손이 나온다면 동종이고 단순히 습관만 다른 것이다.

셋째, 다윈의 상상력에 의하면 물에 사는 하마는 물갈퀴도 생겨나고 지느러미도 생겨서 점점 커져야 한다. 뱀도 헤엄을 잘 치니 지느러미가 생겨서 점점 커져야 하고 하늘을 나는 경우도 있으므로 옆구리 쪽 피부가 점점 늘어나서 날개도 생겨나야 한다.

넷째, 군함새는 애초에 큰 물갈퀴를 가지고 물에서만 살았다는 점과 쇠물닭은 애초에 육지에서만 살았다는 점을 다윈은 증명해야 한다.

다섯째, 어미 악어는 알을 뭍에 낳고 알에서 갓 부화한 새끼악어 15마리를 입 안에 넣고 안전한 물로 이동한다. 악어의 삶의 공간은 뭍과 물이다. '바다거북이'의 삶의 공간은 뭍과 바다이다. 가마우지의 삶의 공간은 하늘과 육지와 수심 8m까지이다. 거위와 군함새와 쇠물닭의 삶의 공간이 애초부터 하나였다는 의미인지 여럿이었다는 의미인지 다윈 자신도 모르는 말을 하고 있다.

위와 같이 다윈은 습성으로 인한 끊임없는 구조 변경을 상상하였으나 물에 사는 거위와 뭍에만 사는 거위의 DNA(유전자) 염기서열을 분석하면 구조의 변경 여부를 명쾌하게 판단할 수 있을 것이다. 상상하고 추측하는 것은 만인이 누려야 할 자유이지만 과학적으로 증명해야 할 것이다.

2) 호랑이 부부의 염색체 변경

단편 동화를 하나 써야겠다. 지금으로부터 3만 년 전에 프랑스 파리 근처 산골짜기에서 일어난 이야기이다. 호랑이 부부가 살고 있었다. 호랑이 부부는 나이가 많아 늙었지만 부자였다. 남부럽지 않은 가정이었지만 한 가지 아쉬운 점이 있었다. 그 부부에게는 새끼가 없었다. 가계를 이을 새끼가 없어서 늘 외로웠다. 이웃에 사는 친구 중 새끼가 네 마리인 경우도 있었다. 많은 새끼를 가지고 있는 친구들이 무척 부러웠다.

어느 봄날 화창한 날씨에 호랑이 부부는 도시락을 들고 뒷동산에 나들이를 떠났다. 도시락은 아내가 바나나로 준비하였다. 따스한 햇볕과 봄 내음이 호랑이 부부의 마음을 가볍게 만들었다. 조금 경사진 곳을 올라갈 때는 남편 호랑이가 아내의 손을 잡고 끌어주었다. 아내 호랑이는 자상한 남편으로 늘 행복하였다. 높지 않지만, 정상에 다다른 부부는 도시락을 먹기 시작하였다.

호랑이 부부가 바나나를 먹고 있을 때 갑자기 하늘이 어두워지기 시작하였다. 번개가 치고 60,000V(볼트)의 전압이 남편 호랑이에게 인가되었다. 이때 호랑이 정소에서 만들어진 정자에 바나나 유전자가 침투하여 정자와 공생하게 되었다. 호랑이 유전자와 바나나 유전자가 조합된 것이다. 새로운 정자가 되었다. 이 정자가 난자와 수정되어서 사람 배아가 되었다. 이 배아가 성장하여 남자 새끼를 낳았다. 호랑이 부부는 첫 새끼로 사람 새끼 수컷을 한 마리 낳은 것이다. 이듬해 봄에 또 봄날이 찾아왔다. 호랑이 부부는 변함없이 도시락을 들고 봄나들이를 떠났다. 도시락은 사과로 준비하였다. 호랑이 부부는 사과를 먹고 여자 새끼를 낳았다.

과학과 동화를 혼동하는 사람들은 노벨 생리의학상을 결코 받을 수 없을 것이다.

3) 침팬지와 원숭이의 염색체

침팬지의 염색체 수는 48개이다. 사람은 46개이다. 침팬지가 사람이 되었다고 주장하려면 침팬지의 염색체 2개(한 쌍)가 공중으로 사라졌는지, 땅속으로 꺼져버린 것인지 이웃 염색체로 융합된 것인지 설명을 해야 한다.

염색체가 4개가 2개로 융합되어 그 수가 줄었다면 나머지 44개(46개-2개) 염색체는 사람과 동일하다는 의미인가?

염색체 융합을 들먹이는 사람들은 금방 드러날 일을 서슴없이 주장하고 있다. 침팬지와 사람의 염색체는 44개가 같거나 유사하므로 침팬지가 사람의 조상이든지 공통 조상으로부터 분화된 형제 종(兄弟種)이라면, 분명한 점은 원숭이는 사람의 조상이 아니라는 의미일 것이다.

원숭이의 종은 다양하다. 염색체의 수도 각각 다르다. 어떤 원숭이의 염색체 수는 42개이다. 사람은 46개이다. 원숭이가 사람이 되었다고 주장하려면 원숭이의 염색체 4개(두 쌍)가 하늘에서 떨어졌는지, 땅에서 솟구쳤는지, 염색체가 분리된 것인지 설명을 해야 한다. 원숭이와 사람의 염색체는 42개가 같거나 유사하므로 원숭이가 사람의 조상이든지 공통 조상으로부터 분화된 형제 종(兄弟種)이라면, 분명한 점은 침팬지는 사람의 조상이 아니라는 의미일 것이다.

마찬가지로 쥐도 사람과 유전자가 일치하는 부분이 있다. 바나나도 사람과 일치하는 부분이 있다. 오랑우탄이나 고릴라도 사람과 일치하는 유전자를 가지고 있을 것이다. 이같이 염색체의 수가 유사하거나 공통 유전자를 가지고 있다고 하여 조상으로 단정하거나 형제종이라고 단정하는 것은 유전자에 대한 몰이해 때문이다.

염색체 수의 융합이나 분리를 상상하는 것도 자유이지만 수정란에서 융합 분리된 것이지 성체 상태에서 갑자기 변한 것이지 분명히 밝혀야 할 것이다.

다윈이 주창한 진화가 맞는다면 수십억 년 동안 500만 건이나 발생한 염색체의 융합 분리 현상은 지금도 수없이 발생하고 있어야 한다. 그러나 수천 년 동안 단 한 건도 발생하지 않는 현상이라면 염색체의 융합이나 분리 현상은 없는 현상이며 진화는 다윈의 머릿속에만 맴돌고 있었던 현상이었다.

4) 얼룩 송아지

대한민국 동요 <얼룩 송아지>를 소개한다. 박목월이 작사하고, 손대업이 작곡하였다. 송아지는 엄마를 닮는다는 내용이다. 대한민국은 어려서부터 멘델의 유전 법칙을 가르치고 있는 셈이다.

<얼룩 송아지>
송아지, 송아지 얼룩 송아지
엄마 소도 얼룩소 엄마 닮았네
송아지, 송아지 얼룩 송아지
두 귀가 얼룩 귀 귀가 닮았네
송아지, 송아지 얼룩 송아지
엄마 소도 얼룩소 엄마 닮았네.

대한민국의 선조들은 유전 법칙을 이미 알고 있었고 생활 속에서 경험한 듯하다. 비슷한 속담이 더 있다.
'왕대밭에 왕대 나고 서늘대 밭에 서늘대 난다.'
굵은 대나무밭에서는 굵은 대나무가 나오고 가느다란 대나무밭에서 가느다란 대나무가 나온다는 지극히 평범한 진리이다. 다윈은 DNA를 몰랐고 멘델의 유전 법칙을 몰라서 현대 생물학에 위배되는 말을 하였다.

5) 유전자 조작

유전자 조합이 우연히 이루어진다면 불특정 생물종 조상이 토끼를 낳을 확률과 사람 새끼를 낳을 확률을 비교하면 동일하다. 이런 예를 멀리서 찾을 필요가 없다. 78억 인종에서 토끼를 낳은 경우가 한 건만 발생한다거나 토끼가 사람을 낳은 경우가 한 건만 발생한다면 진화는 입증될 것이다.
이처럼 유전자 조합이나 분리는 어렵고 힘든 작업이지만, 유전자가 정말 우연히 조합되거나 분리되도록 하면 괴물만 출현하게 될 것이 분명하다. 이렇듯 유전자를 인위적으로 조합되거나 분리되도록 해야 어떤 새로운 종이 출현할 것이란 뜻이다.
나는 지금 유전자의 조작은 생명의 편집일 뿐, 진화가 아니라고 말하고 있다. 유전자를 자르거나 붙이거나 아무튼 유전자를 조작하여 새로운 종을 만들어 낸다 하더라도 반드시 후손이 이어져야 할 것이며 후손이 이어진다 하여도 기존의 생물과 조화를 이루어야 할 것이다. 이렇게 험난한 목표를 달성하여 새로운 종을 출현시킬지라도 진화를 입증한 것은 아닐 것이다.

6) 침팬지가 인간으로 변신할 확률

침팬지 수컷은 염색체의 수가 46개인 남자로 진화하고 침팬지 암컷은 염색체의 수와 모양이 남자의 것과 동일한 여자로 진화하여, 두 사람이 눈이 마주쳐 결혼할 확률을 계산해 보라. 고철장에 있는 다양한 부품 46개에 번개가 내리쳐서 자동차가 만들어질 확률보다 작을 것이다. 혹시 수학을 잘 못 하는 진화론자는 수학을 잘하는 학생에게 계산을 부탁해 보면 틀림없이 0%일 것이다. 혹이나 계산을 잘못하여 1%라고 해도 두 침팬지가 우발적으로 진화되지 않을 확률은 99%일 것이다.

그래도 확률을 꾸역꾸역 계산해 보자. 침팬지 암컷이 염색체를 2개 또는 101개를 가질 수도 있으니 46개를 가질 확률은 1/100이다. 침팬지 수컷도 염색체를 2개 또는 101개를 가질 수도 있으니 46개를 가질 확률은 1/100이다. 단순하게 염색체의 수효만 가지고 계산해도 암수 염색체의 수가 일치할 확률은 100분의 1(1/100)이다. 시공간(時空間)이 일치할 확률도 계산해야 한다. 이러한 계산은 틀림없이 0%가 될 것이다. 침팬지의 변신할 권리와 자유는 다윈이 부여해 준 것이 분명하다.

7) 동물의 수명

자연 선택이나 적자생존은 같은 이론이다. 적자생존의 원리가 적용된다면 동물의 수명은 점점 길어져야 한다. 개나 소를 관찰하면 먹으려는 의지가 있는 것이 분명하다. 죽이려 하면 거의 모든 동물은 저항한다. 누구의 말대로 오래 살고 종족을 보존하려는 이기적인 유전자가 있기 때문이다.

수명이 짧은 놈은 일찍 죽어 단명(短命) 유전자는 점점 사라질 것이다. 반면에 환경에 적응하는 놈은 점점 장수할 것이다. 따라서 개의 수명은 점점 연장되어야 한다. 죽지 않고 오래 살려 하기 때문이다.

그러나 살아남기 위해서 애쓰고 노력하는데도 불구하고 동물의 수명은 늘어나지 않는다. 자연 선택이 맞는다면 동물의 수명은 계속 늘어나야 한다. 개의 수명은 대략 18년이다. 소의 수명은 대략 20년이다. 사람의 수명은 대략 90년이다. 모든 사람의 소원 중 하나는 무병장수일 것이다. 사람의 수명은 1,200년으로 진화하지 않고 있다. 동물의 수명이 진화하여 연장되지 않는바 이기적인 유전자는 예나 지금이나 동일하기 때문이다.

3. 생명의 기원

1) 기원에 대한 궁금증

모든 사람이 기원을 궁금해하고 뿌리를 찾으려고 애쓰고 있다. 사물의 기원이든 생명의 기원이든 뿌리를 찾으려는 측면에서 동서고금, 빈부귀천, 흑백 황색을 가리지 않고 모든 사람이 과학자이고 철학자이고 신학자이다.

모든 생명체는 움직인다. 섭취, 소화, 배설, 분열, 복제, 성장하면서 움직인다. 움직임이 생명 현상이다. 전자 현미경으로 세포의 단면을 관찰하려면 세포를 아주 얇게 잘라야 하는데, 자르면 세포가 죽는다. 세포는 생명의 기본 단위이지 생명의 기원이 아니다. 전자 현미경으로는 죽은 상태의 세포만 관찰할 수 있다. 광학현미경으로는 살아 있는 세포를 관찰할 수 있다. 세포를 쪼개면 탄소(C), 수소(H), 산소(O), 질소(N)도 등이 보이고 이들을 계속 쪼개면 삼자가 보이는데 생명은 보이지 않는다는 뜻이다. 생명은 심장에도 없고 뇌하수체에도 없는 것이다. 형상과 질량이 없기 때문이다. 현미경으로 절대 보이지 않는다는 의미이다. 물질을 쪼개고 나누어가면서 현미경으로 생명을 찾는 사람은 생명이 형상과 질량을 가지고 있다고 주장하는 사람과 다를 바 없다.

반대로, 쪼개진 물질을 역방향으로 모아도 생명 현상은 나타나지 않는다. 삼자에 생명이 없듯이 물질을 모아도 생명이 생기지 않는다. 포도당이나 단백질 지방 같은 유기물을 조합해도 생명은 발생하지 않는다.

2) 생명의 본질

그렇다면 물질과 함께 있었던 생명 현상은 어디로 갔을까?

앞에서 생명은 본질은 모른다고 했다. 바르게 표현하면 모를 수밖에 없다. 생명 현상을 육하원칙으로 설명할 때 무엇(What)과 어떻게(How)는 상세하게 알지만, 생명 현상의 주체와 목적은 모른다는 의미이다.

앞으로 몇 년 지나면 인공지능(AI)에 물질과 생명의 기원을 물어볼지도 모른다. 인공지능 컴퓨터는 지식이나 판단에 있어서 사람을 능가하여 마치 사람처럼 말하고 판단할 것이다. 이미 빅데이터(Big Data)나 인공지능에 주가를 예측하게 하고 거기에 의존하고 있다. 일부 사람이 자연 법칙이나 수학을 신으로 믿고 섬기듯이 말하는 컴퓨터를 신으로 등극시키고 그 컴퓨터를 섬길 것이 뻔하다. 나무나 돌을 보고 엎드려 절했던 사람들이 컴퓨터를 보고 절하는 사태가 벌어질 것이다.

사실은 물질이나 생명의 본질이나 만물 만상이 우연히 존재하고 스스로 존재한다고 믿는 것이며, 이를 과학적으로 증명하고 싶은 것 아닌가?

3) 똑똑한 인간

인간은 똑똑하다. 인간은 우주의 기초를 다시 설계할 수 있을 듯이 똑똑하다. 전자 현미경과 천체 망원경을 만들었으니 그러하다. 중성자가 쿼크(Quark)로 되어 있다는 비밀을 밝혀냈으니 그러하다. 자동차와 인공위성을 만들었으니 과연 그러하다. 어떤 행성에서 물의 흔적만 발견되어도 생명체를 상정하면서 흥분하는 것을 보면 과연 그러하다. 몇 년 있으면 자율주행 자동차와 무인 전투기, 수소 전기 자동차, 인공지능, 양자 컴퓨터까지 만들어내고 인간 만세를 외칠 것이다.

여러 인간의 뇌를 서로 연결하는 뇌망(Brain Web)으로 인해 두뇌의 능력을 수천 배 좋아지게 할지도 모른다. 그러할지라도 인공지능과 양자 컴퓨터는 필연의 산물이 될 것이다.

똑똑한 인간이라면 모든 영역, 즉 자연계, 인공계, 인문계에 있는 사물과 현상에 대하여 어떻게(How)에 한하여 설명하는 것으로 만족하지 않고, 주체(Who)와 목적(Why)을 부여해야 본질을 파악할 수 있다는 사실을 익히 알고 있을 것이다. 이를 정말로 모른다면 무지한 인간이다.

4) 타이어의 기원

자동차는 인공계의 산물이다. 자동차는 엔진, 피스톤, 배터리, 타이어, 변속 장치, 기어(Gear, 톱니바퀴) 장치 등 수 많은 부품과 장치로 구성되어 있다. 그런데 자동차에서 타이어의 출처나 기원을 알려면 타이어에 관한 정보가 있어야 한다. 정보 없이 타이어의 성능을 분석하고 구성요소를 쪼개고 분석하면 기원을 알 수 없을 것이다. 타이어를 누가, 언제 만들었는지 알 수 없다는 것이다. 타이어에 관한 정보를 문자나 숫자 따위로 타이어에 새겨놓거나 누군가 알려준다면 아주 쉽게 알 수 있지만, 구체적인 정보 없이 타이어의 기원을 자동차에서 찾을 수 없다.

타이어는 타이어 공장에서 만들어진다. 타이어의 설계, 제작자 등 구체적인 정보는 타이어나 자동차를 설계하고 만든 주체만 알 수 있다. 타이어로 자동차를 만들었지만, 타이어의 기원은 자동차가 아니며 타이어의 기원을 자동차에서 찾을 수도 없다. 따라서 자동차 부품의 기원은 자동차가 아니다. 구성요소로 완성품을 만들었지만, 구성요소의 기원은 완성품이 아니다.

5) 줄거리의 기원

소설은 인문계의 산물이다. 소설은 줄거리, 인물, 사건, 배경 등 여러 요소가 문자 형식으로 구성되어 있다. 그런데 소설에 명시된 줄거리의 출처나 기원을 알려면 줄거리에 관한 정보가 있어야 한다. 줄거리를 분석하고 연구해도 기원을 알 수 없을 것이다. 줄거리를 누가, 언제 만들었는지 알 수 없다는 것이다. 줄거리의 정보 없이 줄거리의 기원을 알 수 없다는 것이다. 줄거리에 관한 정보를 소설에 명시하거나 누군가 알려준다면 쉽게 알 수 있지만, 구체적인 정보 없이 줄거리의 기원을 소설에서 찾을 수 없다는 뜻이다.

줄거리의 구성, 저작 등 구체적인 정보는 소설을 기초하고 입안하여 주체한 작가만 알 수 있다. 줄거리로 소설을 만들었지만, 줄거리의 기원은 소설이 아니며 줄거리의 기원을 소설에서 찾을 수도 없다. 따라서 줄거리의 기원은 소설이 아니다.

6) 생명의 기원은 생명체가 아니다

동식물은 자연계의 산물이다. 동식물은 세포로 구성된 생명체이다. 그런데 생명체의 기본 단위인 세포의 출처나 기원을 알려면 세포에 관한 정보가 있어야 한다. 세포를 분석하고 연구해도 기원을 알 수 없을 것이다. 세포를 누가, 언제 만들었는지 알 수 없다는 것이다. 세포의 정보 없이 세포의 기원을 알 수 없다는 것이다. 세포에 관한 정보를 생명체에 명시하거나 누군가 알려준다면 알 수 있다. 구체적인 정보 없이 세포의 기원을 생명체에서 찾을 수 없다. 세포의 설계, 창조자 등 구체적인 정보는 생명체를 기초하고 창조한 주체만 알 수 있다. 생명의 기원을 생명체에서 찾는 것은 부질없는 짓이다.

7) 피조물의 신격화

만물만상은 정확하고, 불변하고, 거대하고, 우주적이기 때문에 신비롭고 오묘하다. 한편으로는 두렵기도 하다. 만물 만상을 자연 법칙이나 수학으로 표현하거나 설명하는 존재는 사람이다. 사람이 만물 만상을 조성하거나 자연 법칙을 만든 것이 아니고, 이미 만들어진 자연 법칙을 나중에 발견하고 수학적인 도구로 표현한 것이다.

따라서 자연 법칙을 발견한 사람을 위대한 사람으로 존경하고 추앙하는 것은 자연스러운 일이지만 자연 법칙이나 수학을 스스로 존재하는 신(神)이라고 여긴다면 이를 발견한 과학자는 신(神)을 발견한 사람이 아닌가?

또한, 자연 법칙이 수정된다면 신도 수정되어야 한다. 한 가지 더 있다. 자연 법칙을 이용하는 사람은 신을 이용하는 사람들이 된다. 더 큰 오류가 있다. 멘델의 유전 법칙은 자연 법칙이므로 진화론은 자연 법칙 앞에 무릎을 꿇어야 한다.

제9장

중간체

아메바가 지렁이로, 지렁이가 버들치로 진화되었다면 지렁이가 중간체(中間體)이다. 버들치가 개구리로 진화하였다면 버들치가 중간체이고 개구리는 말단 종이다. 중간체란 진화 단계에서 중간에 있어야 할 생명체를 말한다. 중간체는 있다고 주장해도 문제이고 없다고 주장해도 문제다. 진화란 원래부터 없는 현상이기 때문이다. 이 장에서는 중간체가 있다고 전제해도 모순이고, 없다고 전제해도 모순이 발생한다는 점을 설명한다.

1. 중간 과정

1) 침팬지 같은 사람

아주 많은 사람이 생각하고 있는바 장구한 세월 동안, 수십억 년 동안, 점진적으로 침팬지가 사람으로 변신하였다면 침팬지와 사람 사이에 무수히 많은 점진적인 변종이 사람으로 탈바꿈하고 있어야 한다. 그러니까 지금도 90%는 사람이고 10%는 침팬지인 변종이 살고 있어야 하고, 동시에 10%는 사람이고 90%는 침팬지인 변종이 생존해 있어야 한다. 침팬지와 사람 사이의 중간 변종이 무수히 많이 살고 있다면 날이면 날마다 다양한 변종이 사람으로 완성되는 장면이 연출될 것이다.

2) 중간 과정

사람은 참으로 좌우 극단으로 치우치지 않고 중간 개념에 익숙해져 있는 듯하다. 찬물과 뜨거운 물의 중간에 미지근한 물이 있다. 백색과 흑색의 중간에 회색이 있다. 여름과 겨울 중간에 봄과 가을이 있다. 계란과 어미 닭 중간에 병아리가 있다. 생사(生死) 사이에 삶이 있다. 이렇듯 자연 만물은 중간 과정을 거쳐서 끊임없이 변하는 것처럼 보인다.

들에 핀 화려한 꽃도 시들고, 막강한 정치 권력도 쇠하며, 사람의 몸도 마음도 세월이 흘러감에 따라 변한다. 그래서 장구한 세월이 흐르면 모든 것이 변하는 것으로 생각한다.

사실 그렇다. 태양도 영원할 것 같지만 수명이 있어서 언젠가는 빛을 잃고 말 것이다. 머지않아 하늘이 연기같이 사라지며 땅이 옷같이 해어질 것이다. 제행무상이라는 말도 떠오른다. 모든 것이 일정하게 고정되어 있지 않고 변한다는 의미일 것이다.

이처럼 모든 사물과 현상은 고정적인 것이 아니라 항상 변하고 있으며 그 과정에 중간이 있는 것으로 생각한다. 특히 진화 과정에서는 공통 조상이라는 중간 단계를 거쳐서 다른 종으로 진화되는 것으로 상상한다.

3) 장구한 세월

많은 사람이 진화는 장구한 세월 동안 천천히 아주 느리게 진행되었다고 상상한다. 기간을 수만 년 내지 수억 년으로 길게 상상한다.

진화론자들은 다윈을 빙자(憑藉)하여 진화를 주장하면서 진화의 과정과 구체적인 메커니즘(Mechanism)을 장기간(長期間) 속에 묻어버린다. 중간체가 없다는 점도 장기간 속에 묻어버린다. 화석이 사라지고 없다는 점도 장기간 속에 함몰시킨다. 자연 선택과 우연도 '장기간'에 속에서는 얼마든지 가능하다. 다윈은 장기간에 기대어 진화에 대한 과학적 증명을 회피하였다. 그렇다고 하여 진화를 과학적으로 증명해야 하는 책임이 면제되는 것이 아니다. 다윈의 후예들도 증명에 대한 면책 특권이 없는 것으로 보인다.

4) 날치의 진화

다윈은 탁월한 상상력을 가지고 있었지만, 과학적으로 증명하지는 못했다. 날치는 날개를 가지고 있다. 물 위를 잠시 날 수 있는 물고기이다. 날개를 위아래로 젓지 못하지만, 100m까지 날 수 있다. 다윈의 눈에는 날치가 연어와 가마우지의 중간체처럼 보였다. 머지않아 점진적으로 완벽한 날개를 갖게 될 것으로 상상하였다.

그렇다면 아프리카 마다가스카르의 벨록스 시파카(Verreaux Sifakas) 여우원숭이는 다른 원숭이에 비해 팔이 짧고 약하지만, 다리는 튼튼하다. 그래서 두 다리로 뛰는 것이 가능하고 옆으로 뛰는 것도 가능하다. 높이 뛰어오르면 8m까지 뛸 수 있다고 한다. 높이뛰기 선수이다. 이 원숭이를 다윈이 보았다면 틀림없이 네 발을 잘 쓰는 원숭이가 두 발을 잘 쓰는 사람으로 변신하고 있는 중간적 변종으로 보았을 것이다.

5) 베르베르 원숭이의 진화

사람은 기다란 막대기를 두 손으로 잡고 외줄을 탈 수 있다. 다윈이 '베르베르 원숭이'(Berber Monkey)가 손에 막대기 같은 기다란 물체의 도움 없이도 균형을 잡고 외줄 타는 장면을 보았더라면 인종도 머지않아 베르베르 원숭이로 진화될 것으로 상상하였을 것이다. 베르베르 원숭이의 능력이 인종보다 더 뛰어나기 때문이다.

다윈의 후예들도 인종의 진화모델로 베르베르 원숭이를 상정하고 있는 것일까?

< 베르베르 원숭이 >

6) 우연한 중간체

진화론은 아주 심한 비판을 받아야 마땅하다. 비판을 반복해서 해 보자. 지구촌에 사는 코스모스가 동시에 동일 공간에서 모두 백향목이 되었다면 코스모스는 없어져야 한다. 코스모스가 지금도 살아 있으므로 일괄적인 진화는 허구이다. 진화론자들은 코스모스가 일부 지역에서 일부만 진화되었다고 둘러댈 것이 뻔하다. 그렇다면 유럽 코스모스도 백향목이 되어야 하고 아마존 코스모스도 우연히 백향목이 되어야 한다. 아프리카 코스모스도 우연히 백향목이 되어야 한다. 아시아 코스모스는 우연히 진화를 거부해야 한다.

이와 같이 진화는 우연에 기초하고 있다. 여러 곳에 흩어진 코스모스들이 '우연'히 '모두' 백향목이 될 수도 없고 '우연'히 '일부'만 백향목이 될 수도 없다. 우연한 중간체는 있을 수 없다는 의미이다.

2. 중간체가 있어야 한다

1) 점진적 변이는 없다

다윈은 모든 생물종이 진화 과정에 있는 것으로 파악하였지만 모든 생물종이 진화를 멈춘 지 적어도 수천 년이 흘렀다. 다윈의 주장이 바르다면 1,000년 기간에도 수만 종이 변이 또는 변화를 일으켜야 한다. 다윈의 주장이 바르다면 100년 기간에도 수만 종이 변이 또는 변화를 일으키고 있어야 한다. 다윈의 주장이 바르다면 10년 기간에도 수만 종이 변이 또는 변화를 일으키고 있는 과정이 관찰되어야 한다.

다윈의 주장이 바르다면 지금도 변이 또는 변화 과정이 관찰되어야 한다. 더 정확히 말하자면 500만 종에서 변신 중(變身中)이 지금도 관찰되어야 한다.

다윈의 상상력은 고삐 풀린 상상력에 불과하였다. 다윈의 관찰 실력은 유치하기 짝이 없어서 수천 년 동안 꿈적도 하지 않고 있는 500만 종의 비난을 받는 것이다.

2) 개구리 중간체

구체적인 예로, 개구리가 뱀으로 수십억 년 동안 천천히 진화되었다면 무작위 진화이므로 양서류와 파충류 사이에 수천억 종의 생명체가 지금도 생존해 있어야 한다. 99%는 개구리의 형질을 가지고 있고 1%는 뱀의 형질을 가지고 있는 중간체가 있어야 한다는 뜻이다. 물론 1%는 개구리의 형질을 가지고 있고 99%는 뱀의 형질을 가지고 있는 중간체도 있어야 한다. 개구리와 뱀 사이에 개구리 같은 뱀과 뱀 같은 개구리가 무수히 많이 존재하게 된다는 뜻이다. 화석 몇 조각으로 무한히 있어야 할 중간체의 존재를 증명해 보이겠다는 자세는 과학적인 자세가 아니다. 무한히 많은 화석이 필요 없다. 중간체는 반드시 생존해 있어야 한다. 화석이 생존을 대체할 수 없다.

무한히 많은 중간체가 지금까지 생존해 있어야 하는데 왜 단 한 종도, 단 한 마리도 생존하지 못하는가?

3. 중간체가 없어야 한다

1) 인간선 중간체

아메바가 동시에 모두 멍게로 진화하였다면 아메바는 사라져야 한다. 아메바, 멍게, 버들치, 개구리, 악어, 황새, 침팬지는 모두 인간선(人間線) 중간체이다. 사람이 되기 위한 중간체에 불과하다. 다윈의 주장처럼 눈과 날개, 지느러미, 팔 등 새로운 신체 기관이 생겨나고 여러 단계를 거쳐서 완벽한 기능을 하게 되었지만 중간체는 멸종되었다면 인간선을 이루는 중간체가 모두 없어야 하는데 중간체가 생존하고 있는 것이다.

2) 열등한 개구리

다윈의 후예들은 다윈의 입을 빌려서 중간체는 멸종했다고 대답할 것이다.
그러면 개구리는 왜 멸종되지 않고 지금까지 살아 있는가?
개구리가 적자생존의 이론에 따라서 더 우월한 종으로 진화하였는데 우월한 중간체가 멸종하고 열등한 개구리는 왜 살아 있는가?
질문을 다르게 할 수도 있다.
환경에 불리한 개구리는 왜 살아 있는가?
어떤 사람들은 중간 과정(Mid-process) 없이 개구리가 뱀으로 진화되었다고 말할지도 모른다. 그렇다면 중간적인 변종이 없이 어느 날 갑자기 개구리가 뱀이 되었다는 셈이 된다. 점진적인 과정을 생략하면 개구리는 자연선택으로, 전격적으로 뱀이 된 것이다. 지구촌의 일부 개구리만 전격적으로 뱀이 되었다면 지금의 개구리는 환경이 불리하기 때문에 모두 멸종해야 한다.

지금의 개구리가 왜 살아 있는 것인가?

3) 중간체의 비극

진화론자들은 다음 질문에도 대답해야 한다.

개구리가 뱀으로 진화하여 우월한 개체가 되었는데 개구리는 자신을 잡아먹는 뱀으로 진화하였다는 말인가?
개구리는 뱀이 되었는데 우월한 종으로 된 것인가?
열등한 종으로 된 것인가?

진화론자들은 대답할 수 없을 것이다.
진화론자들은 일부 지역에서는 뱀으로 진화되었다고 말할지도 모른다. 그러면 그 지역에서는 개구리가 없어야 한다. 뱀이 사는 곳에 개구리가 없어야 한다는 뜻이다.
이와 같이 진화에는 어떤 원리도 없고, 어떤 규칙도 없고, 어떤 법칙도 없다. 뱀이 자기의 조상인 개구리를 잡아먹고 후손인 쥐도 잡아먹는다. 살존살비만이 진화의 양상이다. 진화론자들은 망상(妄想)에서 벗어나야 한다.

4. 부존재(不存在)

1) 사라진 신발

　오랫동안 사용한 내 신발을 버리거나 불에 태우면 그 신발은 분해되어 더 이상 존재하지 않는다. 내 신발은 과거에 있었지만 사라지고 지금은 없다는 의미이다. 무엇을 없애버리면 사라진다. 그 신발의 질량이나 형태가 없는 까닭에 저울에 달아볼 수 없다. 눈으로 볼 수 없다. 손으로 만질 수도 없다.
　노예 제도가 철폐되면 노예 제도는 더 이상 존재하지 않는다. 내 마음속에 있는 탐욕은 만족으로 없애버릴 수 있다. 미움은 사랑으로, 어둠은 빛으로 극복할 수 있다. 무엇이든지 사라지면 존재하지 않는다. 그래도 이미 사라진 사물이나 현상을 인식할 수 있다. 과거에 있었던 상태를 기억할 수도 있다.

2) 에테르

　바닷물의 움직임이 파도이다. 바닷물의 파동이 파도이다. 파도가 밀려오려면 물이 있어야 한다. 물은 매질이다. 마찬가지로 빛을 파동으로 보면 빛은 매질이 있어야 한다. 태양 빛이 지구까지 도달하려면 태양과 지구 사이에 매질이 있어야 한다. 그래서 물리학자들은 그 매질을 '에테르'(Ether)라고 가정하였다. 그러나 에테르는 없는 것으로 밝혀졌다. 에테르를 머릿속으로 상상하였지만 에테르는 애초부터 없었다. 에테르를 상상할 수 있지만 없으므로 인식할 수 없다.

3) 부존재

부존재(不存在, Non-existing)란 '존재하지 않음'을 뜻한다. 실제로 존재하는 실체를 얼마든지 상상할 수는 있지만, 없어서 인식할 수 없는 경우도 있다. 실재하지 않아서 인식할 수 없는 부존재의 양태를 세 가지로 분류해 보았다.

첫째, 도달 불가한 부존재이다. 애초부터 없었기 때문에 어떤 상태에 이를 수 없는 경우이다. 예컨대 기다란 나무를 토막 내어 짧게 만들 수 있지만 음의 길이에 도달할 수 없다.

절대 압력으로 가장 낮은 압력은 0이다. 진공보다 낮은 압력은 자연계에 없다. 음압이란 없다. 인공적으로 음압 상태를 만들 수도 없다. 그러므로 절대 압력이라고 한다.

절대 온도도 마찬가지이다. 0K(kelvin, 캘빈)이 가장 낮은 온도이다. 섭씨로 (-)273.15°C 이하의 온도란 자연계에 없다. 그러므로 차가움을 더 차갑게 할 수 없다. 인공적으로 이런 상태를 만들 수도 없다. 밝기의 정도를 표시하는 단위는 럭스(lux)이다. 어두움을 더 어둡게 못 한다. 그러므로 음의 조도란 없다. 실재할 수 없으므로 인식할 수 없다.

둘째, 특정 불가한 부존재이다. 선택하여 정할 수 없는 경우이다. 계속 변하기 때문에 정지시킬 수 없다는 의미도 담겨있다. 예컨대 가장 큰 수를 특정해서 제시할 수 없다. 절대자보다 더 큰 절대자를 특정할 수 없다. 무한히 커지고 있는 상태의 수를 상상할 수는 있지만 가장 큰 수는 특정할 수도 없고, 실재할 수 없으므로 인식할 수 없다.

셋째, 설정 불가한 부존재이다. 존재 자체가 불가능하다는 깊은 뜻도 담겨있다. 사람의 방편으로 설정하는 것이 불가능한 경우도 있다. 뜨거운 얼음이나 추운 지역에 사는 열대 식물이나 고양이 뿔은 설정할 수 없다. 얼음이 뜨거운 상태를 상상할 수는 있지만 뜨거운 얼음을 설정할 수도 없고, 실재할 수 없으므로 인식할 수 없다.

부존재 양태	대상	실재 여부
도달 불가	음압	실재 불가능
특정 불가	가장 큰 수	실재 불가능
설정 불가	뜨거운 얼음	실재 불가능

< 부존재 >

위와 같이 실체를 머릿속에서 상상할 수는 있지만, 음압이나 가장 큰 수, 뜨거운 얼음 같은 것은 실재하지 않아서 인식할 수 없다. 상상력이 풍부한 사람일수록 없는 실체가 있다고 인식하는 오류에 빠지기 쉬울 것이다. 실재하지 않은 사물이나 현상을 인식하는 것을 망상이라고 한다. 실체가 없는 부존재를 인식하는 사람들은 망상에 시달릴 것이 분명하다.

5. 중간 구조

1) 중간체의 수

다윈은 『종의 기원』 제6장 학설의 난점, 제1절에서 중간적 변종이 무수히 존재할 것이라고 주장하였다. 조상이 점진적으로 변이를 일으켜서 무수히 많은 중간적 변종을 거치게 되는데 자연 선택에 의해서 중간적 변종이 멸절되었고, 중간적 변종의 증거는 단속적으로 발견되는 화석이라고 주장하였다.

다윈은 무수히 많은 중간적 변종을 주장한 것이다. 그렇다. 진화가 과학적인 사실이라면 무작위 진화가 제격이다. 무수히 많은 중간적 변종이 존재했었다면 이는 화석으로 증명되어야 한다. 현재의 생물종이 500만 종이라고 가정하면 중간적 변종의 수는 10,000을 곱하여 500억 종이 되었을 것이다. 수는 가정한 것이므로 독자에 따라서 다를 것이지만 무수히 많은 중간적 변이들이 화석으로 발견되어야 한다는 것이다. 500억 종의 화석 중에서 0.01%만 발견되어도 500만 종의 화석이 발견되어야 한다. 지금까지 발견된 화석의 종이 5만 종에 불과하다면 무수히 많은 중간적 변종은 없었다는 셈이 된다.

내가 지나치게 수학적으로만 따진 것 같으니 범위를 좀 좁혀보자. 현재 인간의 수는 78억이므로 개체 수가 아주 많고 지구촌 거의 모든 곳에 분포되어 있다. 인간은 진화의 말단 종이므로 인간의 바로 위에 존재하였던 중간적 변종에 해당하는 화석이 무수히 발견되어야 한다는 것이다. 사실은 그것도 아니다.

인간선(人間線)을 확정하지도 못하고 있는 상태에서 말라비틀어진 화석을 5만 종 찾은들 무슨 소용이 있겠는가?

2) 타종 교배

유전자가 자연에서 우연히 조합되고 새로운 생명체가 되었다는 표현에 대해서도 생각해 보자.

유전자가 어떻게 스스로 조합되었을까?

가장 높은 확률은 A종 암컷과 B종 수컷의 교배이다. 예를 들어서, 암컷 말과 수컷 소의 수정으로 새로운 생명체가 탄생한다고 가정하면 그럴듯하다.

그러나 말과 소는 자연 상태에서 서로 수정하지 않고 실험실에서도 불가능하다. A종과 B종의 염색체 수와 모양이 다르면 교배는 불가능하다. 노새는 당나귀 수컷과 말 암컷 사이에서 태어난 잡종인바 새끼를 낳지 못한다. 후손을 잇지 못한다. 호랑이와 사자 사이에서도 라이거가 태어나지만, 마찬가지로 2세, 3세로 후손이 이어지지 않는다. 서로 다른 두 종, 즉 다른 두 생명체의 유전자(DNA)가 조합되려면 암수 두 염색체의 수와 모양이 일치해야 한다.

　염색체가 서로 다른 까닭에 타종 간에 교배는 불가능하다. 자연에서 타종 간에 교배가 가능하다면 종의 수는 무수히 많아져야 한다. 예컨대 말이 소와 교배하고, 소나무와 교배하면 다양 다수 생명체가 탄생하게 된다. 그들이 또 타종 교배(他種交配)하면 인류도 사라지고 괴물들로 가득 찰 것이다. 종의 수가 무한히 많아지면 종의 경계가 무너지고 결국 괴물과 괴물로 가득하게 된다는 말이다.

3) 유전자 조합

　타종 교배가 자연에서 가능한 현상이라면 지금도 타종 교배 현상이 보여야 한다. 진화론자들은 지금은 왜 타종 교배가 멈추었는가를 설명해야 하는 과제가 생긴다. 서로 다른 두 종의 정자를 하나의 난자에 넣어보라. 아니면 하나의 정자를 둘로 쪼개서 난자에 넣어보라. 유전자 가위로 유전자를 여기저기 마구 잘라서 이것저것 조합해 보라. 괴물 아니면 좀비(Zombie, 살아난 시체)만 출현할 것이다. 유전자 조합이 실험실에서 가능하여 괴물을 만든다고 해도 진화를 증명하는 것은 아니다.

　한 가지 더 있다.

　유전자가 우연히 조합될 수 있다면 분리되었다는 추론도 해야 할 것이 아닌가?

　진화론자들에게 과제가 점점 쌓여 간다. 이러다 뿌리도 못 찾고, 진리도 못 찾을 것이다.

　폐일언(蔽一言)하고 유전자의 우연한 조합을 전제하면 무한히 많은 종이 존재해 있었다가 무한히 많은 종이 멸종하였다는 결론이 나온다. 모두 틀린 추론이다. 유전자의 우연한 조합도 허구이고, 무한한 종의 멸종도 허구이다. 진화 자체가 애초부터 없는 현상이기 때문이다.

4) 유전 정보의 증가

아무것도 없는 상태(Nothing)에서 유전 정보를 증가시키면서 무엇인가 있는 상태(Something)가 되도록 만드는 과정은 창조 과정이다. 생명 스스로 어떤 기관을 대칭으로 설계하고 만들어 붙여서 그 유전 정보를 후손에게 전달하도록 창조하는 것은 불가능하다.

다윈은 생물 스스로 유전 정보를 창조하기도 하고, 불필요하면 언제라도 없애버리고, 옆에 있는 생물의 것을 훔쳐 와서 더하기도 하고, 여차하면 둘로 나누기도 하는 능력을 상상한 것이다. 다윈의 상상력은 속임수가 되어버렸다. 그가 멘델의 논문을 한번 읽어봤더라면 상상의 나래를 펼치지 않았을 것이다.

5) 유전자 변형

다른 측면에서 살펴보자. 실험실, 수술실, 공장, 연구실 등 사람이 목적을 가진 인위적인 행위에서만 도출되는 결과가 있다. 예컨대 유전자 변형 식품(GMO), 인공심장박동기, 자동차, 헌법 등이다. 자연에서는 만들어질 수 없는 것들이다. 반대로 자연에서만 만들어지는 것들이 있다. 예컨대 별, 핵융합 반응, 블랙홀, 행성의 운동, 지진, 태풍 등이다. 실험실에서는 만들어질 수 없는 것들이다. 실험실에서 가능한 일이 있고, 자연에서 가능한 일이 있다는 뜻이다.

이런 명제를 바탕으로 진화 이야기를 계속해 보자. 생명체가 진화되려면 DNA(유전자)가 바뀌어야 한다.

누가 언제 바꾸는가?
생존 시에 바꾸는가?
수정 상태에서 바꾸는가?

사람의 몸에는 60조 내지 100조 개의 세포가 있다고 한다. 60조 개의 세포마다 염색체가 있고 염색체 안에 유전자가 있다. 사람 몸에 동일 유전자 60조 개가 세포에 복제되어 있다. 생존 시에 60조 개의 세포 모두를 바꾸는 일은 쉬운 일이 아니다. 만약 실험실에서 60조 개 세포를 모두 바꾸거나 염색체를 바꾸거나 하는 일도 여간 어려운 일이 아니다. 정자와 난자가 수정된 직후에 수정란 상태에서 특정 유전자를 잘라내고 다른 유전자로 교체하는 일도 쉬운 일이 아니다.

좌우지간 실험실에서 유전자를 조작한다는 것이 쉽지 않다. 그런데 자연 상태에서는 저절로 발생할 수 있는가 하는 점이다. 유전자 조작은 인위적으로도 어렵고 자연적으로는 불가능하다는 말이다.

생명체의 생존 세포에 형질을 더하여 고기능 생명체로 변환시키는 것이 실험실에서도 어렵고 자연 상태에서는 불가능하다면 유전자가 변형되거나 가감(加減)되는 종의 변신은 어디서 발생한 것인가?

다윈의 사후, 1953년에 유전자를 발견한 이래 유전자를 조작하는 역사는 100년도 되지 않는다. 유전자 조작 역사가 짧다. 앞으로 유전자를 조작하여 슈퍼맨이나 괴물을 만들 수도 있을 것이지만 자연 상태에서 유전자가 스스로 가감 변형(加減變形)되는 것은 불가능하다는 것이다.

이미 설명하였듯이 주방이나 제조공장, 실험실, 수술실 등등에서 하는 행위는 모두 인위적인 행위이고 정교한 결과물을 얻게 된다. 역으로 설명하면 정교한 결과물은 인위적인 행위에 따라 만들어진다는 것이다. 모든 정교한 결과물은 어려운 일이든지 쉬운 일이든지 인위적인 행위로 만들어지고 스스로 만들어지지 않는다는 뜻이다. 진화의 허구성을 이런 식으로 지적할 수 있다. DNA(유전자)가 스스로 가감 변형되는 것은 불가능하다.

6) 아가미와 폐

인류는 중간에 아주 익숙해 있지만 아쉽게도 중간이 없는 것도 많다. 자동차와 잠수함의 중간쯤 되는 운송 수단은 존재하지 않는다. 뭍에서 구르는 바퀴와 물에서 회전하는 스크루(Screw)의 중간쯤 되는 부품은 존재하지 않는다. 남자와 여자의 중간 종은 존재하지 않는다. 정자와 난자의 중간체도 없다.

지렁이와 달팽이는 자웅동체이다. 동종 두 마리는 각각 상대에게 정자를 주며 양쪽 모두 난소에서 수정하고 양쪽 모두 알을 낳는다. 자웅동체에서도 생식기의 중간 기관은 없다는 의미이다.

아가미와 폐의 중간 기관은 존재하지 않는다. 물에서 아가미로 숨 쉬는 물고기가 육상으로 기어 올라와서 공기로 숨을 쉴 확률은 전혀 없다. 대부분 사람은 수십 억 년 동안 점진적인 변이를 거듭하면 천이(遷移) 과정을 거쳐서 진화될 것으로 상상하지만 아가미와 폐의 중간 기관은 존재할 수 없다. 아가미 같은 폐도 없으며 폐 같은 아가미도 없다. 아가미를 가진 물고기가 중간 기관을 거쳐서 폐를 가지게 된다는 진화는 터무니없는 거짓말이다. 진화론자들은 거짓말을 서슴지 않고 하며 부끄러운 줄도 모른다.

7) 식도와 기도

지금 지구에 사는 사람의 식도는 기도 뒤에 있다. 코는 입보다 위에, 얼굴 중앙에 있다. 입으로 먹는 음식물이 기도 뒤에 있는 식도를 통하여 위(胃)로 들어간다. 어떤 사람은 사람의 식도와 기도는 완벽한 설계가 아니라고 주장하면서 식도와 기도의 위치가 바뀔 것으로 전망한다. 즉, 식도는 기도 뒤에 있어서 음식물이 기도로 들어갈 염려가 있기 때문에 사람의 식도가 앞으로 오고 기도가 뒤로 가는 위치 변경을 기대한다. 그러나 대부분의 사람은 입으로 먹고 코로 숨 쉬는 데 아무런 지장이 없다. 코가 입보다 위에 있어도 불편함이 없다. 지금의 구조는 음식을 누워서 먹어도 식도로 잘 들어가는 장점이 있다.

식도와 기도의 불완전한 설계를 지적하는 사람들의 전망에 따르면, 식도와 기도는 수십억 년 동안 점진적으로 진화하면서 중간적인 형태를 거쳐야 한다. 식도와 기도의 위치가 변경되는 중간 과정(Mid-process)을 거쳐야 한다. 그러나 식도의 위치는 기도보다 앞이거나 아니면 뒤이다. 중간 위치는 없다. 중간 위치가 있다면 식도가 좌나 우로 배치되는 경우가 있어야 한다. 그리고 식도와 기도 둘이 중간에 있으면 식도와 기도는 하나로 합해져 겸용되어야 한다. 겸용된 이후에는 다시 식도와 기도가 분리되어야 한다.

이같이 두 기관의 설계 오류를 지적하면서 위치의 변경을 전망하면 구조의 변경이 수반되어 더 많은 혼란에 시달리게 된다.

첫째, 수십억 년 동안 점진적인 진화 과정에서 두 기관의 어중간한 위치는 상정할 수 없다. 어중간한 위치가 나타난다면 식도와 기도의 위치가 좌우로 배치되거나 우좌로 배치된 사람도 발견되어야 한다.

둘째, 식도와 기도가 겸용된다면 폐로 음식이 들어갈 것이다. 그 후에는 다시 식도와 기도로 분리되어야 한다. 현재 두 기관이 하나로 통합되어 겸용인 사람을 찾을 수 없다.

셋째, 식도와 기도의 위치를 바꾸는 것보다 입과 코의 위치를 바꾸는 것이 더 쉬운 진화이다.

넷째, 입과 코를 하나로 통합하고 위와 폐를 하나로 통합하는 방안이다. 사람은 의지와 능력이 있으므로 자연 선택에 의존하지 말고 인공 선택으로 이런 진화에 속히 착수하길 바란다. 사실 그럴 필요도 없다. 똑똑한 머리로 천체와 생물을 해체하고 처음부터 다시 설계하길 바란다.

이렇듯 식도와 기도의 설계에 하자가 있다는 주장도 헛소리이고, 장구한 세월에 걸쳐 점진적으로 위치가 변하고 있다는 주장도 헛소리이고,

기관의 구조가 변경될 것으로 전망하는 것은 망상이다.

8) 거북의 호흡

거북이나, 고래, 개구리, 물개, 펭귄은 아가미가 없다. 이들은 주로 폐(허파)로 호흡한다. 육지거북은 육지에서만 살고 폐로 호흡한다. 헤엄치지 못하여 물에 들어가면 익사한다. 바다거북은 주로 바다에서 산다. 아가미로 호흡하지 않는다. 숨을 쉬려면 30분에 한 번씩 수면 위로 머리를 내밀어서 공기를 들이마셔야 한다. 가끔 일광욕을 하려고 뭍으로 올라오지만 뭍에서도 역시 폐로 호흡한다. 바다거북은 물속에서 쉬든지 잠을 자든지 4시간이나 7시간 정도 호흡을 참을 수 있다.

민물에 사는 늑대거북은 겨울철에 잠을 자는데 활동이 적은 까닭에 많은 양의 산소를 필요로 하지 않는다. 겨울잠을 자는 동안에는 거의 무호흡 상태이기 때문에 피부 점막을 통하여 호흡하지만, 활동이 많은 시기에는 역시 폐로 호흡한다. 거북은 파충류이므로 아가미가 없고 폐나 피부로 숨을 쉰다는 의미이다.

9) 복수 기관

대부분의 육지 동물은 폐(허파)로 숨을 쉰다. 폐로 공기 중의 산소를 들이마신다. 반면에 대부분의 물고기는 물에서 아가미로 숨을 쉰다. 아가미로 물속에 녹아 있는 산소를 취한다. 고래는 물에서 살지만 폐로 공기를 들이마시며, 알을 낳지 않고 새끼를 낳는다. 그런데 아가미로 숨을 쉬던 물고기가 육지로 올라와서 허파로 숨을 쉬게 되었다고 상상하는 사람도 있다.

반대로 폐를 가진 육지 동물이 물에 들어가서 아가미로 산소를 취하게 된 것으로 상상하는 사람도 있다. 두 경우 모두 막연한 상상력에서 비롯된 망상인바 육지 동물을 대상으로 하여 그 이유를 설명해 보자.

첫째, 기관이 두 개로 되는 경우를 추론해 보자. 폐를 가지고 뭍에 사는 생물이 점진적으로 진화하여 물에 들어간다면 물에서 산소를 얻도록 아가미도 갖게 될 것이다. 산소를 얻는 기관이 폐와 아가미로 둘이 되는 중간 과정을 거치게 된다. 기관이 둘이라면 폐로 50%의 산소를 해결하고 아가미로 50%의 산소를 해결하는 방식이 될 것이다. 그렇다면 뭍에서는 물이 없어 산소 결핍으로 죽고 물에서는 공기가 없어 산소 결핍으로 죽게 될 것이다. 따라서 하나의 기능을 위하여 두 개의 기관은 병존할 수 없다.

둘째, 뭍에서는 폐로 산소의 수요를 100% 해결하고 물에서는 아가미로 100% 해결한다면 생존이 가능하다. 이 경우에는 두 기관의 완벽한 기능을 하나라도 버릴 필요가 없다. 계속 진화하여 하나의 기관을 버릴 필요가 없다는 의미이다. 이처럼 완벽한 두 개의 기관으로 진화를 완료한 경우는 한 종, 한 개체도 없으므로 폐와 아가미에서 산소를 취하려고 기관을 복수로 만들어 장착한다는 진화는 상상일 뿐이다.

셋째, 고래가 육상 동물에서 물고기로 바뀌는 중간 과정의 동물이라면 고래는 물에서 산 지 오래되었고 수천 년 동안 육지로 기어 올라오는 경우가 없으므로 진화에 먼저 착수하였던 고래는 아가미로 숨을 쉬고 있어야 하며, 지금은 폐로 숨을 쉬는 고래와 공존해야 한다. 이러한 경우는 한 종, 한 개체도 없다. 나아가 나중에 진화를 결심하는 고래는 어느 날 갑자기 아가미로 숨을 쉴 것으로 전망해야 한다.

10) 겸용 기관

두 기관이 겸용으로 되는 경우도 추론해 보자. 하나의 기관이 두 가지 기능을 하는 겸용 기관이 되는 경우이다. 뭍에 사는 동물의 폐에서 공기는 물론 물도 받아들여 산소를 얻는 기능을 갖도록 진화하는 것이다. 완벽한 폐를 가진 동물이 산소를 더 마시려고 애쓸 이유가 없지만 진화한다면 폐의 크기를 늘리거나 폐를 두 개로 증가시킬 것이다. 효율성을 높이려고 겸용으로 구조를 변경시킬 이유가 없다는 의미이다.

그래도 부득부득 폐를 수륙겸용으로 진화시킨다면 완벽한 폐와 완벽한 아가미를 겸한 기관은 존재하지 않는다. 머릿속에서 빙글빙글 떠오르는 상상일 뿐이다. 겸용 기관은 부존재 기관이다.

제10장

신음하는 지구 환경

진화론자들은 자연 선택과 우연으로 진화를 설명한다. 즉, 모든 생물종은 우연한 시기에 우연한 방법으로 생존에 유리한 형질을 자연스럽게 선택한 것이다. 생존에 유리한 종은 환경에 적응하고 장수하여 살아남지만 불리한 종은 결국 멸종한다는 것이다. 이런 주장은 우연에 기초한 반과학적 사실이지만 그들의 주장을 뒤집어보면 자연 환경은 생물종에게 최적 상태가 아니었기 때문에 생존을 위하여 자연스럽게 진화하였다는 말이 된다.

1. 찌그러진 환경

1) 우연한 환경 변화

지구도 물질이고 물체이다. 어떤 사람들은 생물이 우발적으로 진화한 이유를 지구의 환경에서 찾는다. 지구의 환경이 우발적으로 변했기 때문에 이에 맞추어서 생물이 진화하였다는 주장이다. 그런데 진화론자들은 모든 생물이 지금도 진화하고 있으므로 지구 환경도 변하고 있다고 주장하는 셈이 된다. 이런 논리가 타당하다면 지구 환경은 앞으로도 계속 우연히 변할 것이라고 전망해야 한다. 이것이 사실이라면 변화의 방향은 모른다는 것이다. 환경과 생물이 우연히 진화하기 때문에 생태 환경이 어떻게 변할지 아무도 모른다는 것이다.

2) 일정한 환경

지구의 나이를 측정할 때 가정이 많다. 태양계가 수십억 년 동안 일정하였다고 가정한다. 태양의 온도, 태양과 지구와의 거리, 자전주기, 공전주기, 자기장의 변화, 대기의 성분, 우라늄과 납의 양, 지구의 평균 온도, 동식물의 양상 등등 좌우지간 모든 요소와 조건이 현재와 동일하였다고 가정하는 것이다.

여기서 질문이 있다.

지구 환경이 수십억 년 동안 일정하였다면 수많은 생명체가 왜 멸종하는가?

환경이 일정하였는데 생명종은 왜 진화하였는가?

3) 찌그러진 환경

현재의 생태 환경이 완벽하다거나 완전하다는 말이 결코 아니다. 500만 생물종에게 최적 상태가 아니다. 500만 종의 생물종이 살기에는 오히려 찌그러지고 망가진 생태 환경이다. 만물만상이 불완전한 주변 환경 때문에 끙끙 앓고 있다. 모든 피조물이 끙끙 앓고 있다. 그래서 만물만상이 늘 피곤하다. 천형(天刑) 같은 약육강식과 살존살비로 지구촌에 있는 만물이 고통을 받고 있으며 피곤하다는 뜻이다.

지구 환경이 현재 최적이고 모든 생명체가 행복하다면, 약자인 먹잇감이 강자에게 먹혀도 저항하지 않아야 한다. 약한 녀석도 잡아먹히지 않으려고 피하는 경우가 없어야 한다. 양식이 부족하여 굶어 죽는 녀석도 없어야 할 것이다. 더 나아가 전 세계에 질병과 죽음의 공포가 없어야 한다. 칼과 기근과 감염병이 사라져야 한다. 화산이 터져도 생명체와 생태 환경은 모두 행복해야 한다. 쓰나미(지진으로 발생한 파도)가 와도 인간은 마냥 즐거워해야 한다. 사자가 소처럼 짚을 먹으며, 어린아이가 독사의 굴에 손을 넣어도 독사가 물지 아니해야 한다.

요컨대 모든 생물과 지구 환경은 완전하지 않고 찌그러져 있다는 의미이다. 거창하게 말한다면 생물과 천체, 즉 모든 피조물이 완전하지 않고 망가진 상태라는 것이다.

2. 신음하는 동물

1) 인류의 빈곤

찌그러진 환경 속에서 동물도 먹는 문제를 수월하게 해결하지 못하고 있다. 포식자들의 사냥도 항상 성공하는 것이 아니다. 강한 능력으로 약한 놈을 잡아먹는 놈도 먹는 문제가 녹록하지 않다. 포식자도 먹는 문제를 수월하게 해결하지 못하고 상당한 수고를 감내(堪耐)해야 한다. 사람도 78억 인구 중에서 절대 빈곤에 시달려 배불리 먹지 못하는 사람이 아직도 많다. 세계은행은 빈곤 기준선을 일일 수입 1.9달러로 규정한다. 전 세계 인구에서 빈곤선 이하 인구의 비율이 2012년에 12.4%에서 2013년에 10.7%로 감소했다고 한다.

2) 몸부림치는 동물들

호주에 사는 '붉은캥거루'는 가뭄에 비교적 잘 견딘다. 사막에서도 곧잘 살지만 가뭄이 계속되면 한계를 넘기지 못하고 물이 없어 죽는다.

< 연어 >   < 날치 >   < 가마우지 >

하이에나가 먹이를 찾아 하루에 30km를 헤맨다면 이도 피곤한 일이다. 먹고 살기가 쉽지 않다는 뜻이다. 코끼리는 하루에 90kg을 먹어야 하는데 먹이가 높은 곳에 있으면 앞발을 들고 코를 하늘로 치켜들어 나뭇잎을 뜯어 먹는다. 살기 위해서 몸부림친다는 뜻이다.

초원의 왕 사자도 하이에나 무리에게 애써 얻은 먹잇감을 빼앗길 경우도 있다. 사자도 천하무적이 아니다. 강자 무리에게 들키면 빼앗긴다는 뜻이다.

캐나다 북부에 사는 늑대는 $2,500km^2$를 돌아다니면서 사냥하며 무리를 지어서 산다. 하나의 무리는 동일 음조를 내지만 다른 무리에서 편입된 개체는 자신의 음조를 바꾸어야 한다.

이같이 강자가 약자를 법도 없이 잡아먹는다는 것이며 지구촌은 약육강식과 살존살비로 점철되어서 포식자든지 피식자든지 살기 위해서 몸부림치고 피곤하다는 것이다.

3) 날치의 몸부림

다윈의 논리로 보면 생태 환경이 불완전하기 때문에 진화가 끊임없이 일어난다고 상상하였다.

다윈은 『종의 기원』 제6장 학설의 난점, 제2절에서 날치는 현재 지느러미를 파득거리며 물 위로 약간 뛰어올라 다른 물고기에게 잡아먹히는 것을 피하는 수단으로 조금씩 날고는 있지만 나중에는 완벽한 날개를 가져서 최상의 비행 능력을 갖게 될 것이라고 상상하였다. 처음에는 미약하였으나 나중에는 자꾸 사용하여 고도로 완성된 날개를 갖게 될 것이라는 뜻이다. 그러면서 변신 초기에는 소수의 종속적인 변종이 나타날 것이지만 멸종하여 화석으로만 남을 것이고 다수는 완벽한 날개를 갖게 될 것이라고 덧붙인다.

그러나 다윈의 상상에는 몇 가지 오류가 있다.

첫째, '연어'는 위로 뛰어오를 때 등에 있는 지느러미를 펼쳐서 세운다. 지금은 높아야 1m 이내로 뛰지만 열심히 노력하는 모습이 가상하다. 다윈은 양쪽 날개를 가진 날치보다 연어를 날개의 초기 모델로 삼았어야 했다.

둘째, 다윈은 지금의 날치에 있어서 날갯짓이 파득거리는 수준이지만 언젠가는 가마우지나 황새, 뱁새(부비새)처럼 완벽한 날개를 갖게 될 것이라고 상상하는 것이다. 날치는 날개의 형태나 비행 능력 면에서 물고기와 새의 중간적인 형태를 띠기 때문에 진화 과정 중에 있다고 상상한 것이다. 중간 정도의 형태나 능력은 여타의 동물에서 얼마든지 찾아볼 수 있다. 중간 정도의 형태나 능력을 보고 진화 과정의 동물로 보는 것은 유치하기 짝이 없다.

셋째, 다윈은 진화를 상상력으로 포장하고 있다.

날치의 입장을 보면 물속에서 포식자인 백상아리로 변신할 일이지 왜 힘들게 하늘을 날려고 노력했다는 것인가?

넷째, 현재 불완전한 생태 환경 속에서도 진화 과정에 있는 생물종은 하나도 없으니 날치처럼 중간 정도의 형태나 능력을 가지고 있는 동물들은 다윈이 날치를 관찰한 때로부터 지금까지 진화를 멈추었다는 것을 증명하고 말았다.

다섯째, 진화론의 원조 다윈은 어류가 양서류를 거치지 않고 조류(새)가 되었다고 상상하였다.

진화론자들은 어류(물고기)가 변신하여 양서류(개구리)가 되었다는 주장을 포기할 것인가?

여섯째, 다윈의 주장에 의하면 날치는 애초에 고등어나 꽁치처럼 날개가 전혀 없었다. 고등어가 포식자를 피하는 방법으로 수면 위를 날기로 하여서 날치가 되었고 머지않아 가마우지나 황새처럼 완벽한 날개를 갖게 될 것이라면 고등어는 진화하여 결국 물을 떠나게 된 셈이다. 그런데 완벽한 날개를 가진 조류(새)라도 황조롱이에게 잡아먹힌다. 예컨대 갈매기는 황조롱이에게 잡아먹힌다. 갈매기는 생존하기 위하여 고등어로 변신하여 공중을 떠나야 한다. 결국, 무작위 진화가 이루어진다는 뜻이다.

일곱째, 날치는 자신의 몸무게와 비행 거리를 반영하여 날개의 크기와 요동 횟수를 적절하게 해야 하고 반드시 좌우대칭으로 만드는 것을 잊지 말아야 한다. 날치 스스로 지혜와 의지를 가지고 진화 모델을 설계해야 하는 부담이 따른다.

이런 식으로 다윈의 상상력은 오류로 점철되어 있는 것이다. 다윈처럼 상상하면 모든 동물은 천적에게 잡아먹히므로 모든 동물은 생존을 위하여 진화해야 한다.

4) 자연 선택의 최종 모델

생태계는 지금도 약육강식으로 몸부림치고 신음하고 있다. 태양에서 나오는 자외선은 피부를 늙게 만든다. 지진이나 화산 폭발은 점점 강도를 더해가는 추세이다. 지구의 자기장은 점점 줄어든다고 한다. 더워서 죽거나 추워서 죽은 사람의 수는 점점 늘어나고 있다. 칼과 기근과 감염병으로 점철된 지구촌의 모습은 예나 지금이나 별반 다르지 않다. 먹이사슬의 최종 승자는 사람이므로 약육강식의 세상에서 최강자는 사람이다. 모든 생명체가 먹이사슬의 최종 단계인 사람으로 진화하는 과정에 있어야 한다는 말이다. 동식물 중에서 사람으로 진화를 모색하고 있는 생명체는 단 하나도 없으므로 환경 때문에 자연 선택 과정으로 진화한다는 이론은 허구이다.

3. 진화 완성

1) 진화 중단

진화가 중단된 것인지 완성된 것인지 분명하게 말하는 진화론자는 없는 것 같다. 다윈이 진화의 연속성을 강조하였기 때문이다. 그러나 나의 짧은 지식으로는 최근 수천 년 동안 지구의 환경은 변했지만 한 건의 진화도 발견할 수 없다. 역사가 기록된 이래로 수천 년 동안 동물과 식물의 진화는 없다. 아주 오래전부터 진화는 관측되지 않는다. 현재부터 과거로 최소 4,000년 동안은 진화가 없었던 것으로 보인다. 함무라비 법전이 제정된 때로부터 계산하면 대략 4,000년이다.

수천 년 동안을 생각하기 어렵다면 최근 수백 년 동안을 생각해도 진화는 없었다. 최근 수십 년 동안을 생각해도, 최근 수년 동안을 생각해도 진화는 없었다.

진화가 멈춘 이유는 무엇인가?

어떤 사람들은 자연 선택과 우연한 기회가 사라졌기 때문이라고 대답할 것 같다. 이를 역으로 설명하면 자연 환경이 생물종에게 최적한 상태이므로 진화할 필요가 없다는 대답이다.

환언하자면, 사람은 물론이고 아메바, 지렁이, 버들치, 개구리, 뱀, 침팬지, 풀, 꽃, 사과나무, 백향목 등 모든 생명체에서 진화를 찾아볼 수 없는데 지구 환경이 최적이기 때문이라는 주장이 된다.

이처럼 지구의 환경을 최적이라고 가정하면 지구가 신음하면서 끙끙 앓고 있다는 사실과 배치된다. 환경 때문에 진화한다고 주장해도 모순이다.

2) 걱정할 필요 없다

사람의 체온은 36.5°C이다. 체온 1°C의 차이는 우리의 몸이 정상이 아니고 문제가 있다는 신호이듯이 지구의 평균 기온이 1°C만 변해도 문제가 발생한다. 동식물이 민감하게 반응한다는 의미이다. 들에 핀 백합화 한 송이든지 뽕나무이든지 사람이든지 지구이든지 우주이든지 아주 민감하기 때문이다.

진화를 주장하는 사람들은 환경에 대한 걱정거리가 없을 것 같다. 아가미로 물을 마시면서 살다가 수질이 오염되면 허파로 공기를 마시면서 육지에서 살면 되는 일이고, 뜨거운 금성에서 사는 것도 문제없고 얼마든지 가능하기 때문이다. 진화론자들은 지구의 평균 온도가 지금보다 10°C가 올라간다 해도 걱정할 것이 없다. 내려간다 해도 걱정할 것이 없다. 사람은 물론 동물이든지 식물이든지 높고 낮은 온도에 적응하면 되고, 점진적으로 변이를 거듭하면 될 것이기 때문이다.

3) 화성에는 생명체가 없다

지구 환경을 화성과 비교하면 아주 쉽게 이해할 수 있다. 지구에서 전격 진화를 신봉한다면 소나무나 개를 화성에 두면 환경에 적응해서 살아남아야 한다. 소나무나 개가 적응하지 못하고 죽는다면 전격 진화란 없는 것이다. 반면에 화성에 있는 미생물은 화성의 환경에 적응하게 되고 진화하게 되므로 화성에도 고등 생물이 있어야 한다.

미생물부터 수십억 년이 경과되었는데 왜 진화되는 생명체가 없는가?

개미 한 마리라도 발견되어야 한다. 붕어 한 마리라도 발견되어야 한다. 도라지와 종달새도 있어야 한다.

화성에는 생명체가 없다는 뜻이며 있다 하여도 진화는 없다는 뜻이다.

제11장

인간의 진화

많은 사람이 인간의 몸도 진화되었으며 정신도 진화된 결과라고 주장한다. 실제로 몸도 단세포 아메바에서 진화되었으며 정신도 미개한 상태에서 점점 사회성을 갖추게 되었다고 주장하는 이들이 많다. 이들의 주장에 따라, 몸은 침팬지에서 진화되었다고 전제하면 진화될 당시 인간의 정신은 침팬지와 같았다는 셈이 된다.

1. 피조물의 순응

1) 사람 새끼의 출현

애초에 침팬지의 수는 수십억 마리였는데 반하여 침팬지에서 태어난 남자 새끼가 한 마리였을 때 곧, 인구가 1명이었을 때에는 남자 새끼는 누구의 젖을 빨아 먹을지도 몰라서 침팬지 암컷이 젖을 물려주었으며, 침팬지가 먹여준 바나나를 먹고 살았으며, 사람 새끼가 10마리가 되어도 뛰지를 못하고, 사람 100마리가 되어도 도구를 사용하지 못하였고, 사람 1,000마리가 되어도 불을 사용하지도 못하였다는 것이다. 당연히 사람 10,000마리의 공동 사회를 형성할 줄도 몰랐다는 것이다.

한마디로 표현하면 사회성, 도덕성, 예술성 등등 모든 지식과 능력이 침팬지만 못하였다는 것이다.

침팬지는 수만 년 동안 만물의 영장이어서 그동안 축적된 사회성을 이미 확보하고 있는 상태에서 인간은 미개한 상태로 태어났지만 인간의 개체가 늘고 집단 지성을 형성하면서 사회성이 발달하고 축적되어 결국 침팬지보다 우월한 정신을 가지게 되었다는 주장이 된다.

2) 물질의 순응

사람에 대해서 알아보기 전에 물질에 대해서 조금만 더 알아보자. 삼자나 삼자에서 파생되는 것들은 고민이 없다. 갈등도 없다. 갈림길에서 선택하고 무엇을 결정할 의지가 없다. 산소나 수소가 고민하거나 갈등하는 경우는 없다. 물은 항상 물이다. 산은 항상 산이다. 물질의 특성은 변치 않는다. 항상 일정하다. 자신의 정체성이나 능력을 변경시키지 않는다. 물은 산이 되려고 하지 않는다. 빛도 물질에서 나오고 항상 일정하다. 진공 상태에서 빛의 속도도 1초당 약 300,000km로 일정하다.

빛은 스스로 빛을 낼까?

번개로 변신할까?

고민하거나 어떤 행위를 선택하지 않는다. 열과 전기, 자기, 소리, 파동도 마찬가지로 자연 법칙에 순응할 뿐 자신의 행동에 대하여 고민하고 선택하지 않는다.

자동차는 항상 정해진 일을 한다. 날마다 달리고 멈추고 하지만, 하늘로 갈까 바다로 갈까 고민하지 않는다. 도로를 달리면 선이고 하늘을 날면 악이라고 하면서 선악을 판단하지도 않고 의지적으로 선택하지도 않는다.

3) 동식물의 본능

코스모스가 봄에 꽃을 피울까?

가을에 꽃을 피울까?

자신이 고민하고 갈등하고 선택하지 않는다. 작년에는 가을에 꽃을 피웠으니 금년에는 봄에 꽃을 피우겠다고 결심하지 않는다. 개나리나 진달래도 자신이 개화 시기를 선택하지 못한다. 식물도 별다른 고민을 하지 않고 정해진 질서를 따른다는 의미이다.

동물도 지식을 조금 가지고 있는 듯하다. 그들은 대부분 생존을 위하여 이득과 손해를 따라서만 선택한다.

카멜레온(chameleon)이 자신의 피부색을 주변의 색과 동일하게 바꾸는 것은 생존을 위한 선택이다. 고민하지 않고 선택하므로 본능적이다. 위험한 상황이 되면 항상 선택하므로 획일적이다. 상대를 공격하거나 방어하는 정해진 행동 외에 별다른 행동을 하지 않으므로 제한적이다. 생존을 위한 선택이므로 불가피하다. 그래서 그를 비난하기 곤란하다. 제비처럼 먹이를 잡아서 새끼를 먹이는 새들도 자신을 희생하면서 새끼를 돌본다. 어미 제비의 희생적인 행동은 본능적이며 획일적이다. 다른 엉뚱한 행동을 하지 않으므로 제한적이다. 카멜레온은 본능적으로, 획일적으로 제한된 행동을 한다.

4) 인간은 피조물이다

동물과 달리 인간은 무엇인가?

이런 담론(談論)은 지금까지 있었던 특별한 사람들만의 질문은 아닐 것이다. 사람이라면 누구나 궁금해하고, 사람이라면 누구나 가지고 있는 질문이다. 정상적인 사람이라면 이러한 근본적인 질문에 한 번쯤은 골똘히 생각해 보았을 것이 틀림없다. 모든 사람이 물질의 기원, 생명의 기원에 대하여 궁금해하는 것은 아마도 본능일지도 모른다. 이러한 질문에 대하여 많은 사람이 질문하고 많은 사람이 답하였지만 나는 전자 현미경과 케플러 망원경이 발명된 이후의 사고(思考)가 더 과학적이고 더 이성적일 것이라고 생각한다. 왜냐하면, 물질의 궁극과 우주의 궁극을 관찰하고 관측하였기 때문이다.

인간은 무엇인가?

정답이 있을지도 모르니 오솔길로 들어가 보자.

첫째, 존재 문제이다.

물질과 시간과 공간의 존재 문제부터 논해야 한다고 생각한다. 여러 물질은 존재하되 공간이라는 그릇 안에 존재하고 시간의 흐름 속에 놓여 있다는 점이다. 여기서 사람은 물질과 시간과 공간의 기원도 모르고 이것들을 만들 능력도 없다. 존재의 이유나 목적도 모른다. 인간의 무지와 무능이 적나라하게 드러나는 지점이다. 이는 물질을 창조한 주체가 아니며 인간을 스스로 창조한 주체도 아니라는 증거이다. 인간은 우주를 인식할 뿐이지 창조자가 아니다. 이를 부인할 사람은 한 사람도 없을 것이다. 그러므로 사람은 존재에 있어서 주체가 아니다.

둘째, 구성 문제이다.

물질은 존재하되 여러 물질이 결합, 형성, 배치, 조합되어 존재한다. 이를 하나의 용어로 구성이라고 하자. 만물은 원자, 분자, 물체, 물건, 천체 등으로 구성된다. 여기서 사람은 물질을 구성한 주체가 아니다. 사람이 수행하는 화학적인 반응이나 물리적인 혼합이나 기계적인 조립은 구성의 원리를 인식하고 이용한 것에 지나지 않는다. 인간은 구성 원리를 인식하고 이용할 뿐이지 구성의 원리를 창조한 자가 아니다. 이를 부인할 사람은 한 사람도 없을 것이다. 그러므로 사람은 구성에 있어서 능동적인 주체가 아니다.

셋째, 변화 문제이다.

물질이 존재하고 구성된 다음은 움직인다. 모든 물질은 움직인다. 모든 물질은 결합, 분리, 이동, 운동, 충돌, 작동, 박동, 연소, 분해, 소화, 발효,

부패, 숙성, 성숙, 출생, 성장, 동화, 이화, 정지한다. 정지도 동작의 특별한 경우이다. 그래서 이러한 모든 움직임을 변화라는 용어로 표현하였다. 인간은 변화 원리를 설계한 것이 아니다. 또, 지구가 태양 주위를 도는 것도 사람이 발견한 것이지 사람이 돌도록 행성을 밀어주지 않았다. 사람이 수행하는 화학적인 반응이나 물리적인 혼합이나 기계적인 운동은 변화의 원리를 인식하고 이용한 것에 지나지 않는다. 인간은 운동의 원리를 인식하고 이용할 뿐이지 운동의 원리를 창조한 주체가 아니다. 이를 부인할 사람은 한 사람도 없을 것이다. 그러므로 사람은 변화에 있어서 주체가 아니다.

이와 같이 인간은 물질의 존재와 구성과 변화에 있어서 주체도 아니며 창조자가 아니다. 석가모니나 공자나 플라톤 등 누구도 주체라고 주장하지 않았다. 인간은 물질의 존재와 구성, 변화에 있어서 수동적인 존재이며 피조물이다.

2. 인간의 지혜와 양심

1) 인간

나는 진화론을 비판하는 입장에서 사람은 생명체이므로 생명과 몸체가 결합한 것으로 보았다. 몸체는 물질이다. 구성 원료 측면에서는 만물과 다름이 없다. 죽은 사람을 흙 속에 묻으면 자연스럽게 분해되어 흙으로 돌아간다. 그리고 사람은 생명을 가지고 있다. 생명을 정신이나 마음이라고 해도 이 책에서는 무방하다. 좌우지간 물질과 대비되는 비물질을 가지고 있다는 의미이다. 사람은 물질이면서 비물질인 생명을 가지고 있으며 알고, 느끼고, 행동하는 존재이다. 사람을 지정의(知情意) 측면에서 좀 더 생각해 보자.

사람		
사람	본능적	이성적
지 (앎)	1. 지혜 2. 양심	1. 학습으로 얻은 지식 2. 경험으로 얻은 지식
정 (느낌)	1. 희로애락	1. 희로애락
의 (행동)	1. 생존 (호흡, 걷기) 2. 소통 (보기, 듣기) 3. 창출 (도구, 예술) 4. 추구 (선악, 행복)	1. 자신에 대한 행동 (운동, 공부) 2. 이웃에 대한 행동 (사랑, 봉사) 3. 만물에 대한 행동 (학문, 제작) 4. 신에 대한 행동 (기도, 찬양)

< 사람 >

첫째, 사람은 지혜와 양심을 가지고 태어나는 것으로 보았다.

지혜는 통찰력(洞察力)과 비슷한 용어이다. 모닥불이 빛을 내고 뜨거운 것처럼 태양도 매우 뜨거울 것이라고 꿰뚫어 보는 것이 지혜이다. 높은 곳에서 뛰어내리면 죽는다는 것을 본능적으로 즉각 알아차리는 것이 지혜이다. 교육을 받지 않아도, 인생 경험이 많지 않아도 사람이라면 누구나 이런 지혜가 있다는 것이다. 그러나 지혜는 학식이나 경험 법칙에 비례하지 않는다. 많이 배운 사람이거나 백전노장(百戰老將)이라고 해서 지혜가 반드시 뛰어나지 않는다는 말이다. 사람은 양심을 가지고 있어서 선과 악을 본능적으로 즉각 알아차리고 분별하며 선택의 기로(岐路)에 놓이면 갈등하게 된다. 지혜와 양심은 태어나면서부터 가지고 있어서 본능적인 지식이라고 보았다.

그리고 학교에서 교육을 받는다면 이성으로 문자, 수학, 과학, 역사, 법 등의 학문을 배우게 되어 지식의 양은 증가하게 된다. 또 거친 바다와 같은 세상에서 살아가면서, 경험하면서 얻은 지식도 많을 것이다. 학식과 경험은 이성적으로 획득한 지식으로 보았다.

둘째, 사람은 본능적으로 감정을 느끼는 존재이다.

기쁨과 슬픔 등 희로애락을 여과 없이 느끼는 존재이다. 사람은 어떤 상황 가운데 놓이면 갈등 없이, 논리적인 과정 없이 즉각 느낀다. 느낌은 행동으로 옮기기 전이므로 잘못되었다고 함부로 정죄할 수 없다. 동서고금, 빈부귀천을 가리지 않고 모든 사람의 본능적인 감정은 동일하다는 뜻이다. 예컨대 사람이 죽었다는 말을 들으면 누구나 슬프고 안타깝게 여길 것이다. 몸이 아프면 힘들어하고 괴로울 것이다. 3일만 굶으면 배고파서 울고 불행하다고 느낄 것이다.

그리고 사람이 습득한 지식이나 살아온 경험에 따라 느낌이 각각 다를 수 있다. 사람이 사는 환경이나 처한 상황이 각자 다르면 사람에 따라서 느낌이 다를 수 있다는 말이다. 예컨대 저녁노을을 보고 기쁜 노래를 부를 수도 있지만 눈물을 흘릴 수도 있다. 떨어지는 낙엽을 보고 깔깔대고 웃을 수도 있고 상념에 젖을 수도 있다. 이성으로 여과한 후에 받는 느낌도 즉각 반응하므로 보편적인 감정으로 분류하였다.

셋째, 사람은 행동하는 존재이다.

호흡이나 눈을 깜박이는 행동은 자율신경에 의해서 자동으로 움직인다. 먹고 마시고 배설하는 것은 생리적인 행동이다. 악행이나 선행도 어린아이들에서 쉽게 발견할 수 있다. 또 사람은 외부와 소통하기 위하여 보고 듣고 말하는 존재이다. 도구를 만들고 언어나 문자를 만들어서 사용하며 예술 활동과 종교 활동을 하는 존재이다. 전 세계 어디를 가보나 음악과 그림이 있으며 각양각색의 종교가 있다는 것을 보면 쉽게 알 수 있다. 종교가 없는 사람들도 무종교를 강조하는 신념을 가지고 있으므로 자신을 추구하는 신앙인으로 볼 수도 있다.

한 가지가 더 있다. 사람은 선악을 추구하며, 재물, 명예, 권세를 추구하며 인간의 뿌리를 찾으려고 애쓰고 동시에 영원한 행복을 추구한다. 모두 본능에 가까운 행동들이다. 이런 행동들은 모두 교육을 받지 않아도 행동하므로 본능에 가깝다고 보았다.

그리고 본능과 달리 이성적으로 판단한 후에 하는 행동도 있다. 이성에 의한 행동은 넷으로 나누었다. 자신에게 대한 행동, 타인에게 대한 행동, 사물이나 현상에 대한 행동 그리고 초월적 절대자에 대한 행동이다. 네 가지 행동은 이성적인 행동으로 분류하였다.

2) 지혜와 양심은 물질이 아니다

우주의 모든 물체의 형성 원료가 같고 형성 원리가 하나인데 사람의 정신적 능력, 즉 지식을 활용하는 능력과 선악을 구별하는 능력은 모든 물체와 비교할 때 왜 탁월한가?

식물과 동물과 자동차와 비행기와 달리 사람은 지혜와 양심이 탁월하다는 뜻이다. 이 질문에 답을 찾으려고 세 가지 측면에서 곰곰이 생각해 보았다.

첫째, 정신적인 능력은 물질이 아니다.

지혜와 양심은 질량도 없다. 형태도 없다. 돋보기로 보아도 볼 수 없다. 현미경으로 관찰할 수도 없다.

최첨단 전자 현미경으로 찾아보면 볼 수 있을까?

지혜가 염통(심장)에 있는지, 허파 속에 있는지, 뇌 속에 있는지 모르거니와 거소(居所)도 필요 없다. 사람이 죽으면 시체가 되고 체온이 내려간다. 시체의 온도를 36.5°C로 올려주면 구성요소는 산자와 똑같다. 시체의 몸무게는 살아 있을 때보다 0.2g 정도 줄어드는데 이것은 인(p)이 빠져나가기 때문이라고 한다.

생명체에서 생명이 사라지는 현상이 죽음이다. 사람이 죽은 다음에 남아 있는 것은 육체이다. 육체를 이루게 하는 유전자는 시체에 남아 있을 것이다. 구체적으로 살, 뼈, 혈액, 침, 호르몬을 이루게 하는 유전자는 남아 있을 것이다. 반면에 물질이 아닌 정신 유전자는 없을 것이다. 죽으면 사라지는 것들, 예컨대 생명이나 지식이나 감정 등은 물질이 아니다. 그래서 그런 유전자는 없을 것이다.

시체에서 정신을 찾을 수 있는가?

지식이나 감정을 찾을 수 있는가?

없다고 해야 할 것이다. 정신은 물질처럼 결합, 분리, 이동하기 위하여 시간의 흐름을 필요로 하지 않는다. 지식과 감정은 부피도 없으므로 공간 그릇에 담을 필요도 없다. 정신적 능력은 시간과 공간의 제약을 받지 않으므로 물질이 아니다. 정신 현상은 물질과 함께 있고 물질에서 나타나지만 물질이 아니다.

둘째, 정신적 능력은 물질에서 온 것이 아니다.

이런 능력은 물질과 함께 있지만 물질에서 나온 것이 아니다. 물질에서 나온 것이라면 사람과 동식물의 정신적 능력이 동일해야 할 것이다. 삼자로 된 물질, 즉 육체로부터 고도의 지식과 감정이 표출되는 것을 보면 물질에서 나온 것으로 착각하기 쉽다. 물질에서 나온 것이라면 사람과 자동차의 정신적인 능력이 동일해야 할 것이다. 지식과 감정의 능력에 있어서 사람과 자동차가 동일하다면 우스꽝스럽다. 양심이 물질에서 나온 것이라면 자동차, 비행기, 식물, 동물에서도 양심이 나와야 하고 선악을 분별하여 고민하고 갈등하고 선택해야 한다. 자동차, 비행기, 동식물에서 양심을 찾을 수 없으므로 양심은 물질에서 나온 것이 아니다.

물질에서 나온 것이 아니라면 언제부터 있었나?

물질보다 먼저 있었나?

나중에 있었나?

정신 현상은 물질과 함께 있지만 물질에서 기인하지 않는다.

셋째, 물질은 지식과 감정의 작동을 방해하지 못한다.

탄소, 수소, 산소, 질소, 칼륨, 칼슘, 마그네슘, 철, 니켈, 혈액, 호르몬, 물, 불, 공기, 흙, 사과나무, 고양이, 시멘트, 자동차, 비행기, 라디오, 텔레비전, 잠수함, 미사일 등 삼자로 된 물질은 지식과 감정의 작동을 방해하지 못한다. 예컨대 사람은 이성으로 홀수(1)와 짝수(2)를 더하면 홀수(3)가 된다는 명제를 추론한다. 비이성적인 사람은 잘못 추론하여 진리에 도달할 수 없다. 또한, 모든 물체는 서로 잡아당기기 때문에 사과나무의 사과와 지구도 서로 잡아당길 것이라는 자연 법칙에서, 사과는 떨어질 때 지구의 중심을 향하고 지표면과 수직으로 떨어진다고 추론할 수 있다. 이런 식으로 이성적으로 추론하는 과정에서 어떤 물질에 의해서 추론하고 어떤 물질에 의해서 추론하지 못하는 것이 아니다.

사람은 양심으로 선악을 분별하는데 어떤 물질이 양심을 마비시키거나 고양시키지 못한다. 예컨대 짠 음식을 많이 먹는 사람이나 싱거운 음식을 많이 먹는 사람이나 상관없이 '우유의 유통기한을 늦추어 속이는 행위'를 악이라고 분별한다. 키가 큰 사람이나 작은 사람이나 막론하고 황금 덩어리로 유혹하거나 칼로 위협해도 악은 악이라고 분명하게 분별하고 선은 선이라고 분별한다. 재물이나 칼의 위협 때문에 양심의 소리에 거역하고 악을 선이라고 말하는 것은 자신의 의지로 거짓을 말한 것이다. 선과 악을 바꾸어서 선택하는 경우는 다반사이지만 양심은 선악을 바르게 분별한다.

정리하자면 이성은 진리를 바르게 추론하고, 양심은 선악을 바르게 분별하는데 물질이 이성과 양심의 작용을 방해하거나 고양시키지 못한다. 역으로 설명하자면 진리를 추론하는 이성은 물질의 영향을 받지 않으며 선악을 분별하는 양심도 물질의 영향을 받지 않는다.

넷째, 물질이 지혜와 양심의 존부(存否, 있음과 없음)에 영향을 미칠 수 없다.

물질은 물질에 영향을 준다. 새로운 물질을 만들기도 한다. 산소와 수소는 물을 만들어 낸다. 물에 열을 가하면 수증기로 모습을 바꾼다. 어떤 화학물질은 호르몬을 만들어내기도 한다. 어떤 호르몬은 잠을 잘 자게 하고 어떤 호르몬은 의식을 또렷하게 한다. 호르몬도 물질이다. 호르몬이라는 물질이 교감신경과 부교감신경을 좌지우지한다. 물질이 우리 육체를 조절하기도 한다. 어떤 물질은 자동차를 형성하기도 하고 달리게도 만든다. 물질이 물체에 영향을 주기도 한다.

논의를 더 진척시켜보자.

물질이 정신에도 영향을 미치는가?

이런 문제이다. 정신과 의사가 처방해 준 어떤 약물을 복용하면 난폭성이 줄어든다. 약물에 따라서 우울증이 완화되기도 하고 불면증이 사라져서 편안한 잠을 잘 수도 있다. 영양소를 골고루 섭취하면 건강해지고 열심히 노력하여 지식과 지혜를 증대시킬 수도 있다. 찬물로 세수하고 나면 제정신을 차릴 수도 있다. 지혜나 양심의 실체가 있다는 것이 분명하다. 어떤 물질이 제한적일지라도 정신적인 능력을 증진시키거나 약화시킬 수도 있다는 것도 경험할 수 있으므로 정신이 사람과 함께 있는 것도 분명하다.

그러나 물질이 지혜와 양심의 존부(存否, 있음과 없음)에 영향을 미칠 수 없다. 어떤 약물이 사람 속에 있는 지혜를 없애버린다거나 주입시킬 수 없다. 마찬가지로 어떤 물질로 양심을 소멸시키거나 없는 양심을 만들어서 마음속에 집어넣을 수 없다. 어떤 물질이 선과 악을 구별할 능력을 제거하거나 반대로 부여할 수 없다. 어떤 자동차가 절대자에 대한 궁금증을 말살시키거나 고양시킬 수 없다.

3) 지혜와 양심 유전자

나는 지금 물질과 비물질을 구분하는 작업을 하고 있다. 머리가 많이 아프지만 이쯤에서 중간 결론이라도 만들어 보자. 지혜와 양심은 질량이 없고 형태가 없고 현미경으로 볼 수 없어서 물질이 아니다. 물질에서 유출된 것도 아니다. 물질은 지혜와 양심의 작동을 방해하지 못한다. 물질이 지혜와 양심의 존부를 결정할 수도 없다. 그래서 지혜 유전자나 양심 유전자는 없다. 그런 유전자는 없다는 중간 결론이다. 다만 지혜와 양심을 관장하거나 고양시키는 유전자는 있을 수 있지만 지혜와 양심 그 자체의 유전자는 없다는 것이다.

그러면 생명, 정신, 마음이란 무엇일까?
어려운 용어로 질문해보자면 생명의 본질은 무엇인가?
생명 현상은 먹고, 소화시키고, 배설하고, 울고, 웃고, 일하고, 후손을 이어가는 것으로 나타나지만 본질은 무엇일까?

요즈음 뇌과학이 발전되고 있으므로 머지않아 실체가 규명될지도 모른다. 혹시 컴퓨터가 정보를 처리하고 저장할 때 0과 1을 이용하여 신호를 주고받듯이 사람의 정신도 신호체계로 만들어진 프로그램의 일종이 아닐까? 그러나 신호체계는 물질에서 파생된 것이므로 생명의 본질이 될 수 없다.
그래서 생명의 본질을 찾는데 실마리를 제공해 보겠다. 생명은 물질이 아니다. 그래서 질량이 없다. 형태가 없다. 시간의 영향을 받지 않으므로 영원하다. 공간의 영향을 받지 않으므로 우주를 벗어날 수도 있다. 살아있는 동안에는 몸체와 함께 있다. 지금 여기에 생명이 있다.

4) 지혜와 양심의 유전

학문의 영역은 언어학, 역사학, 철학, 법학, 신학, 심리학, 수학, 과학, 의학, 천문학 등으로 아주 넓다. 학문을 통하여 얻은 지식은 세대를 거듭할수록 많아지고 깊어진다. 수학에서는 미분, 적분의 원리를 발견하였으며, 의학에서는 페니실린(Penicillin)을 발견하였으며, 지구과학에서는 천동설을 지동설로 바꾸었으며, 물리학에서는 에너지 보전 법칙을 발견하였으며, 천문학에서는 허블(Hubble)의 법칙을 발견하였다.
지식은 학식이나 경험으로 얻는다. 명상으로 얻은 깨달음이든지 12연기법으로 얻은 일체개고(一切皆苦), 제행무상(諸行無常), 제법무아(諸法無我)의 경지이든지 지식도 많아지고 깊어진다. 그러나 사람이 얻은 지식은 후손에게 유전되지 않는다.

5) 생명의 기원은 모른다

물질로 만들어진 사람의 육체는 조상으로부터 물려받는다. 유전자는 부모로부터 반반씩 받는다. 그래서 유전자라고 한다.
그렇다면 나머지 정신, 즉 이성과 양심은 누구에게서 받은 것인가?
이성 유전자와 양심 유전자가 없다면 부모로부터 받았다고 말할 수도 없다.

그렇다면 정신은 어디에서 온 것인가?
태어날 때 하늘에서 내려온 것일까?
출생 직후 코에 바람이 들어갈 때 같이 들어갔나?
신생아 눈에 빛이 들어갈 때 들어갔나?
공룡을 볼 때 그때 두려움과 호기심이 만들어졌을까?
두려움과 호기심이 이미 만들어져 있었던 것일까?
마음을 누가 만들었나?
생각을 누가 만들었나?
부모가 자식을 사랑하는 마음은 어디로부터 왔는가?
수치심은 누가 부여한 것인가?
누구의 것인가?

이러한 질문에 대한 답이나 해석도 독자 여러분의 몫이다.
과학은 물질에 관한 관찰, 분석이지 비물질에 관한 것이 아니다.
과학은 물질의 기원은 물론, 비물질의 기원도 모르는 것이 당연하지 않은가!
모른다는 표현보다 알 수 없다는 표현이 더 어울릴 듯하다. 기원을 모르든지 알 수 없든지를 막론하고 더 중요한 점은, 모른다는 사실을 분명히 알고 있다는 것이다. 과학은 모든 문제를 풀 수 있는 만능열쇠가 아니라는 것을 다 알고 있다는 의미이다.

앞에서 만물의 존재는 필연적이라고 하였다. 만물의 존재는 필연적이지만 만물의 기원을 모른다면 인간은 만물을 존재하게 하는 주체가 아닌 것이 분명하다.

3. 인간의 선과 악

1) 인간의 악

동물에게도 지혜와 선과 악을 분별하는 양심이 조금 있는 듯하다. 그러나 동물과 사람을 구분하는 결정적인 요소가 있는데 그것은 사람만이 생존 문제를 넘어서 선과 악을 분별하고, 선택이 잘못되면 부끄러워서 반성하며, 수치를 가리려고 옷을 입는다는 것이다. 의도적으로 선을 선택하기도 하고 악을 선택하기도 한다는 것이다. 악을 한 번 선택한 후에 반성하거나 후회하지 않고 그 악을 고집하기도 한다. 의도적으로 악을 두 번 선택한다는 것이다.

예를 들어 보자. 돈뭉치를 길에서 발견하면 보통 사람은 세 가지로 반응할 것이다. 자기 집으로 가져가든지 경찰서에 신고하든지 못 본 척 지나치든지 할 것이다. 보통 사람이라면 세 갈래 중에서 어느 한 가지 행동을 취할 것이지만 돈뭉치를 발견하면 즉시 고민하고 갈등하면서 돈을 잃어버린 사람을 상상할 것이다. 갈등하는 시간이 짧든지 길든지 누구나 갈등한다. 동서고금, 빈부귀천을 떠나서 누구나 돈의 주인을 상상하면서 경찰서에 신고하는 것이 바른 행동이라는 것을 자각하지만 악을 선택하기도 한다는 것이다. 돈다발을 본 모든 사람이 본능적으로 획일화된 행동을 하지 않는다.

사물과 현상에 대하여 조건이 동일해도 사람마다 다르게 반응한다. 시기에 따라서도 다르다. 장소에 따라서도 다르다. 이성(지혜)으로부터 나오는 판단과 해석이 사람마다 다르고 결국 다르게 선택한다. 분명한 것은 동물과 달리 사람만이 고의로 악을 선택한다는 것이다.

  돈다발을 집어 들고 좌우를 살핀 다음에 집으로 와서 일부 돈을 쓴 다음에 또 고민하고 갈등한다.

  경찰서에 신고할까, 말까?

  고민하고 갈등하다 결국에는 반성하지 않고 모든 돈을 다 써 버리는 경우가 있다는 것이다. 사람만이 생존의 문제를 초월하여 의도적으로 악을 두 번 선택할 수 있는 존재라는 것이다.

  또 다른 예를 들어 보자. 우유를 가공하여 판매하는 회사의 사장이 제조일자를 뒤로 늦추는 경우이다. 유통기한이 지나면 소비자는 우유를 마시고 설사할 수도 있다는 것을 알면서 고민하고 갈등하다가 제조일자를 뒤로 변경하는 선택을 할 수도 있다. 생존의 문제를 넘어서 고의로 악을 선택하는 경우이다. 우유를 출하 후에도 회수할 수 있는 기간이 있지만 회수하는 조치를 취하지 않은 것은 반성하지 않고 악한 행동을 지속한다는 것이다. 사람만이 생존의 문제를 초월하여 고의로 악을 반복하여 선택할 수 있는 존재라는 것이다. 이런 악한 행동을 반복한다면 악을 고집하는 것이고 완악(頑惡)한 것이다.

  이와 같이 동물과 달리 사람만이 선과 악을 분별하며 고민하고 갈등하다가 고의로 악을 선택하게 된다는 것이고 그 후에도 반성하지 않으면서 악을 다시 선택할 수 있는 존재이다. 긴 설명을 좀 줄여서 간단하게 말한다면, 사람은 양심에 반하여 고의로 악을 선택할 수 있는 존재이다.

2) 인간의 죄

사람은 6가지 지각 기관으로 사물과 현상을 이해하고 받아들인다. 눈(眼)으로 물체(色)를 보고, 귀(耳)로 소리(聲)를 들으며, 코(鼻)로 향기(香)를 맡으며, 혀(舌)로 맛(味)을 느끼며, 몸(身)으로 촉감(觸)을 느끼며, 두뇌

(意)로 이치(法)를 인식한다. 그런데 사람만이 알면서도 악을 선택한다. 사람의 악은 네 가지로 나타난다. 죄(罪)는 그물망(罒)과 배반할 비(非)를 합해서 죄(罪)이다. 그물 또는 올무에 걸려 은인을 배반한다는 의미이다. 자연을 망가뜨리는 줄 알면서 자연 법칙을 어긴다. 타인에게 해가 되는 줄 알면서 사회법을 어긴다. 하늘이 보아도 부끄러운 일을 자행한다. 심지어 자신의 양심을 속이기까지 한다. 사람이 법과 양심을 어기고 악을 선택하는 것이 죄이다.

모든 사람의 정신이 진화한다면 이런 네 가지 유형의 죄로부터 자유로울 수 있을 것이다. 반대로 자유로울 수 없다면 인간의 정신은 진화하지 않고 있으며 예나 지금이나 동일하다는 것이다.

3) 죄의 근원

인간은 선악을 분별하고 악을 선택하게 되는데 원인은 자기를 우선적으로 생각하는바 자기애(自己愛)에서 비롯된 탐진치(貪瞋癡)이다. 탐진치는 탐욕(貪欲, 탐욕)과 노여움(瞋恚, 진에)과 어리석음(愚癡, 우치)인데 세 가지 독소가 고통의 원인이다. 이 세 가지가 인간으로 하여금 죽이고 빼앗아 가해자와 피해자는 물론 주변 사람들까지 고통스럽게 만든다.

4) 악행의 소멸

여기서 그냥 지나칠 수 없는 문제가 있다. 악행을 소멸하는 방법이 있는가 하는 문제이다. 인간은 똑똑하게 진화되어 인간 스스로 죄과로부터 자유로울 수 있는 방법을 찾아냈는가 하는 점이다. 예컨대 살인 사건을 염두에 두고 방법을 찾으면 소멸하는 방안이 있을지도 모른다. 네 가지 방법이 있기는 하다.

첫째, 악행을 선행으로 상쇄시키는 방법이다.

그러나 악행과 선행을 저울에 달아서 그 경중을 측정할 수 있는가 하는 문제가 따라온다. 생명을 금전으로 환산할 수 없는 것도 문제이다. 또, 악행과 선행을 병행할 수도 있다는 괴변(詭辯)이 만들어질 수도 있다.

둘째, 살인자를 감옥에 가두어 죗값을 치르게 하는 방법이다.

그러나 죄인이 형기를 마치고 출소한 후에도 주변 사람들은 그를 살인자라고 부를 것이다. 자신도 사람들 앞에 두려움과 수치심 때문에 얼굴을 들지 못할 것이다. 죄 문제가 말끔히 해결되지 않은 것이다.

셋째, 악행과 동일한 형태로 갚아주는 방법이다.

그러나 살생으로 보복한다는 측면에서 그리 좋은 방안이 될 수 없다. 인종의 역사에서 보복으로 악행이 사라지지 않는 점도 상기해 볼 필요가 있다.

넷째, 살인 사건을 꿈에서 저지른 사건처럼, 거울 속에서 일어난 사건처럼 애써 잊는 방법이다.

그러나 가해자와 피해자, 주변의 사람들 모두가 잊을 수 없어서 좋은 해결방안이 될 수 없다.

이와 같이 몇 가지 방안으로 죄과를 소멸할 수 있을 듯하지만 가해자와 피해자, 주변 사람들에게 돌이킬 수 없는 악행의 결과가 남아 있다는 것이며 피살된 사람이 살아나지 못한다는 측면에서는 그 죄가 근본적으로 해결되지 않은 것이다. 즉, 사람은 악행을 저지르는 장본인이지만 사람의 지혜나 양심, 감정, 행동이 근본적으로 해결하지 못한다는 것이다. 달리 말한다면 진화되었다고 하는 사람의 수단과 방편으로는 악행의 결과를 소멸시킬 수 없다는 의미이다.

나는 진화와 관련지어서 말하고 있다. 인간의 신체는 물론이거니와 지혜나 양심도 진화되지 않았으며 예나 지금이나 변함이 없다. 인간이 신체적으로, 동시에 정신적으로 진화하였다는 말은 은유적 표현에 불과하다.

5) 인간의 선

사람은 법과 양심에 거스르는 악을 고의로 선택하는 존재라고 설명하였는데 긍정적인 면도 있다. 사람이 선을 행하는 경우도 많이 있다. 자신의 재물 중에서 불우이웃 돕기 성금(誠金)으로 내놓은 경우이다. 악을 선택하는 과정과 같다. 자신의 생존 문제를 초월하여 고민하고 갈등한 이후에 의도적으로 선을 선택한다. 성탄절에 연이어 기부한다면 선을 두 번 선택한 셈이다.

다른 예도 있다. 우유를 가공하여 판매하는 사장이 자신의 재물로 고아원을 설립하고 경영하는 행위도 선을 선택하는 행위이다. 법정에서 온갖 협박을 무릅쓰면서 진실을 말하는 행위도 의도적으로 선을 선택하는 행위이다. 인간의 정신세계가 진화한다면 지혜나 양심, 감정, 행동이 진화하여 악행은 점진적으로 줄고 선행은 점진적으로 늘어나야 할 것이다.

6) 인간의 위선

사람은 악만 저지르지 않고 선도 행한다. 좋은 일도 행한다는 의미이다. 사회에 봉사하기도 하고 이웃을 위하여 자신을 희생하기도 한다. 대부분의 사람은 천사 같은 마음으로 순수하게 선을 행하는 사람일 것이다. 아무런 조건 없이 어떠한 이익도 기대하지 않고 선을 행하는 사람이 많을 것이다.

그런데 좀 깊이 살펴볼 문제가 있다. 어떤 선행의 이면에는 자신이 명예를 얻으려는 목적이 숨겨져 있는 경우가 있고, 재난이 두려워 사전 예방의 목적이 숨겨져 있는 경우도 있으며, 악행을 상쇄시키려는 의도가 숨겨져 있는 경우가 있다는 것이다. 이러한 선행은 선행이지만 동기는 불순하다. 곧 위선이다. 인간이 진화되는 과정에 있다면 위선은 점점 사라져야 할 것이다.

7) 천국에 들어간 사람

사람은 선과 악을 선택한다고 하였는데 서로 상쇄할 수 있는가?
이런 문제가 남아 있다.
악행과 선행을 저울에 달아서 평가할 수 있느냐?
어떤 사람이 세상에 살면서 악행을 저질렀다. 악행도 저질렀지만 선행도 많이 하다가 죽었다. 평생 쌓은 공덕 점수가 60점이 되어 가까스로 하늘나라에 들어갔다. 1점만 부족했으면 59점이 되어 지옥에 떨어질 뻔하였다. 지옥의 뜨거운 형벌에 비하면 천만다행이라서 안도의 한숨을 쉬면서 천사에게 이렇게 말했다.

> 저도 건강할 때가 있었습니다. 사업은 잘되고, 바쁘게 전국을 돌아다녔지요. 매주 교회 주차장에서 봉사했고, 찬양대에서 봉사했고, 열심히 일해서 소득의 10%도 꼬박꼬박 기부했었지요. 노숙자들에게 밥을 나누어주는 '밥퍼' 봉사도 토요일마다 했었습니다. 그런데 저의 공덕 점수가 60점밖에 안 되니 충격적입니다. 한 번만 봉사를 빼먹었다면 1점이 부족하여 여기에 못 올 뻔했습니다. 휴우우.
> 그런데 말입니다.
> 기부금도 공덕 점수에 반영하셨어요?
> 저는 그렇게 알고 소득의 10%를 꼬박꼬박 기부했었는데 …거봐요. 점수에 반영을 아니 하셨군요.
> 그러니까 제가 공덕 점수를 매일 매일 공개해 달라고 말했잖습니까?
> 점수를 공개 안 하니 참 답답하기도 했고 늘 불안했었는데 역시 기부금은 점수에 반영되지 않았군요. 기부금을 점수에서 빼면 신부님을 통해서 통보라도 해주셨어야지요. 저는 사업이 잘될 때 기부금을 빼 먹을 때가 한 번도 없습니다. 장부를 열어서 확인해 보세요. 그리고 기부금을 점수에 반영해 보세요. 공덕 점수가 90점은 될 것입니다.

그 돈으로 밥을 퍼주는 사람들에게 기부했더라면 점수가 이 모양은 아니었겠지요?

못된 성직자들이 기부금을 거두어서 교회 건물만 키우니까 그때부터는 기부금을 점수에 반영하지 않았던 거로군요. 그것도 모르고 기부금을 꼬박꼬박했던 것이 잘못이로군요. 뭔가 좀 불안하더니만 … 좌우간 가까스로 여기에 오게 되어서 그나마 다행입니다.

그런데요 … 억울한 면이 더 있어요. 내 인생을 찍어놓은 비디오를 틀어 보십시오. 악행 비디오 말고 선행 비디오를 틀어 보십시오. '밥퍼' 봉사를 10년 동안 하면서 공덕을 쌓은 겁니다. 그때는 한 주도 빠지지 않았습니다. 여기까지 오기 5년 전에 교통사고로 허리를 다쳐 꼼짝 못 하게 된 것을 잘 아시지 않습니까?

그놈의 허리 때문에 병원 치료비로 재산을 거의 날렸고, 선행을 하고 싶어도 병원에 누워있기 때문에 못 했던 거지, 마음은 늘 돕고 싶었는데 … 저의 진실한 마음을 모르십니까?

교통사고만 나지 않았다면 저의 점수는 꽤 높았을 겁니다.

그러니까 간단히 말해서 말입니다. 여기도 불타는 지옥에 비하면 좋은 곳이긴 합니다. 백향목으로 집을 지어서 향기도 나고 해서 좋긴 하지만 … 저기 12가지 황금과 보석으로 지어서 반짝반짝하는 곳, 맑은 물 강가에서 거문고로 노래하고 있는 저곳으로 보내주세요. 거기로 보내주기만 하신다면 다른 사람들처럼 열심히 선행을 하겠습니다.

이같이 악행과 선행을 저울에 달아서 점수로 환산할 수도 없거니와 점수로 환산하면 선행과 악행을 상쇄시킬 수 있다는 더 큰 문제가 나타난다.

4. 인간의 진화

1) 인간의 희망

　진화를 '우연 종교'로 신봉하는 사람들의 주장에 따르면, 현재의 인간은 개구리처럼 물속에서 헤엄치는 기능, 치타처럼 빠르게 달리는 능력, 독수리처럼 공중을 나는 능력, 박쥐처럼 초음파를 감지할 능력을 잃어버렸다. 수명이 600년 정도 되는 백향목처럼 오래 사는 유전자도 잃어버렸다.
　그들이 인간의 조상이니 조상들이 가진 빼어난 능력을 잃어버렸다는 말이다. 오히려 각종 살상 무기로 동종(同種)을 죽이는 능력을 보유하게 되었다. 인간은 아주 똑똑하다. 지혜와 양심을 가지고 있다. 이 세상을 평화로운 세상으로 만들 수 있을 것이다. 그러기 위해서는 몇 단계의 진화가 필요하다. 진화론자들은 사명감을 가지고 적극적으로 추진하기를 바란다.

　첫째 단계, 동물의 유전자를 조작하여 식물만 먹도록 변신시키면 생태환경은 최소한 평화로운 세상이 될 것이다. 이것이 만물의 영장의 지위를 회복하는 길이고, 의지적 선택이고, 참된 진화이다.
　둘째 단계, 사람이 질병에 걸려서 죽지 않도록 면역체계를 유전되게 해야 한다. 세포가 늙지 않도록 하는 방안도 기필코 달성할 목표라는 점도 잊지 말아야 할 것이다. 그렇게 되면 이 땅에서 1,000년 정도는 충분히 향수할 수 있을 것이다.
　셋째 단계, 사람이 물에 빠져 죽기도 하고 고층 빌딩에서 불에 타서 죽기도 하므로 날개를 달아 붙여야 한다. 하늘을 날아야 할 당위성이 있다. 날개는 두 겹으로 하되 날개의 윗면에 엽록체가 있는 식물의 잎을 붙이고 아랫면에는 얇은 실리콘으로 만들어 붙이면 아주 가벼운 날개가 될 것이다. 날개를 달아 붙인 다음에도 하나의 단계가 남아 있다.

넷째 단계, 인간의 정신적인 측면이다. 인간 스스로 음식을 나누어 먹지 못하여 지구 한편에서는 굶주리고 다른 편에서는 비만에 시달린다. 인간은 욕심도 다스리지 못한다. 인간끼리 전쟁하면서 동종(同種)을 죽이는 것을 보면 지혜나 양심도 인간을 이롭게 하지 못하는 것을 알 수 있다. 탐진치에서 벗어나고 살인과 전쟁을 억제할 줄 아는 고상한 존재로 변신시켜야 한다.

이런 세상이 진화론자들이 꿈꾸는 세상이 아닌가?

2) 인간의 진화는 없다

고대 바벨로니아인들이 남긴 함무라비 법전은 B.C. 1800년경 함무라비 왕에 의해 편찬되었는데 돌기둥에 새겨져 있다. 그 내용을 잠깐 들여다보면 어떤 사람이 눈을 멀게 하면 그 가해자의 눈도 멀게 하였다. 타인의 신체에 손상을 입혔으면 벌금을 내게 했다. 여성도 재산을 소유할 수 있도록 하였다. 노예도 자신의 신분을 돈으로 살 수 있게 하였다.

그때의 사람이나 A.D. 2020년을 살고 있는 지금의 사람이나 땅에서 사는 삶의 양식이 별반 다르지 않다. 그때의 사람이나 지금의 사람이나 동일하다는 것이다. 4,000여 년 전의 사람과 현재의 사람은 육체적으로 동일하고 삶의 방식이 동일하다. 따라서 사람의 육체와 정신세계가 함무라비 법전이 있었을 당시나 지금이나 동일하다는 결론에 쉽게 도달할 수 있다. 최소한 4,000여 년 동안은 사람의 진화가 없었다는 말이다. 인간이 1,000년 동안 진화되어 탐욕이 반으로 줄어들고 1,000년 동안 또 진화되어 이웃에게 배려해 주고 1,000년 동안 또 진화되어 질병을 극복하고 1,000년 동안 진화하여 무병장수하게 되었다면 이 세상은 낙원(樂園)이 되어 있어야 한다.

이런 식으로 생각해 볼 때 함무라비 법전이 제정된 이후 지금까지 인간의 진화는 전혀 없었다고 해야 할 것이다. 정신적으로나 육체적으로나 인간이 진화되었다고 상상하고 앞으로도 끊임없이 진화될 것이라고 상상하는 것은 무리(無理)이다.

제12장

초월적 절대자의 조건

    천문학자들은 우주의 기원을 우주에서 찾는다. 생물학자들은 생명의 기원을 생명체에서 찾는다. 학자가 아니더라도 모든 사람은 누구나 궁극(窮極)을 궁금해한다. 초월적 절대자의 존재에 대해서도 궁금해한다. 신의 존재에 대하여 많은 사람이 궁금해하는 것은 태어나면서부터 가지고 있는 본능일 것이다. 이 마지막 제12장은 자연에서 신의 존재를 추론하고 증명한다. 그리고 특별히 성경을 믿으면서 동시에 진화를 믿는 사람들을 비판하되 과학도 모르고 성경도 모르는 다윈의 후예라고 호되게 비판한다.

1. 기원에 대한 질문

1) 궁극적인 질문

    기원을 찾는 궁금증은 질문으로 나타난다. 동서고금, 남녀노소(男女老少)를 가리지 않고 사람이라면 모두 질문을 가지고 있지만 그 질문은 신기할 정도로 동일하다. 그러나 많은 사람이 정답을 찾아 일생을 소모하지만 시원한 답을 얻기가 쉽지 않다.
    질문은 이렇다.

무엇이 초월적 절대자를 존재하게 하였는가?
이런 질문은 다음 질문과 같다.
이런 질문은 무엇이 가장 먼저 존재해야 하는가?
무엇이 가장 먼저 존재할 수 있는가?
시간과 공간의 기원에 대한 질문도 마찬가지이다.

시간과 공간은 언제부터 있었는가?
공간은 무한한 것인가?
유한한 것인가?
공간 밖은 무엇인가?
어떤 상태인가?

물질과 자연 법칙의 기원에 대한 질문도 마찬가지이다.
물질은 언제부터 존재하였나?
자연 법칙은 스스로 만들어진 것인가?
사람의 지혜와 양심에 대한 질문도 마찬가지이다.
생명의 본질은 무엇인가?
지혜와 양심의 거소(居所)는 어디인가?

2) 정답의 단초

인간은 이런 질문에 대하여 한마디도 대답하지 못하는 존재이다. 누구도 자신 있게 답할 수 없게 된다는 것이다. 결국, 시간, 공간, 물질, 자연 법칙의 기원은 아무도 모르며 대답할 수 없다는 것이다. 과학자들도 사물의 궁극을 관찰하고 관측할 수 있기 때문에 이 질문을 피해서는 안 될 것으로 보인다.

3) 세 가지 대답

아무래도 이런 궁극적인 질문에 대한 답은 세 가지로 나누어질 것 같다.

첫째, 모른다. 알 수 없다고 답하는 경우이다. 질문 자체를 거들떠보지도 않을 가능성이 있다. 여기서 모든 담론을 끝낼 수도 있다.
둘째, 우연이라고 답하는 경우이다. 시공물법의 존재와 구성, 변화를 우연한 결과라고 답하는 경우이다.
셋째, 확률 0%의 사건을 확률 100%로 만들어내는 초월적 절대자이다. 인간의 한계를 뛰어넘는 초월적 절대자가 원인을 제공하였다고 답하는 경우이다.

어떤 대답을 선택하든지 선택은 개개인의 자유이지만 선택지가 정답이라고 증명할 수 있느냐 하는 문제도 남아 있다.

2. 시공물법의 의지

1) 유신론자와 무신론자

신의 존재를 단번에 믿는 사람들은 과학적인 증명으로 자신의 믿음을 강화한다. 이들은 종교와 과학이 조화를 이룰 수 있다고 주장한다. 이들은 과학적인 증명이 한 건이라도 나타나면 마치 증인을 찾은 것처럼 반기고 열광한다.

반면에 신을 믿지 않는 사람들은 신의 존재를 과학적으로 증명할 수 없다고 주장한다. 이들은 신이 있을지도 모른다는 생각에 때때로 시달리기도 하지만 과학적인 증거가 부족하다는 것을 빌미로 삼아 안도한다. 그러다가 어떤 무신론자가 신의 존재를 과학적으로 증명할 수 없다는 결론을 만들어 주기라도 하면 신이 존재하지 않는다는 증거를 확보한 것으로 확신하고 열광한다. 여기서 과학적 증명이 과연 무엇이기에 모든 사람이 열광하는지 그 의미를 한 번 따져보자.

2) 과학적 증명

지구가 태양의 주변을 돈다는 사실을 과학적으로 증명하면 대부분의 사람은 믿는다. 날마다 반복되는 일출과 일몰을 눈으로 볼 수 있으므로 태양이 항상 존재한다는 것을 믿을 수 있다. 밤낮과 사계절이 규칙적으로 발생하는 것으로부터 지구가 반복적으로 태양 주변을 공전하는 원리를 발견할 수 있다. 이처럼 과학적인 증명이란 사물과 현상의 반복되는 원리를 형이하학적으로 발견하여 보여 주는 것이다.

공기는 눈에 보이지 않지만, 공기가 있다는 것을 과학적으로 증명하면 믿을 수 있다. 지구 어디에서나 진공과 대기압을 비교하며 공기의 존재를 무게로 계량화할 수 있다. 선풍기 날개를 회전시키면 공기는 언제나 유체(流體)라는 것을 알 수 있다. 공기의 흐름으로 흔들리는 나뭇잎을 보여주며 공기가 주변에 미치는 영향을 발견할 수 있다. 이와 같이 과학적인 증명이란 사물과 현상의 반복되는 원리를 형이하학적으로 발견하여 보여주는 것이다.

삼각형 내각의 합은 180°라고 수학적으로 증명하면 믿을 수 있다. 이등변 삼각형이든지 직각 삼각형이든지 어떠한 삼각형일지라도 각은 세 개이며 세 각의 합은 수평선이 이루는 각도 180°와 동일하다. 수학 공식은 시공물법의 원리를 문자와 숫자로 바르게 표현한 공식이므로 항상 참이다. 언제 어디서나 반복해서 사용해도 성립되는 진리이다. 이와 같이 과학적인 증명이란 사물과 현상의 반복되는 원리를 형이하학적으로 발견하여 보여 주는 것이다.

모든 동물은 대사 곧 소화, 흡수, 배설한다는 사실을 과학적으로 증명하면 믿을 수 있다. 지구에 사는 모든 동물은 무엇인가를 먹고, 또 무엇인가를 배설하는 것이 관찰된다면 이 명제는 참이며 과학적으로 증명되었다고 말할 수 있다. 언제 어디서나 모든 동물이 질량이 있는 것을 섭취하고 형태가 있는 물질을 배설하되 반복한다면 대사 원리를 발견할 수 있다. 이처럼 과학적인 증명이란 사물과 현상의 반복되는 원리를 형이하학적으로 발견하여 보여 주는 것이다.

3) 사회학적 증명

명제의 참과 거짓을 가려내는 작업이 증명이라면 이런 증명이 질량과 형태가 없는 형이상학 분야에서도 증명할 수 있겠는가 하는 문제이다. 나는 모든 영역에서 증명이 가능하다는 생각이다.

예컨대 모성애가 모든 어머니의 보편적인 현상이라는 명제에 대하여 모든 어머니가 언제 어디서나 자녀를 사랑하는 현상이 형이하학적으로 발견된다면 그 명제는 참이며 사회학적으로 증명되었다고 말할 수 있다는 생각이다. 모든 어머니가 언제 어디에 살든지 자녀를 위하여 마련한 음식을 눈으로 볼 수 있고, 입히는 옷을 손으로 만질 수 있고 주변 사람들도 양육하는 것을 반복적으로 관찰할 수 있다면 모성애는 인류의 보편적인 현상이라고 사회학적으로 증명된다는 의미이다. 형이상학적인 모성애를 형이하학적으로 증명할 수 있다는 뜻이다.

4) 심리학적 증명

다른 예를 들어 보자. 모든 사람은 양심이 있어서 본능적으로 선과 악을 분별한다는 명제에 대하여, 모든 사람이 길에 떨어진 황금 열쇠를 보았을 때 갖고 싶은 생각이 들지만 고민하고 갈등한다면 그 명제는 참이며 심리학적으로 증명되었다고 말할 수 있다는 생각이다. 황금 열쇠를 자신의 것으로 만들기 위해서 불법으로 점유하면 악한 행동이라고 판단할 것이고 주인을 찾아 돌려주거나 경찰에 신고하면 선한 행동이라고 판단한다는 것이다. 구체적 행동은 사람에 따라서 갈라지지만 분명한 것은 황금 열쇠를 보자마자 선과 악을 즉각적으로 분별하고 눈에 보이는 물리적인 행동으로 나타나게 된다는 의미이다. 형이상학적인 양심의 존부와 기능을 형이하학적으로 증명할 수 있다는 뜻이다.

지금까지 나는 자연과학의 영역은 물론이거니와 사회심리학의 영역에서 명제를 증명할 수 있다고 설명하였다.

5) 신학적 증명

이제 마지막 단계가 남아 있다. 많은 사람이 궁금해하지만 어려워하는 신의 존재를 증명할 수 있느냐 하는 문제이다. 어떤 사람은 신의 존재(存在)를 과학적으로 증명하는 것은 불가능하다고 말한다. 그러면서 덧붙이기를 신의 부존재(不存在)를 과학적으로 증명하는 것도 불가능하다고 말한다. 그래서 유신론자들은 신의 존재를 믿는 것이며 무신론자들은 물질이 스스로 존재한다고 믿는다. 양측에서 증명하지 못하면서 다만 믿는다는 것을 강조한다. 이런 설명은 참으로 일리(一理)가 있지만 증명을 "반복되는 과정과 동일한 결과를 도출하는 원리를 찾아 드러냄"으로 본다면 초월적인 영역에서도 형이하학적으로 증명할 수 있을 것으로 본다.

6) 과학의 한계

형이하학(形而下學)은 형체가 있어 감각적으로 존재를 보고, 만지고, 느낄 수 있는 것, 즉 질량과 형태가 있는 물질과 물질에서 파생된 현상에 관한 학문이다. 이렇게 정의하면 과학은 사물에 관한 것으로 제한되므로 형이하학이다. 반면에 형이상학(形而上學)은 형체가 없어 감각으로는 그 존재를 파악할 수 없는 것, 즉 질량과 형태가 없는 마음, 선악, 이성, 양심, 보편자(普遍者), 절대자 등에 관한 학문이다. 형이하학을 다루는 도구로 형이상학의 영역을 다룰 수는 없을 것 같다. 도구가 다르고 영역이 다르기 때문이다.

여기서 독자들이 오해하지 않기를 바란다. 과학에는 한계가 있어서 형이상학 영역을 해석할 수 없지만 증명 방식은 모든 영역에 적용할 수 있다는 의미이다. 예컨대 저울이라는 도구로 이성의 질량을 측정할 수 없다. 망원경이라는 도구로 우주에서 형체가 없는 절대자를 발견할 수 없다. 현미경을 도구로 사용하면 사람은 DNA를 보관하고 운반하는 생존 기계로 보일 것이다.

그러나 나무와 열매의 반복과 순환에 정교함이 깃들어 있듯이 반복되는 과정에서 동일한 결과를 도출하는 방식으로 명제를 증명한다면 이러한 증명 방식은 과학과 사회학, 심리학 분야에서는 물론 초월적인 영역에도 적용할 수 있다는 의미이다.

7) 시공물법의 의지

물질이 존재하려면 시간과 공간이 있어야 한다. 물질은 공간 속에 존재할 수 있고 운동은 시간 속에서 가능하기 때문이다. 물질보다 시간(時)과 공간(空)이 먼저 존재해야 한다. 동시에 존재하여도 무방하지만 논리적으로 굳이 순서를 정한다면 시공(時空)이 먼저이다. 그런데 아무것도 없는 상태에서 어떤 것이 생겨날 수는 없다. 무(Nothing)에서 유(Something)가 생겨날 수는 없다. 시간과 공간은 스스로 존재할 수 없다는 의미이다. 이 둘은 지혜가 없어서 자신의 존재 방식을 설정할 수도 없고 의지가 없어서 존재시기를 일치시킬 수도 없다. 능력이 없어서 자신을 만들 수도 없다.

만물(物)과 자연 법칙(法)도 지혜가 없어서 자신의 존재 방식을 정립할 수 없다. 의지가 없어서 존재 시기를 일치시킬 수 없다. 능력이 없어서 자신을 만들 수도 없다. 즉, 시공(時空)과 물법(物法)은 지혜와 의지와 능력이 없어서 스스로 존재할 수 없다는 의미이다.

3. 초월적 절대자 상정

1) 자연은 신이 아니다

시간이 스스로 존재하려면 시간 자신이 존재하려는 의지와 자신의 속성을 정립할 지혜와 존재할 능력을 가져야 한다. 즉, 시간 자신이 완전한 신이라야 한다. 시간이 신이라면 공간도 신이 안 될 수 없다. 공간도 틀림없이 자신을 신이라고 주장할 것이다. 그런데 시간이 완전한 신이라면 자신은 스스로 존재해야 하고 공간을 창조해야 한다. 따라서 공간은 만들어져야 한다. 공간이 완전한 신이라면 자신은 스스로 존재하고 물질을 창조해야 한다. 따라서 물질은 피조물이다. 물질이 완전한 신이라면 물질은 스스로 존재하고 자연 법칙을 창조해야 한다. 따라서 자연 법칙은 완전한 신이 될 수 없다. 자연 법칙이 완전한 신이라면 자연 법칙은 스스로 존재해야 하며 시간을 창조해야 한다. 따라서 시간은 완전한 신이 될 수 없다.

이러하듯이 시공물법(時空物法)을 각각 신으로 전제하면 어느 것도 완전한 신이 될 수 없다. 모두가 완전한 신이라고 하면 모두가 만들어져야 하는 오류가 발생한다. 즉, 시공과 물법으로 이루어진 자연은 스스로 존재할 수 없어서 완전한 신이 될 수 없다. 완전한 신은 스스로 존재해야 하고 하나이어야 하며 시공물법 전부를 하나의 시스템으로 창조해야 한다.

2) 자존자 요청

인간은 만물의 기원에 대하여 모른다. 인간은 만 가지 사물과 현상, 즉 만물만상(萬物萬象)의 주체와 목적을 모르는 피조물이다. 이 말은 역으로도 성립한다. 인간은 피조물이기 때문에 만물만상의 주체와 목적을 모른다. 무지를 지나 더 나아가면 시공물법을 만들 수도 없다. 인간은 무능한 존재이다.

그래서 사람으로 태어나서 스스로 존재(being)할 수 있는 존재(thing)를 한 번도 생각해보지 않은 사람은 한 사람도 없을 것이다. 이 책에서는 인간보다 빼어난 존재를 설계자, 초월적 절대자, 창조자, 제1원인자, 조물주, 자존자 등 어떻게 지칭하든 상관이 없다.

무지 무능한 존재가 한 가지는 바르게 인식하고 있는데 시공물법은 필연적으로 존재한다는 사실이다. 따라서 무지 무능한 인간이라 할지라도 만물을 보고 직관적으로 전지전능한 자를 인식하게 되며 동시에 합리적인 추론으로 인식하게 된다는 것이다. 통찰력이 뛰어난 사람은 직관적으로, 논리적인 사람은 이성으로 인식하게 된다는 뜻이다. 즉, 모든 사람은 자연 만물을 보아서 전지전능한 자를 분명히 안다는 것이다.

정말이지, 사람의 상상력은 무궁무진하다. 138억 년을 과거로 거슬러 올라가서 빅뱅으로 우주가 탄생했다고 상상한다. 어떤 행성에서 물이 흐른 흔적만 보아도 생명체의 존재 가능성을 상상하고 흥분한다. 연결고리가 전혀 없는데도 아메바까지 거슬러 올라가서 미생물을 사람의 조상으로 상상한다. 이렇게 상상력이 풍부한 사람이 초월적 절대자를 평생에 한 번도 상상해 보지 못하였다고 말하는 사람은 없을 것이다.

만유인력의 법칙을 발견하고 어느 누가 설명하면 이해할 정도로 똑똑한 사람 중에서, 물질과 자연 법칙을 동시에 만들었을지도 모르는 초월적 절대자를 평생에 한 번도 상상해 보지 못했다고 말하는 사람은 없을 것이다.

생명의 기원을 찾으려고 백방(百方)으로 노력하면서 생명의 근원일지도 모르는 초월적 절대자를 평생에 한 번도 상상해 보지 못했다고 말하는 사람은 없을 것이다.

　우연히 존재할지도 모르는 '외계 지적 생명체'(외계인)를 A.D. 2040년이면 찾을 수 있을 것이라고 확신하는 사람 중에서, 우연히 존재할지도 모르는 초월적 절대자를 평생에 한 번도 상상해 보지 못하였다고 말하는 사람은 없을 것이다.

　사람의 탐진치로부터, 양심의 가책으로부터 자유로워지려고 방도를 찾는 사람 중에서, 사람의 이성을 뛰어넘는 초월적 방편을 평생에 한 번도 상상해 보지 못하였다고 말하는 사람은 한 사람도 없을 것이다.

4. 신의 속성

1) 완전한 신

　아무것도 없는 상태에서 존재의 원인이나 존재의 결과는 있을 수 없다. 따라서 존재의 원인이며 결과가 되려면 아무것도 없는 상태에서 스스로 존재할 수 있는 완전한 존재가 있어야 한다. 완전한 존재는 시공물법이 존재하기 전에 주체적으로 존재하겠다는 의지가 있어야 한다. 자신의 속성을 규정할 수 있는 지혜가 있어야 하며 존재할 수 있는 능력과 시공물법을 창조할 능력을 갖추어야 한다. 이런 존재가 완전한 신이다.

2) 영원한 영

　완전한 신이 스스로 존재하고 우주를 창조했다면 우주와 사람은 창조의 결과물이다. 결과물에 창조주의 솜씨가 깃들어 있을 것인바 어떤 흔적이나 증거가 남아 있을 것이다.

우연의 결과이든지 창조의 결과이든지 존재하는 만물의 구성 원료는 삼자이다. 식물과 동물의 구성 원료가 삼자로 동일하며 모든 생물의 세포 구조가 염기서열 방식으로 동일하다면 만물의 존재 방식이 질량과 형태를 가지고 있는 삼자로 동일하다.

그러나 물질은 피조된 바 질량과 형태가 있는 까닭에 공간이라는 그릇에 담겨있어야 한다. 물질은 공간이 없으면 존재할 수 없어서 공간의 제약을 받는다는 의미이다. 또, 물질은 자연 법칙에 따라 끊임없이 변화하고 운동하므로 변화를 허용하는 흐름, 즉 시간 속에 있어야 한다. 물질은 시간이 없으면 변화하지 못하므로 물질은 시간의 제약을 받는다는 의미이다. 즉, 물질과 자연 법칙은 시간과 공간의 제약을 받지만 시간의 창조주는 시공(時空)으로부터 자유로워야 하고 물질의 창조주는 물법(物法)으로부터 자유로워야 한다.

따라서 창조주는 물질과 공간으로부터 자유로워야 하므로 질량과 형태가 없는 비물질(非物質)이어야 하며, 자연 법칙과 시간으로부터 자유로워야 하므로 시작과 끝이 없이 영원해야 한다. 즉, 물질을 창조한 신은 영원한 영(靈)이어야 한다.

3) 전지(全知)

초월적 절대자가 존재한다면 그는 무엇보다도 삼자의 기원과 자연 법칙의 기원을 알아야 한다. 물질, 시간, 공간의 기원을 알아야 한다. 입자나 파동으로 나타나는 빛의 본질에 대해서 알고 있어야 한다. 사람의 지혜와 양심이 어디서 왔는지 기원도 알고 그 거소도 알아야 한다.

즉, 모든 것을 알아야 한다. 우주의 나이나 지구의 나이는 물론이거니와 지구의 자기장이 왜 감소하는지도 알아야 한다. 지구를 자전시키는 데 필요한 힘과 공전시키는 데 필요한 힘을 계산하기 위한 수학 실력도 월등해야 한다. 삼각함수의 미분이든지 적분이든지 다 알고 있어야 한다. 은하의 수, 별의 수까지 정확히 알고 있어야 한다. 암흑 에너지, 반물질, 양자의 중첩 현상 등등에 대해서도 시원하게 알고 있어야 한다. 좌우지간 인간이 알고 있는 것을 모두 알고 있어야 하고 궁금해하는 것에 대해서도 모두 알고 있어야 한다.

진화와 관련지어 요약하자면 초월적 절대자는 모든 것을 알고 있으므로 진화가 참인지 거짓인지도 알고 있어야 한다. 초월적 절대자 편에서는 애초부터 진화를 계획하거나 허용하였다면 진화의 어떤 법칙도 알고 있어야 한다. 무수히 많은 진화 과정이 이루어져서 오늘날의 생태 환경이 만들어졌다면 초월적 절대자는 진화와 관련된 법칙을 인간 편에 하나쯤은 찾을 수 있도록 배려해 주었어야 한다. 멘델의 유전 법칙과 조화를 이루면서 진화 현상을 지지하는 자연 법칙이 하나도 없는 것은 초월적 절대자도 진화의 법칙을 창조하지 않았다는 방증(傍證)이다.

4) 전능(全能)

초월적 절대자가 존재한다면 초월적 절대자는 삼자와 자연 법칙을 만들 수 있는 능력을 겸비해야 한다. 물질과 자연 법칙보다 먼저 시간, 공간을 만들 수 있어야 한다. 발광체보다 빛을 먼저 만들 수 있어야 한다. 삼자와 물질과 물체를 만들고 결합, 분리, 이동시킬 수 있어야 한다. 사람의 지혜와 양심도 만들 수 있어야 한다.

초월적 절대자는 지구를 자전시키는 데 필요한 힘과 공전시키는 데 필요한 힘을 발휘해야 한다. 인간이나 화산이나 태양보다 더 큰 에너지를 가지고 행사할 수 있어야 한다. 사람은 육근(六根) 즉, 눈, 코, 귀, 입, 피부, 두뇌를 통하여 외부의 정보를 수수(授受, 주고받음)하므로 초월적 절대자도 인간의 육근(六根)을 이해할 수 있어야 한다. 사람이 라디오와 텔레비전을 만들었으므로 초월적 절대자는 멀리서도 들을 수 있고 볼 수 있어야 한다. 사람은 초음파, 적외선, 자외선, 삼자를 볼 수 없지만 초월적 절대자는 보고 느낄 수 있어야 한다. 빅뱅이 시공물법(時空物法)의 시작점이라면 특이점을 만들 수 있어야 한다.

빛과 태양과 눈과 시신경을 동시에 설계하고 만들어야 한다. 조성자는 식물, 동물, 미생물 등의 존재는 물론 구성하고 변화시킬 수 있는 능력을 갖추어야 한다. 환언하면 시공물법(時空物法)의 조성자는 하나도 빠짐없이 다 만들어야 한다.

자연 법칙이 우연히 생겼다면 우연히 사라질지도 모른다. 만유인력의 법칙이 언제 사라질지 아무도 모르므로 자연 법칙이 사라지지 않고 장구한 세월 동안 유지된 것은 필연적인 사건이다. 초월적 절대자는 자연 법칙을 존속시키거나 폐기시키는 능력도 가지고 있어야 한다.

진화와 관련지어 요약하자면 초월적 절대자는 만유인력의 법칙, 멘델의 유전 법칙 등 만물만상을 만들고 유지시키고 있어야 하며 이에 반하는 무작위 진화는 결코 용납할 수 없어야 한다.

5) 전선(全善)

초월적 절대자가 사람을 이해하려면 사람의 속성을 초월적 절대자도 가지고 있어야 한다. 사람이 지식과 감정과 의지를 가지고 있으므로 초월적 절대자도 그것들을 가지고 있어야 한다. 사람이 양심을 가지고 있어서 선악을 분별하므로 초월적 절대자도 선악을 분별해야 한다. 사람이 살고 있는 현재의 세상은 속임수와 살인과 전쟁이 난무하고 있는 악한 세상이지만 사람은 선을 추구할 것이므로 초월적 절대자도 진리와 사랑과 평화를 추구할 것이다. 모든 사람과 자연, 즉 만물만상의 가치 척도는 초월적 절대자와 동일해야 할 것이다.

그래야 초월적 절대자와 인간이 서로 소통할 것 아닌가?

따라서 초월적 절대자는 전적으로 선해야 한다.

진화와 관련지으면, 초월적 절대자의 속성을 선하다고 가정하면 약육강식과 살존살비는 초월적 절대자의 속성에 반하며 초월적 절대자가 원래 의도한 상태가 아닌 것이다.

6) 유일(唯一)

우주는 물질로 구성되어 있으며 물질은 삼자로 구성되어 있다. 우주의 존재 방식이 물질이며 삼자이다. 모든 생명체는 DNA(유전자)로 되어 있으므로 생명체의 존재 방식은 DNA이다. 그렇게 말해도 틀린 말은 아니다. 그런데 DNA를 자세히 들여다보면 물질이며 역시 삼자로 되어 있다. 따라서 우주의 존재 방식이 삼자이며 천체와 생물은 하나의 방식으로 존재한다.

여기서 조성자가 하나라고 상정하는 것은 우연이 아니라 필연적이다. 조성자가 둘이라면 우주의 원리가 둘이 되어야 한다는 의미이다. 즉, 하나의 원리로 만들어진 자연 만물을 보고 유일(唯一)한 조성자를 누구나 상정할 수 있다는 뜻이다.

이런 사실을 모른다고 누가 변명할 수 있겠는가?

통찰력이 뛰어난 사람은 직관적으로 인식하게 되고 논리적인 사람이라면 넉넉히 추론하게 될 것이다.

7) 신의 계시

초월적인 존재를 이렇게 나름대로 상정한 것도 인간의 추론과 인식 범위 안에서 필요한 만큼만 요청한 것에 불과하므로 제한적일 것이 틀림없다. 사람이 먼저 나서서 신은 이러저러해야 한다고 정립(定立)하는 것도 이성의 한계 때문에 충분하지 않다는 의미이다.

완전한 신이 인간에게 다가와 인간의 언어로 자신을 나타내지 않으면 인간이 완전한 신을 파악하고 인식하는 것은 충분하지 아니할 것이다.

달리 말하면 신의 속성을 사람의 이성으로 충분하게 정립할 수 없으며 신에게 요구할 수도 없다는 의미이다. 이렇게 사람이 가지고 있는 이성의 보잘것없는 형편을 완전한 신이 모를 리 없을 것이다.

그래서 신이 완전하다면 자신의 속성을 피조물에게 먼저 공표하되 일방적일 것이다. 신은 완전하므로 피조물의 요청이 없어도 불완전한 피조물이 알아들을 수 있도록 스스로 공표한다는 의미이다. 이러한 완전한 신의 공표를 계시(啓示)라고 하자.

8) 신의 계시와 물증

신이 계시한다면 계시의 주체는 자신이며 계시의 방식은 사람의 언어이며 계시의 내용은 틀림없이 자신의 존재일 것이다. 그리고 계시의 증거도 빠뜨리지 않고 제시할 것이다.

이제 어려운 추론은 다 마쳤다. 계시의 증거는 우주이고 자연이고 피조물이다. 즉, 완전한 신은 자신의 지혜와 능력으로 만든 시공물법을 창조의 증거물로 제시할 것이다. 창조의 증거물은 완전한 신이 명령하는 대로 복종하고 예언하는 대로 성취될 것이며 이로써 창조의 증거물은 창조주의 존재를 온 세상에 드러낼 것이다.

이를 바탕으로 하여 인간의 입장에서 신의 계시를 듣고, 양심을 더듬어 보고, 자연 만물을 살펴보면 신의 속성을 충분하게 알 수 있으며 신의 존재가 분명하게 드러난다는 것이다. 자연 만물이 신의 명령대로 움직이고 예언이 성취된다면 자연 만물을 창조한 신의 존재는 형이하학적으로 증명된다는 뜻이다.

5. 신의 존재 증명

1) 신의 존재 증명

완전한 신은 인간의 언어로 이렇게 말하면서 자신을 계시하였다.

나는 영원부터 스스로 존재하며 우주를 창조하였으며 사람은 공전하는 지구에서 남자나 여자로 태어나 동식물을 먹으며 자연을 다스리고 살다가 때가 차면 반드시 죽을 것이다.

창조주의 계시가 지금도 유효하다면 창조주의 실체는 증명된 것으로 보아야 할 것이다. 창조주의 계시가 명령과 예언으로 되어 있으며 지금도 유효한지 찬찬히 따져보자.

첫째, 완전한 신이라면 스스로 영원부터 존재한다고 주장해야 하며 시공물법(時空物法)을 창조했다고 주장해야 한다. 어떤 사건에서든지 자신이 사건의 주체라고 스스로 주장하지 않으면 주체가 될 수 없다. 창조주는 태양과 지구, 식물과 동물, 물과 공기, 남자와 여자가 동시공간에 존재해야 하므로 창조주는 동시에 설계하고 창조해야 한다. 창조하지 않은 존재는 창조주로 자처할 수 없으며 피조물을 설명할 수 없다. 우주와 지구와 생물에 대하여 창조주로 자처하고 과학적으로 설명해야 완전한 신이다. 시공물법의 창조주로 자처하지 못하고 과학적으로 설명하지 못하는 창조주는 부인되어야 한다.

둘째, 창조주가 스스로 존재하려면 질량과 형태가 없어야 하며 물증으로서 우주를 창조했다면 우주는 어떤 질량과 형체가 있어야 한다. 완전한 신은 저울에 달만 한 질량이 없고 눈에 보일만 한 형태가 없는 영(靈)이어야 한다. 완전한 신이 질량과 형태를 가지고 있다면 스스로 존재하는 자신을 부인하게 된다.

셋째, 지금도 지구는 자전축이 기울어져 있고 태양 주변을 공전한다. 지구가 공전한다는 사실을 창조주는 처음부터 이미 알고 온 우주에 선언하였다. 자신의 지혜와 능력을 아낌없이 보여준 것이다. 모든 인간은 봄, 여름, 가을, 겨울이 있는 지구에서 태어난다. 더운 곳에서 태어나는 사람도 겨울이 있는 지구에서 태어난다. 지구에서 사는 날 동안 겨울이 있는 지역으로 이사할 수도 있으며 여름이 있는 곳으로 여행을 떠날 수도 있다. 삶의 공간을 지구로 정해주어 꽃이 피고 지는 계절을 경험하면서 살라고 명령하면서 동시에 예언한 것이다. 지구가 자전과 공전을 하지 않는다면 창조주의 예언은 부인되어야 한다.

넷째, 창조주는 지금도 모든 사람은 남자와 여자로 태어나게 해야 한다. 남자와 여자는 동시에 좁은 공간에 존재해야 한다. 그래야 후손을 이어갈 수 있다. 사람은 중성이나 자웅동체로 진화하지 않는다. 다른 생물로 변신하지도 않는다. 사람은 태어나면서 남자 아니면 여자로 태어나므로 창조주의 계획에 순응한다. 사람의 염색체 수와 모양이 달라지고 염기서열이 달라져서 남녀 사이에서 토끼나 코끼리가 나온다면 창조주의 계획은 신뢰할 수 없다.

다섯째, 창조주는 지금도 모든 사람은 무엇인가 먹고 살게 해야 한다. 사람은 먹어야 생존할 수 있다는 뜻이다. 생물은 무엇인가 먹으므로 소화, 흡수, 배설하면서 산다. 일부 사람들은 식물만 먹고 산다. 분명한 점은 동물을 먹어도 된다는 의미이다. 창조주가 먹으라고 허용하였음에도 불구하고 모든 사람이 동식물을 먹지 않고 살거나 먹을거리인 동물과 식물이 상생하지 못한다면 창조주의 명령은 부인되어야 한다.

여섯째, 창조주는 지금도 모든 사람은 자연을 다스리며 살아가게 해야 한다. 사람은 동식물과 그것들의 생태 환경을 관리하며 살고 있다. 인간이 관리를 잘못하여 피해를 입은 경우는 있으나 관리 주체가 바뀌지는 않는다. 관리 주체가 역전되어 동식물이 사람을 지배하고 관리하면 창조주의 예언은 부인되어야 한다.

일곱째, 창조주는 모든 사람이 자기의 수명을 향수하고 죽음을 맞게 해야 한다. 사람의 수명은 지역과 시기, 환경에 따라 다르지만 최근에는 대략 90세까지 산다. 앞으로도 과학기술이 발전하여 수명이 점점 연장될 것으로 기대되지만 120년을 넘길지 의문시되고 그 시기가 언제일지는 모른다. 분명한 점은 현대 의학 상식으로 보면 지금은 대략 90년이 못 되어 칼과 기근과 감염병으로 또는 각종 사고로 죽는바 모든 사람의 수명에 한계가 없다면 창조주의 예언은 부인되어야 한다.

위와 같이 사람은 태어나고 살면서 그리고 죽으면서 신의 존재를 증명한다. 나는 완전한 신의 계시를 바탕으로 하여 일곱 가지 측면에서 신의 존재를 형이하학적으로 증명하였다. 이 일곱 가지 중에서 한 가지라도 반증하거나 경험과 이성에 반한다면 완전한 신의 존재는 증명되지 않은 것이다.

2) 무지 무능한 초월적 절대자는 없다

어떤 사람들은 창조와 진화를 둘 다 믿는다. 성경 창세기 1장과 2장의 창조 기록도 믿고, 원숭이가 변신하여 사람이 되었다는 진화론도 믿는다. 아주 과학적이고 합리적인 사람들로 보이지만 초월적 절대자가 있어서 진화를 허용하였다고 가정하면, 동물과 식물의 존재 시기가 달라서 생물의 생존이 불가능할 뿐 아니라 무엇보다 초월적 절대자의 속성이 우스꽝스러워진다.

첫째, 아메바에서부터 지렁이, 버들치, 개구리, 뱀, 황새, 침팬지를 거쳐서 사람까지 진화하였다면 초월적 절대자는 사람을 한 번에 만들지 못하는 무능력한 존재이다.

둘째, 약육강식과 살존살비로 점철된 생태 환경은 예나 지금이나 동일하게 무법천지이다. 이 상태가 오랜 세월 동안 지속되고 있으므로 초월적 절대자는 악행을 방치하는 악한 존재이다.

셋째, 사람은 장차 날개 인간으로 변신할지, 괴물로 진화하여 사람을 잡아먹을지 알 수 없다. 초월적 절대자는 미래를 계획하지 못하는 무지한 존재이다.

이와 같이 진화를 인정하면 초월적 절대자는 무지 무능하고 악한 존재가 되어서 초월적 절대자의 속성과도 배치(背馳)된다.

3) 절대자의 원인자는 없다

어떤 사람은 절대자가 있다고 하며 어떤 사람은 절대자가 없다고 부인하면서 절대자를 존재하게 하는 원인자를 상정하기도 한다. 어떤 철학자는 초월적 세계를 이성으로 인식하는 것이 불가능하여 잘 알 수 없다고 한다. 초월적 영역에서 존재에 대한 인식의 한계가 있기 때문이다. 사람은 초월적 세계를 파악하고 인식하는 능력을 분명히 가지고 있으나 충분하지 않는바 사람의 인식 능력에 넘을 수 없는 한계가 있다는 의미이다. 그래서 인간의 한계 때문에 오류가 발생하기 쉽다.

가장 큰 수보다 더 큰 수는 특정할 수 없듯이 절대자 이상의 원인자를 상정하는 것은 오류이다. 절대자는 스스로 존재해야 하므로 절대자를 존재하게 하는 원인자는 없다. 또, 절대자가 없다고 믿으면서 부존재(不存在)를 인식한다는 것도 오류이다.

인간의 한계를 넘어가는 오류가 한 가지 더 있다. 자연 만물을 보고 초월적 절대자의 존재를 모른다고 부인할 수는 없는 상태에서 인간의 제한된 이성으로 초월적 절대자가 없다고 단정하는 것도 오류이다. 다만 사람의 이성을 뛰어넘는 초월적 방편이 있다면 초월적 절대자를 더 바르게 이해하고 인식할 수 있을 것이다.

4) 에덴동산의 선악과 사건

성경 창세기 1장과 2장에 의하면 아담과 하와가 선악과를 먹는 사건이 나타난다. 애초의 에덴동산에서 간교한 사탄이 뱀으로 가장하여 여자에게 거짓말을 하였다. 사탄이 여자를 속여 먹음직스러운 선악과를 먹게 하였다. 여자가 선악과를 먹고 남편에게 주었고 남편도 먹었다. 이 선악과 사건 때문에 뱀과 여자는 원수가 되고, 뱀의 후손과 여자의 후손은 원수가 되어야 한다. 인류의 역사가 계속되는 한 거짓된 사탄과 모든 사람이 원수가 된다는 의미이다. 그렇다면 인류가 후손을 이어가는 동안 사탄과 사람의 정체성이 변하지 아니해야 한다. 여자의 후손이 다른 종으로 변신해버리거나 두 종으로 분화된다면 뱀과 사람은 더 이상 원수가 될 수 없기 때문이다. 따라서 지금의 사람이 에덴동산의 사람과 동일해야 하므로 사람의 몸과 정신이 진화될 수 없다.

유신론적 진화론자들은 흙으로 사람을 창조한 초월적 사건을 부인하고 침팬지가 사람으로 진화된 것으로 믿고 있으므로 에덴동산의 선악과 사건은 그들에게 침팬지가 사람으로 변신한 직후에 일어난 최초의 사건이다. 진화의 끊임없는 연속성을 부인하면 선악과 사건은 진화가 완성된 시점을 시사(示唆)하지만 진화가 이행 중이라는 다윈의 주장과 배치된다. 반대로, 다윈처럼 연속성을 인정하면 사람의 몸도 마음도 진화하고 있으므로 뱀의 후손과 여자의 후손은 더 이상 원수가 될 수 없다.

이와 같이 진화의 완성을 주장하면 다윈의 주장과 충돌하고, 다윈처럼 진화의 연속성을 주장하면 사람은 지금도 날개 달린 인간이나 식인 괴물종으로 변신하고 있어야 한다. 진화라고 하는 실체가 없기 때문에 이런 괴리가 발생한다. 진화를 부존재로 이해하면 성경과 과학은 잘 어울린다. 유신론적 진화론자들은 성경도 모르고 과학도 몰랐던 다윈의 후예들인 것이 분명하다.

5) 인간의 진화와 기독교

어떤 기독교인들은 진화를 믿는다. 그 사람들은 신약성경에 등장하는 예수(Jesus)를 그리스도(Christ)로 믿으면서 진화를 주장하는 것인지 진화론자로서 예수를 그리스도로 믿는 것인지 분간하기 어렵지만 좌우간 예수도 믿고 진화도 주장한다. 그런데 그 사람들이 믿는 구약성경과 신약성경은 초월적 사건으로 가득 차 있다.

구약성경에 의하면 신은 영원부터 스스로 존재하여 우주를 창조하였고, 신약성경에 의하면 인간의 죄를 대신하여 예수라는 사람이 십자가에 못 박혀 죽는다. 예수가 십자가에 대신 죽어서 인간의 죄가 용서되므로 이를 믿으면 구원을 얻고 죽어도 부활하여 영원히 산다는 것이다. 기독교인들의 '사도신경'을 살펴보면 이를 명확하게 말해준다. 그들의 신앙을 고백하는 사도신경을 잠시 읽어보자.

> 나는 전능하신 아버지 하나님, 천지의 창조주를 믿습니다. 나는 그의 유일한 아들, 우리 주 예수 그리스도를 믿습니다. 그는 성령으로 잉태되어 동정녀 마리아에게서 나시고, 본디오 빌라도에게 고난을 받아 십자가에 못 박혀 죽으시고, 장사되시어 지옥에 내려 가신지 제3일에 죽은 자 가운데서 다시 살아나셨으며, 하늘에 오르시어 전능하신 아버지 하나님 오른편에 앉아 계시다가, 거기로부터 살아 있는 자와 죽은 자를 심판하러 오십니다. 나는 성령을 믿으며, 거룩한 공교회와 성도의 교제와 죄를 용서받는 것과 몸의 부활과 영생을 믿습니다. 아멘.

위와 같은 신앙고백을 맨 처음 읽는 사람들에게는 황당한 사건이다. 두 번 읽어도 비과학적 사건이다. 그러나 인내심을 가지고 한 번 더 읽으면 모두 초월적 사건이다.

이처럼 성경은 인간의 이성으로 이해할 수 없는 내용이 많아서 일견 반과학적이다. 이런 까닭에 초월적인 실체를 이성으로 이해해 보려고 안간힘을 쓰는 사람도 있다. 물론 한 번쯤 읽어보고 진리의 일부를 철학적으로 이해하는 사람도 있을 것이다. 그러나 초월적인 실체를 이해하는 데 인간의 이성은 분명히 필요하지만 충분한 수단이 아니다. 인간의 이성을 뛰어 넘는 특별한 방편을 소유한다면 성경을 초월적인 진리로 이해할 수 있을 것이다. 물론 성경을 읽는 사람 중에 성경에 기록된 초월적 진리를 빼어난 직관으로 단번에 믿고 이해하는 사람들도 있다.

좌우지간 신약성경에 의하면 예수는 사람이었고 그리스도였다. 그래서 예수가 사람들의 죄를 대신할 수 있었고 죽은 후 제3일에 부활하였다.

예수를 믿은 사람들은 죽은 다음에도 부활하여 먼저 부활한 예수와 만나서 잔치를 벌이는데 혼인 잔치 같은 즐거운 잔치가 벌어진다.

이쯤에서 예수의 부활을 진화와 관련지어야 한다. 사람이 진화하여 날개 달린 인간이 되면 예수의 십자가 죽음은 의미가 없고 예수는 날개를 달고 다시 십자가에 죽어야 한다. 예수는 인간과 동일해야 하기 때문이다. 날개 인간이 부활하여 혼인 잔치에서 예수와 만날 때에도 문제가 발생한다. 예수는 날개가 없고 인간은 날개가 있을 것이다. 날개 없이 죽은 인간은 날개가 없을 것이다. 즉, 예수와 이종(異種) 인간이 만나서 혼인 잔치를 하게 된다. 이처럼 다윈의 주장에 따라 인간의 몸과 정신이 과거에 진화하였으며 지금도 진화하고 있다면 예수의 부활과 뒤틀리게 된다. 성경과 진화는 양립할 수 없다는 의미이다.

6) 유신 진화론 비판

내 주변에는 진화를 초월적인 존재가 허용했다고 주장하는 사람들이 많다. 이런 사람들은 진화론자이면서 성경을 적당히 인용하는 것인지 성경과 진화를 믿는 것인지 분간하기 힘들지만 아무튼 둘 다 믿는 사람들이다.

이런 사람 중에서 완전한 신을 믿으면서 진화도 신의 의도라고 주장하는 사람들이 있는바 이런 사람들을 유신론적 진화론자라고 부른다. 유신론적 진화론자들은 과학과 종교는 대립되는 관계가 아니라 조화될 수 있다는 미명 아래 성경을 문자적으로 볼 필요가 없다고 강조한다. 성경을 사람의 경험과 이성이 허용하는 범위 내에서 적당히 해석하면 완전한 신도 믿을 수 있고 진화도 수용할 수 있다고 주장한다.

나는 여기서 신이 없다고 주장하는 무신론적 진화론자를 비판하는 것이 아니라 유신론적 진화론자들을 호되게 비판한다. 이들은 성경을 읽으면서 몇 가지 오류를 범하는 것 같다.

첫째, 창조의 주체를 초월적인 존재로 보면서 지혜와 능력을 제한하는 오류이다.

초월적인 존재는 과학적으로 일어나서는 안 될 일을 일으키는 것이 아니라, 과학적으로는 도저히 할 수 없는 일도 행해야 한다. 그러니까 과학은 반복되는 과정에서 동일한 결과를 기대하지만 창조주는 시공물법의 기원으로서 초월적 사건을 자유롭게 발생시킬 수 있어야 한다.

둘째, 창조 과정을 불완전 과정으로 단정하는 오류이다.

창조주가 무한한 지혜와 능력을 가졌다면 우주를 설계할 때 우주 전부를 동시에 완전하게 설계해야만 한다. 일부분만 먼저 설계하고 나머지를 나중에 설계하면 먼저 설계한 부분을 수정해야 하기 때문이다. 지혜가 모자란 과학자가 일부를 설계하고 능력이 모자라서 일부를 창조한다면 피조물을 몇백 억 년 동안 시험적으로 가동한 후에 가감 수정할 것이 뻔하다. 과학자는 설계를 변경할 때마다 어정쩡한 일회용 중간품을 양산할 것이며 수많은 중간품들은 그들의 무지 무능의 증거가 될 것이다.

창조주의 지혜와 능력이 무한하다면 500만 번 설계를 변경할 이유가 전혀 없다. 그가 단회적으로 창조해도 완성품에 하자가 없었을 것이며 보기에도 좋았을 것이다. 사실, 완전한 존재는 순식간에 우주를 설계하고 창조하는 것이 가능하지만 시간을 두고 동물과 식물과 미생물이 상생하도록 창조한 것이다.

셋째, 창조 과정을 반복 과정으로 상상하는 오류이다.

창조 과정은 재현할 수 있는 반복 과정이 아니다. 유신론적 진화론자들은 성경의 창조 과정을 읽으면서 즉각적으로 사람에게 익숙한 과학적 방법(How)을 머리에 떠올린다. 창조 과정으로써 과학적으로 이해할 수 있는 반복 과정을 상정한다는 것이다. 창조주가 시공물법을 창조한 것으로 이해하지 않고 시공물법에 따라야 한다고 주장한다. 창조주를 과학자로 착각하는 오류이다. 그러나 과학적인 반복 과정은 초월적 절대자의 명령과 시공물법의 순종으로 대치된다. 사실, 창조주는 시공물법에 따라서 창조한 것이 아니라 시공물법을 창조한 것이다.

넷째, 창조 결과를 과학적으로 보지 못하는 오류이다.

창조 결과는 철저하게 과학적이다. 시공물법이 동시에 설계되었다면 완성물은 동시에 출현하였어야 한다. 태양과 동식물과 미생물과 공기와 물은 상생하기 위해서 동시에 존재해야 한다. 시간(時)과 공간(空)과 천체, 지구, 물, 공기, 아메바, 이끼, 잔디, 배추, 코스모스, 포도나무, 소나무, 백향목, 지렁이, 붕어, 개구리, 뱀, 벌, 나비, 황새, 침팬지, 사람, 등등 만물(物)과 자연 법칙(法)이 동시에 출현해야 생태 환경이 유지된다는 의미이다. 즉, 시공물법은 동시에 존재해야 한다.

다섯째, 사람을 중간 작품으로 보는 오류이다.

사람이 중간 작품이라면 완성품이 아니며 불량품이라는 의미이다. 그렇다면 다윈의 주장처럼 자연 선택으로 진화를 거듭하든지 인간의 인공 선택으로 변신하든지 아니면 창조주는 불량품 사람을 하루속히 개조해야 할 것이다. 창조주는 칼과 기근과 감염병에 시달리고 눈물과 신음으로 가득 찬 이 세상을 오랫동안 내버려 둘 이유가 전혀 없다. 창조주는 지금이라도 당장 사람의 염색체의 수와 모양을 변경하여 날개 달린 인간으로 변경시켜야 한다.

여섯째, 부활 사건을 자유롭게 상상하는 오류이다.

지구촌에는 유대교도 있으며 이슬람교도 있다. 기독교도 있다. 기독교는 부활을 믿는다. 유신론적 진화론자들의 주장에 기초하면 장차 천국에서 벌어지는 혼인 잔칫집에 여러 종의 신부가 등장할 것이다. 인간 신부도 부활할 것이며 신종(新種)으로 날개 달린 신부도 참석할 것이며 괴물 신부도 참여할 것이다. 이와 같이 사람을 진화의 산물로 보면 날개 인간을 전망해야 한다.

7) 빛과 발광체

유신론적 진화론자 중에서 어떤 사람은 성경 창세기 1장 5절을 인용하면서 태양이 없는 상태에서 저녁과 아침이 나타날 수 없다고 주장한다. 그러나 발광체보다 빛이 먼저 설계되고 만들어져야 한다. 발광체는 다양하고 발광 원리는 각각 다르지만 빛의 속도는 모두 동일하므로 빛을 먼저 설계한 것이다. 원인과 결과를 동시에 설계한 셈이다. 다양한 발광체마다 동일한 속도의 빛을 내려면 빛이 먼저 설정되고 마그네슘, 강철솜, 나무, 태양, 별, 반딧불이, 발광해파리, 발광버섯 같은 발광체는 나중에 창조되어야 한다.

별들이 아주 멀리 있다는 점도 간과해서는 아니 된다. 멀리 있는 별에서 별빛이 지구까지 도달하려면 수백억 년이 걸린다. 사람이 지구에서 별빛을 보게 하려면 초월적 절대자는 지구에 도착한 별빛을 먼저 만들고 멀리 있는 발광체를 나중에 만들어야 한다.

6. 완전한 존재가 있다면

1) 완전한 존재가 있다면

초월적 사건을 유신론자들은 사실적인 사건으로 보고 무신론자들은 비과학적 사건으로 본다. 참으로 그러하다. 초월적 사건은 비과학적 사건이다. 과학의 영역을 벗어난다는 의미이다. 시공물법이 적용되는 영역을 벗어나므로 비과학적이다. 좀 더 바르게 표현하자면 초월적 사건은 단회적 사건이며 비과학(Non-science)적이지만 반과학(Anti-science)적은 아니다.

완전한 존재가 있다면 지혜와 능력이 있어서 스스로 존재하고 자신을 계시하고 우주를 창조하는 것은 조금도 이상하지 않다. 응당 시공물법을 만들고 자신의 존재를 하늘과 땅에 나타내 보여야 할 것이다.

창조적 존재가 자연 법칙을 초월할 수 있다면 법칙을 만들고 폐기하는데 자유로워야 한다. 사람은 자연 법칙에 지배되어 물에 빠지면 허우적거리기도 하며 바닷물에 휩싸여 죽기도 한다. 죽음의 사촌인 질병 때문에 고통을 받기도 하고 결국에는 죽음 때문에 슬프게 울며 눈물을 흘린다. 창조적 존재는 질병과 죽음을 치료하는 약을 제공하는 것이 아니라 질병과 죽음에서 자유로운 새로운 피조물로 만들 수 있어야 한다.

초월적 존재가 물질을 초월할 수 있다면 광대한 천체와 다양한 생물을 창조해야 하며 햇빛보다 더 밝은 빛의 세계도 만들 수 있어야 한다.

자유로운 존재가 공간을 넘나들 수 있다면 평화로운 하늘로 올라가고 약육강식으로 점철된 땅에 내려올 수도 있어야 한다. 우주의 경계선에 구애받지 않고 천국이나 지옥까지 갈 수 있어야 한다.

영원한 존재가 시간으로부터 자유롭다면 눈물 없는 곳에서 사람과 함께 영원히 살아야 한다.

나가는 말

　진화론자들은 단세포가 장구한 세월 동안 점진적으로 변신하여 사람이 되었다고 주장하고 이를 자연 선택과 '우연'으로 설명한다. 그러나 진화의 실체가 없고 현상도 없다. 진화론을 설명하고 지지하는 어떠한 자연 법칙도 없다. 지금의 다양한 생물종 자신이 각각 애초의 조상이다. DNA가 가감 변형(加減變形)되어 어떤 생물종(種)에서 새로운 종(種)으로 변신한다는 주장은 과학사 최대의 속임수이다. 진화가 실제로 발생하였고 과학적인 사건이며 지금도 발생하고 있는 현상이라면 원인과 결과를 증명하면서 주장해야 할 것이다.
　'우연'은 사람의 지성을 마비시키고 망상에 시달리게 한다. 다윈이 우연의 함정에 빠지지 않았더라면 지혜와 양심을 가진 사람들이 속임수의 본질을 파악하였을 것이다. 이제라도 다윈의 후예들이 우연과 필연이라는 용어만 구별하고 과학과 반과학을 구분한다면 진화론의 함정에서 넉넉히 빠져나올 수 있을 것으로 확신한다.
　진화론은 과학자의 눈으로 보면 반과학이다. 철학자의 눈으로 보면 괴리(怪理)이다. 신학자의 눈으로 보면 우연을 신봉하는 우연 종교이다. 12세 이상의 이성을 가진 사람들의 눈에는 허구이다. 실체가 없는 허구를 우연으로 포장하여 학생들에게 믿으라고 부득부득 강요하는 행위는 멈추어야 한다. 진화론을 우연 종교로 신봉하느니 차라리 대한민국 속담을 한 번 더 읊조리는 것이 유익하리라 확신한다.
　'콩 심은 데 콩 나고 팥 심은 데 팥 난다.'

피조물인 사람이 생명의 기원을 생명체에서 찾으려는 노력은 가상하지만 바람을 잡고 그림자를 잡으려는 허사로 끝날 것이다.

참고 문헌

다윈. 『종의 기원』(The Origin of Species), 송철용 역. 서울: 동서문화사, 2018.
리처드 도킨스. 『리처드 도킨스의 진화론 강의』(Climbing Mount Improbable), 김정은 역. 경기도: 옥당, 2018.
리처드 도킨스. 『눈먼 시계공』(The Blind watchmaker), 이용철 역. 서울: (주)사이언스북스, 2018.
데보라 하스마·로렌 하스마. 『오리진』(Origins), 한국기독과학자회 역. 서울: IVP, 2016.
케네스 V. 카르동. 『진화학』(Introduction to Biological Evolution), 허만규·김명철·노태호·신현철·윤명희·이대원·이정일 공역. 서울: 한국맥그로힐(주), 2012.